SUPERMAN

Jeder fängt mal klein an

Art Baltazar
& Franco

SUPERMAN GESCHAFFEN VON JERRY SIEGEL UND JOE SHUSTER. MIT BESONDERER GENEHMIGUNG DER JERRY SIEGEL-FAMILIE.

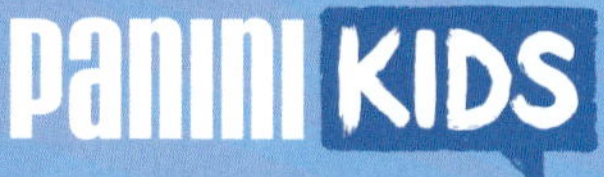

BIBLIOGRAFISCHE INFORMATION DER DEUTSCHEN NATIONALBIBLIOTHEK

DIE DEUTSCHE NATIONALBIBLIOTHEK VERZEICHNET DIESE PUBLIKATION IN DER DEUTSCHEN NATIONALBIBLIOGRAFIE; DETAILLIERTE BIBLIOGRAFISCHE DATEN SIND IM INTERNET ÜBER HTTP://DNB.D-NB.DE ABRUFBAR.

DIESES BUCH WURDE AUF CHLORFREIEM, UMWELTFREUNDLICH HERGESTELLTEM PAPIER GEDRUCKT.

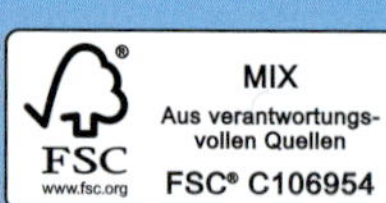

AMERIKANISCHE ORIGINALAUSGABE:

SUPERMAN OF SMALLVILLE BY DC COMICS

Deutsche Ausgabe:

Panini Verlags GmbH,
Schloßstraße 76,
70176 Stuttgart

Geschäftsführer: Hermann Paul

Head of Editorial: Jo Löffler

Redaktion: Jo Löffler, Benjamin Feuer, Sophie Mineif

Übersetzung: Claudia Hahn

Head of Marketing: Holger Wiest

Marketing & Kooperationen: Julia Mark, Thorsten Kleinheinz (E-Mail: marketing@panini.de)

Grafik und Lettering: 49 Grad Medienagentur, www.49grad.de

Druck: Florjančič tisk d. o. o., Slowenien

Presse & PR: Steffen Volkmer

YDDCMG006

ISBN 978-3-7416-1768-3

1. Auflage, März 2020

Findet uns im Netz:

www.panini-kids.de

 PaniniComicsDE

 PaniniComicsDE

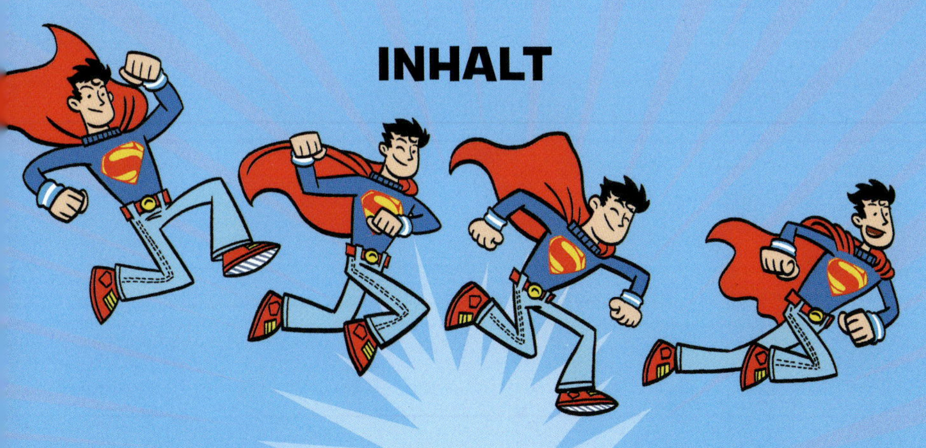

INHALT

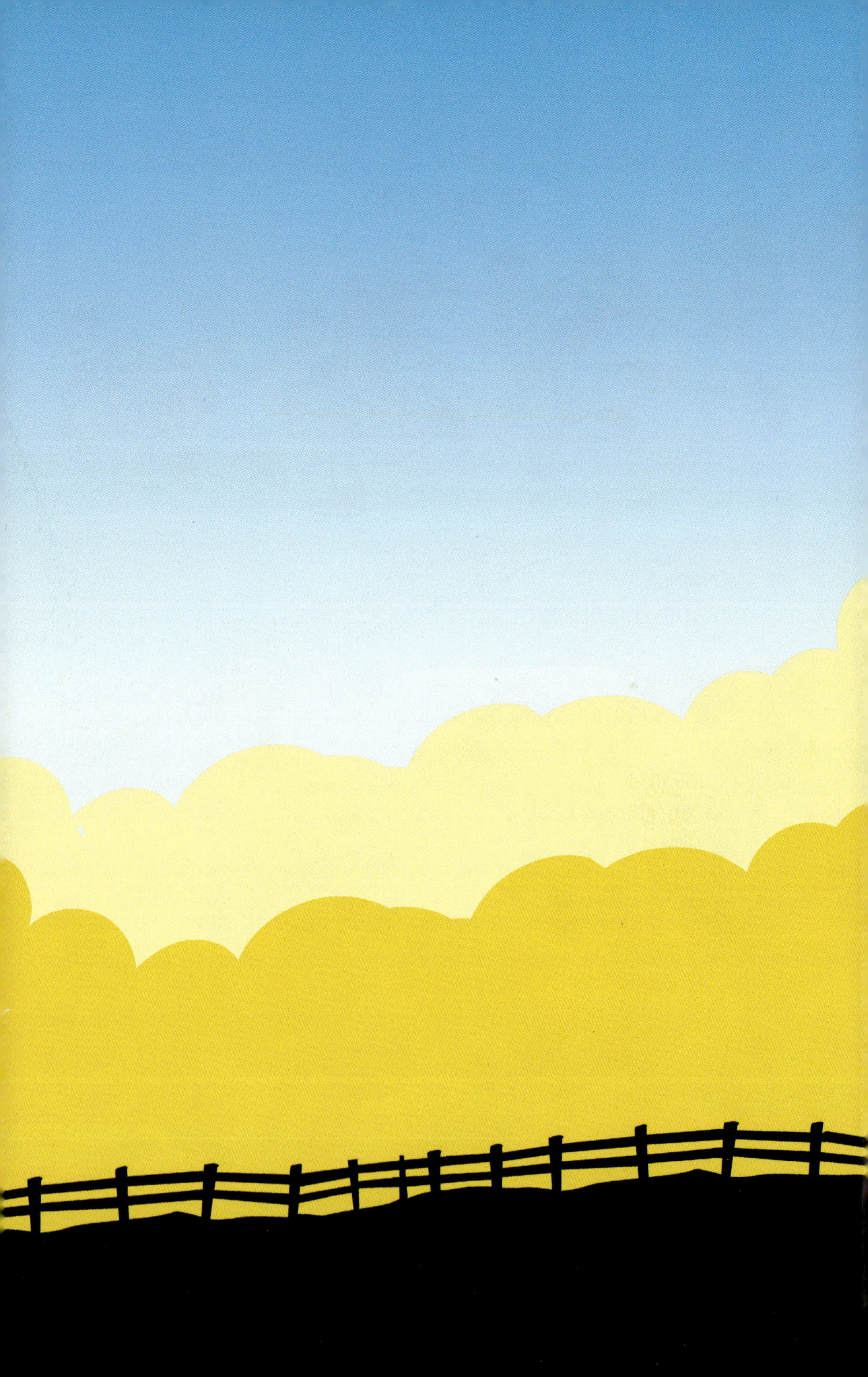

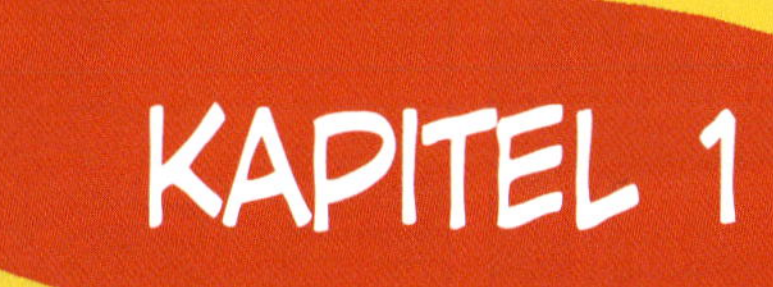

KAPITEL 1

ICH BIN SUPERMAN

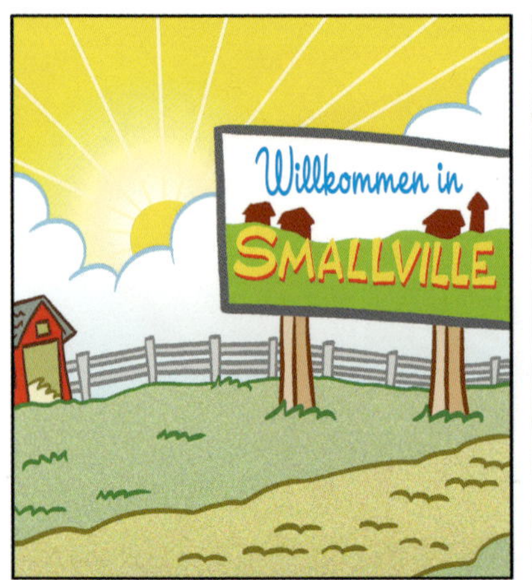
Willkommen in
SMALLVILLE

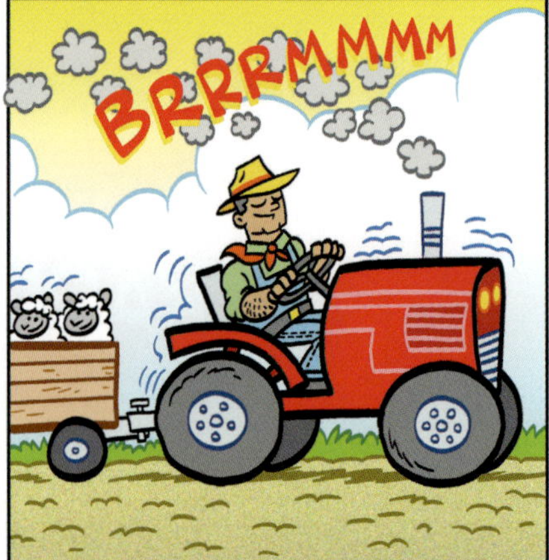
BRRRMMMMM

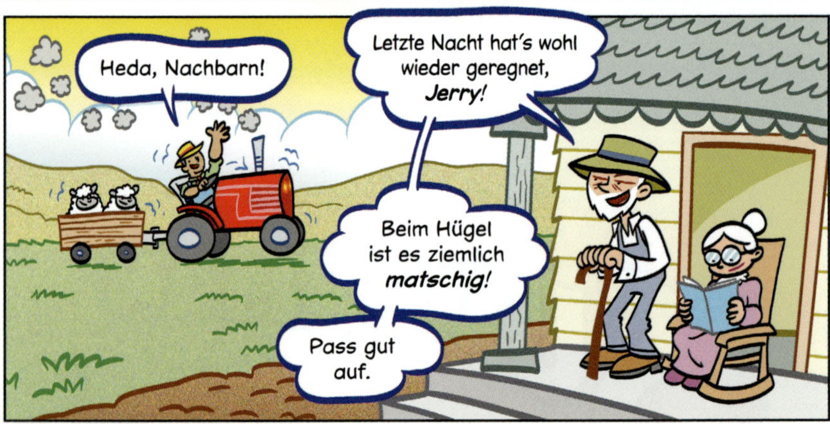
Heda, Nachbarn!
Letzte Nacht hat's wohl wieder geregnet, *Jerry!*
Beim Hügel ist es ziemlich *matschig!*
Pass gut auf.

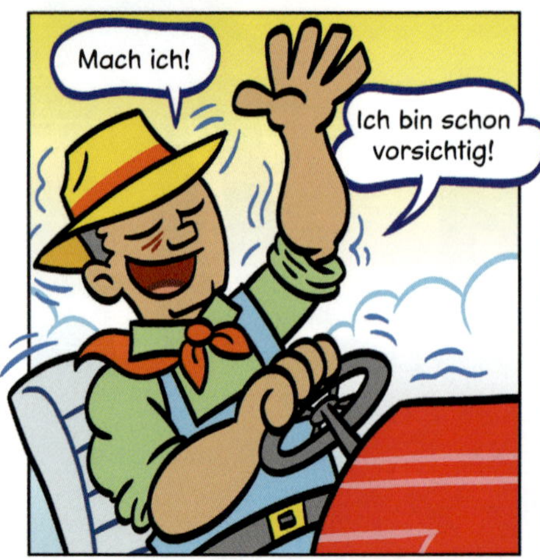
Mach ich!
Ich bin schon vorsichtig!

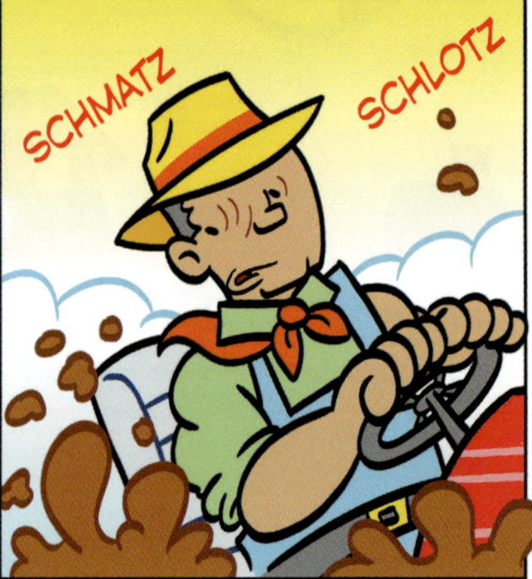
SCHMATZ
SCHLOTZ

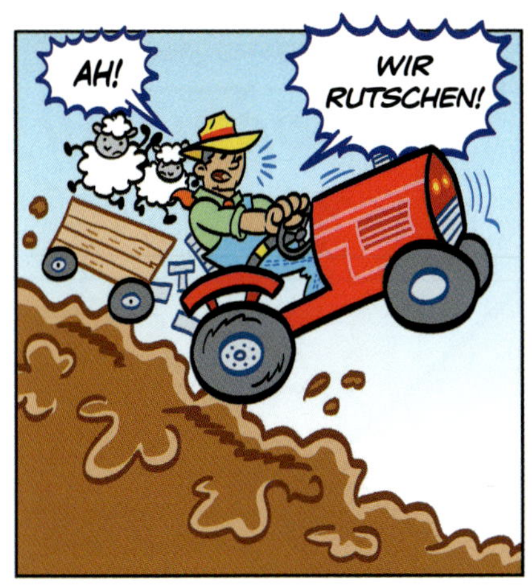
AH!
WIR RUTSCHEN!

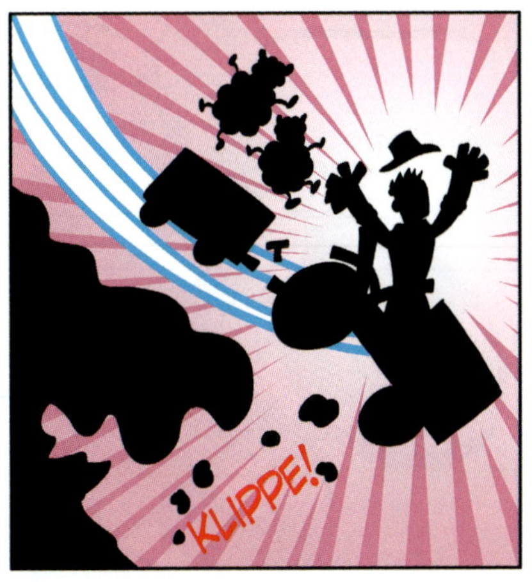
KLIPPE!

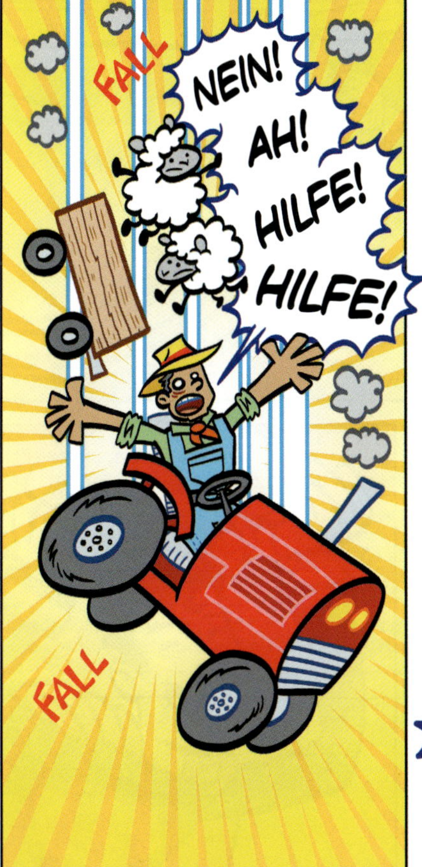
FALL
NEIN! AH! HILFE! HILFE!
FALL

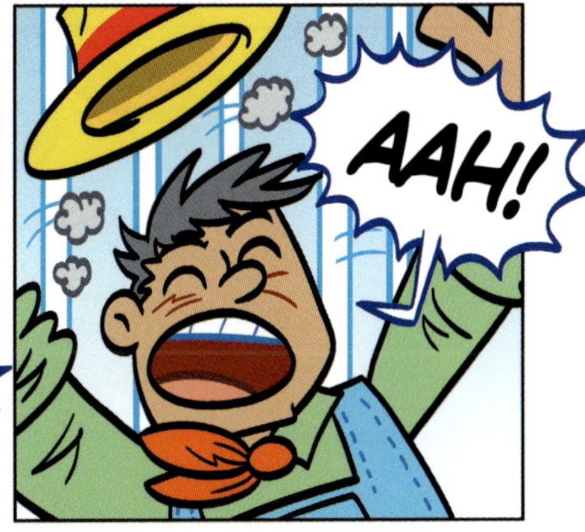
AAH!

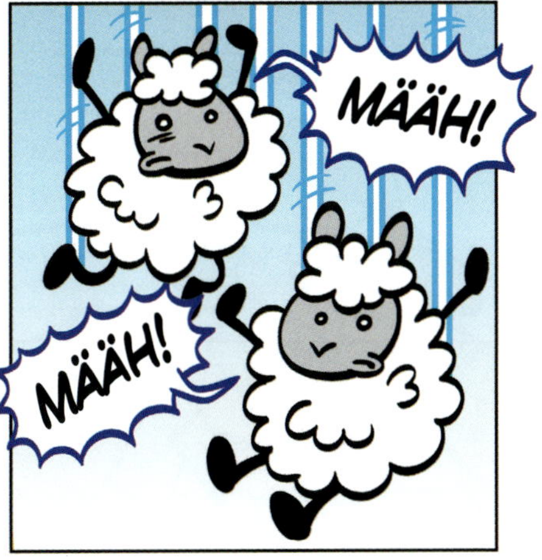
MÄÄH!
MÄÄH!

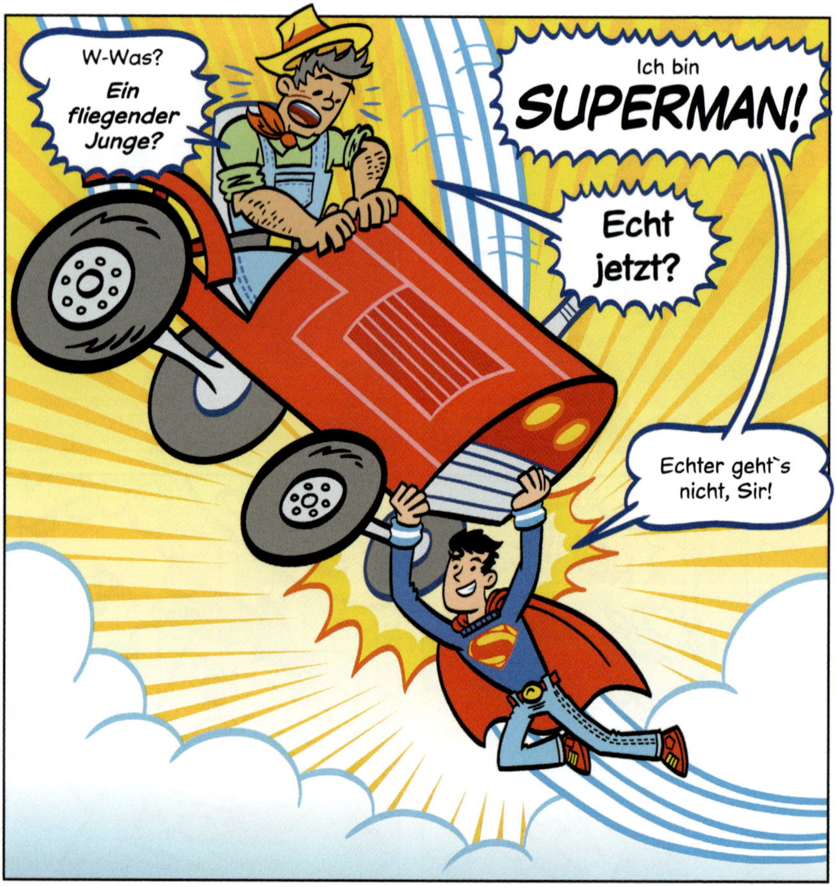

W-Was? *Ein fliegender Junge?*
Ich bin **SUPERMAN!**
Echt jetzt?
Echter geht`s nicht, Sir!

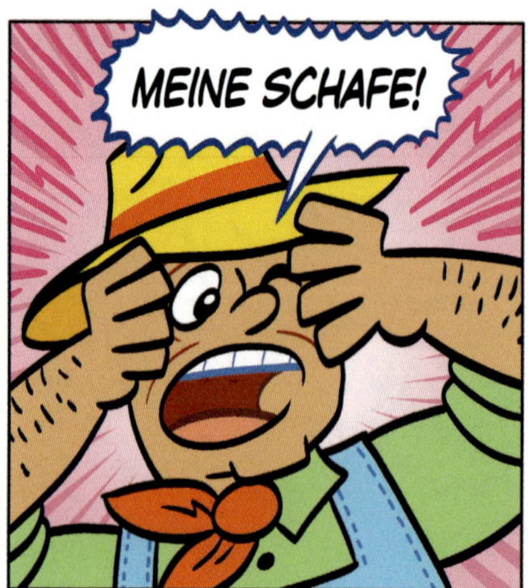

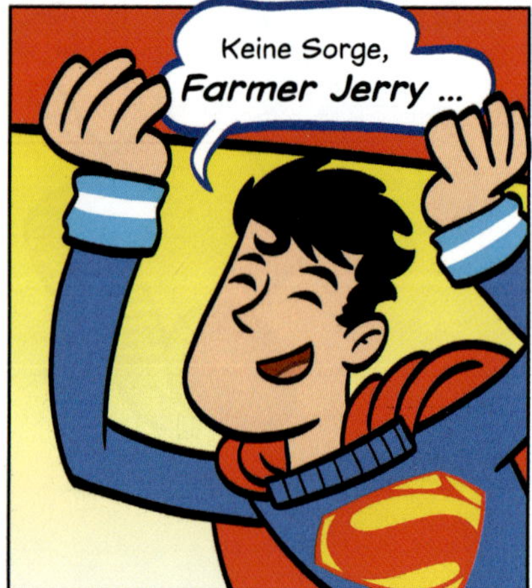

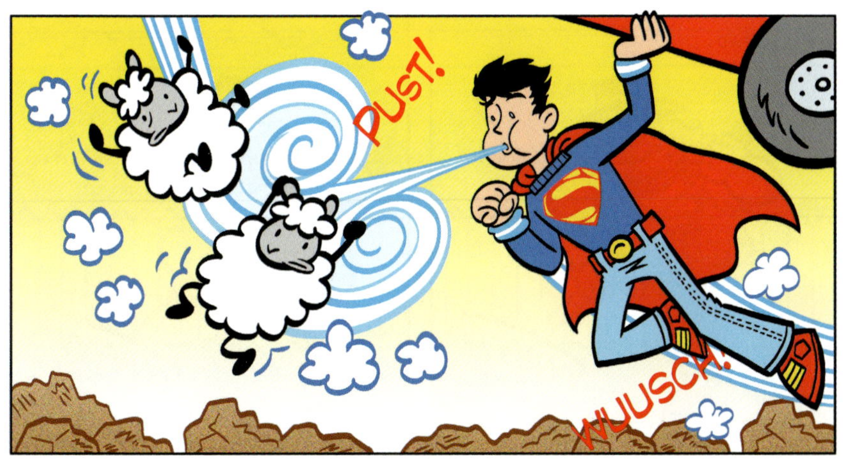
PUST!
WUUSCH!

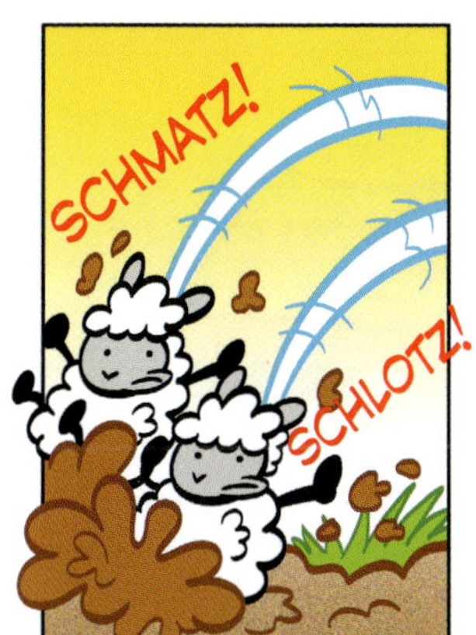
SCHMATZ!
SCHLOTZ!

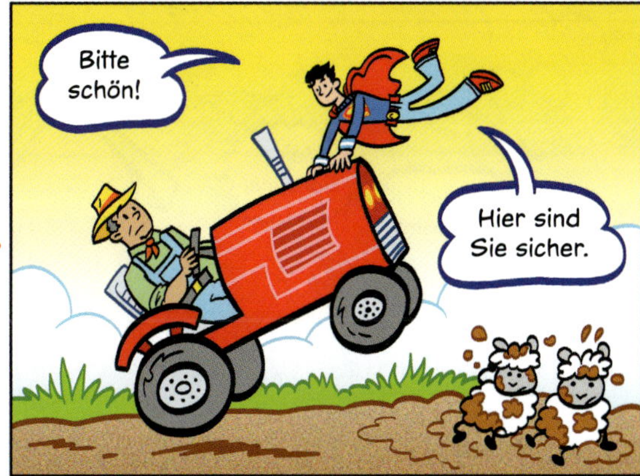
Bitte schön!
Hier sind Sie sicher.

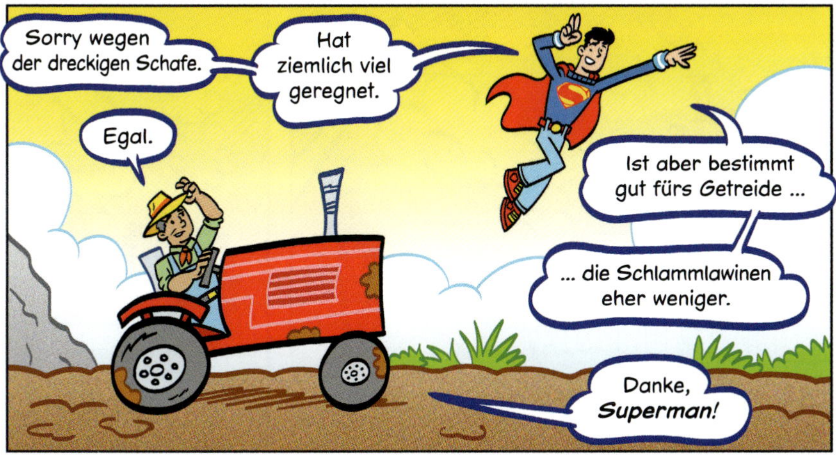
Sorry wegen der dreckigen Schafe.
Hat ziemlich viel geregnet.
Egal.
Ist aber bestimmt gut fürs Getreide ...
... die Schlammlawinen eher weniger.
Danke, *Superman!*

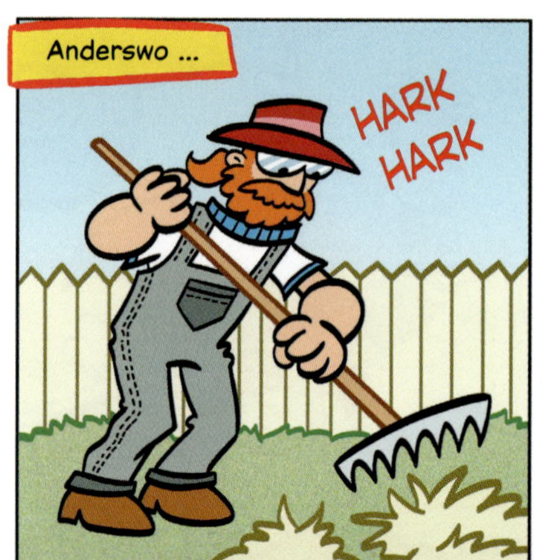
Anderswo ...
HARK
HARK

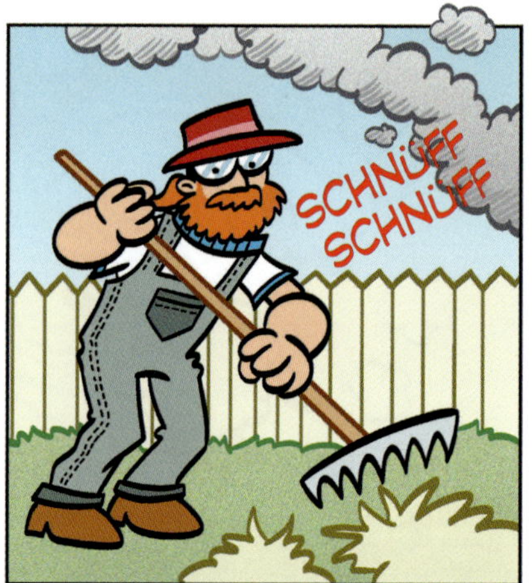
SCHNÜFF
SCHNÜFF

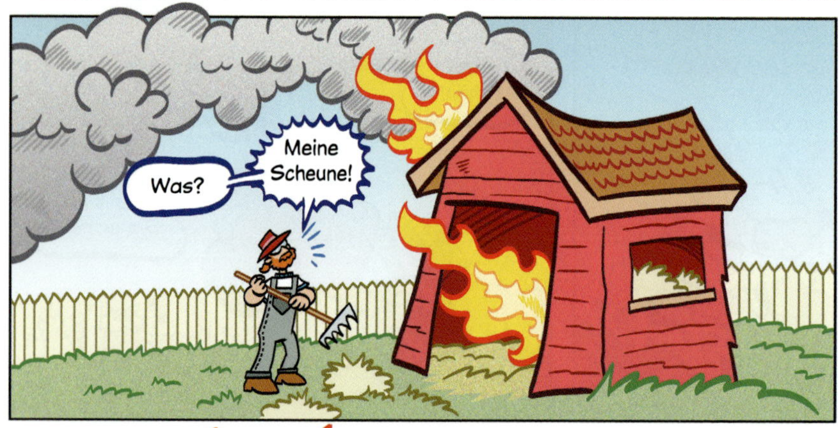
Was?
Meine Scheune!

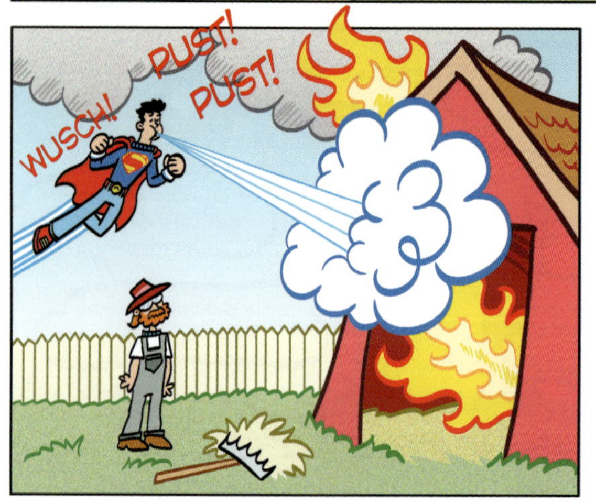
PUST!
PUST!
WUSCH!

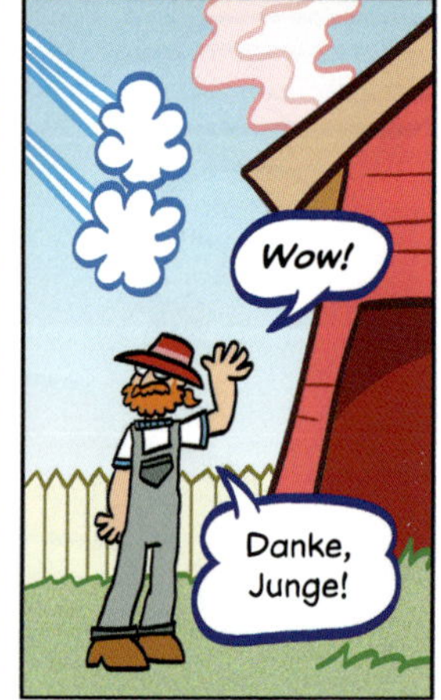
Wow!
Danke, Junge!

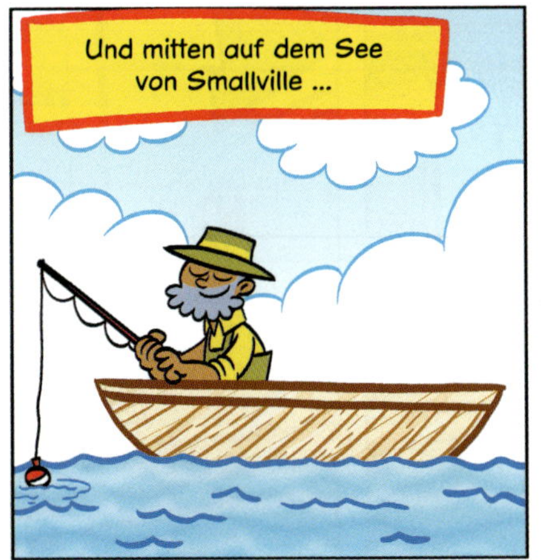
Und mitten auf dem See
von Smallville ...

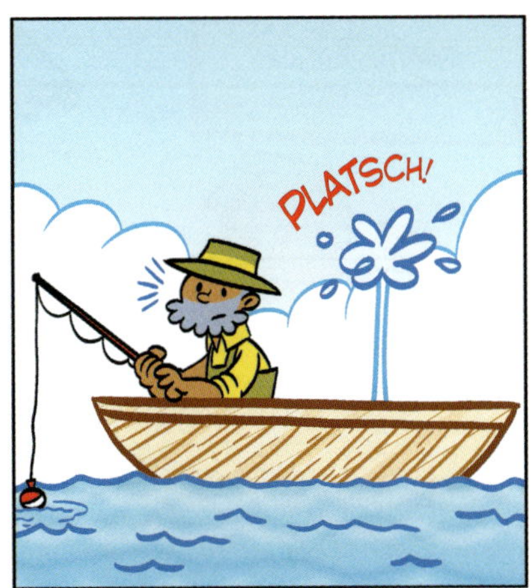
PLATSCH!

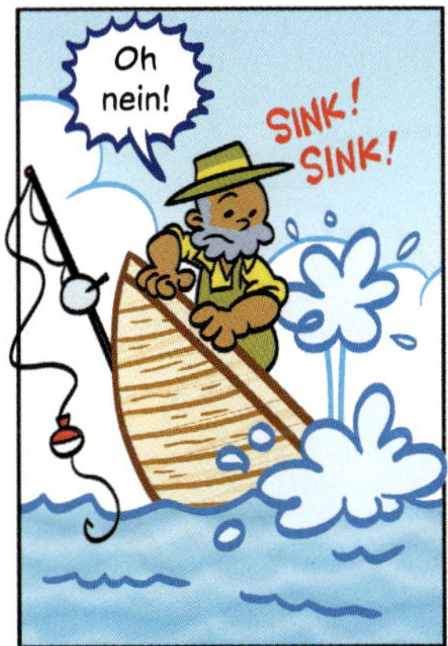
Oh
nein!
SINK!
SINK!

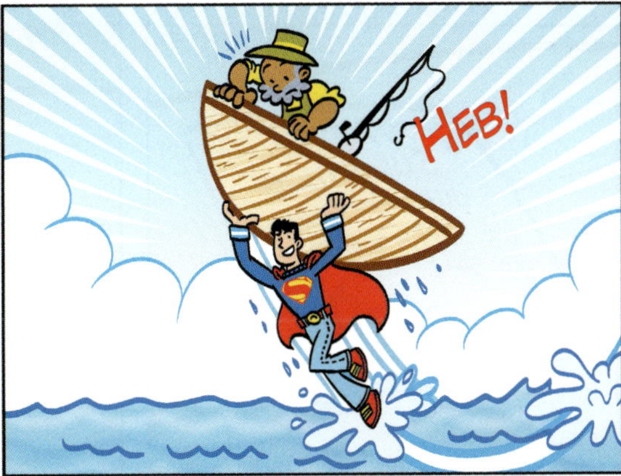
HEB!

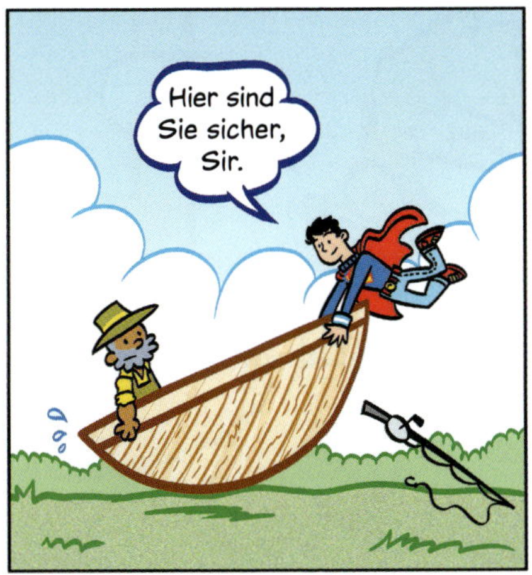
Hier sind
Sie sicher,
Sir.

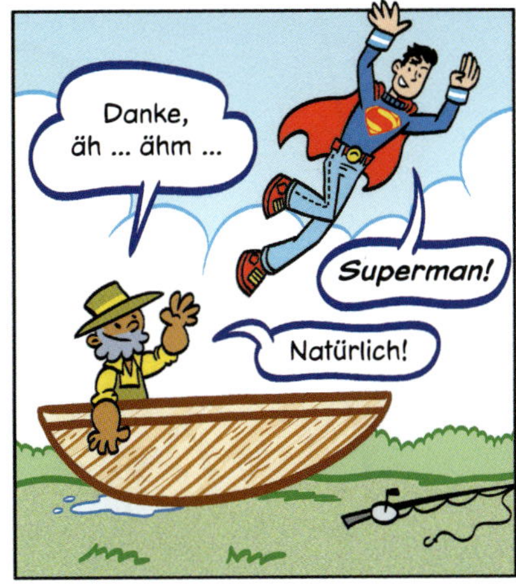
Danke,
äh ... ähm ...
Superman!
Natürlich!

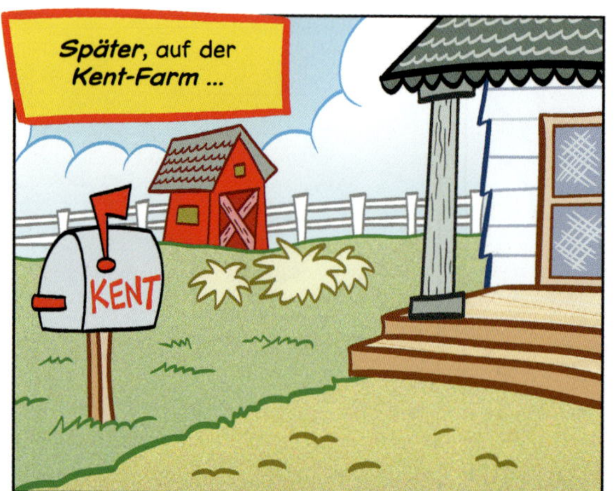
Später, auf der Kent-Farm ...
KENT

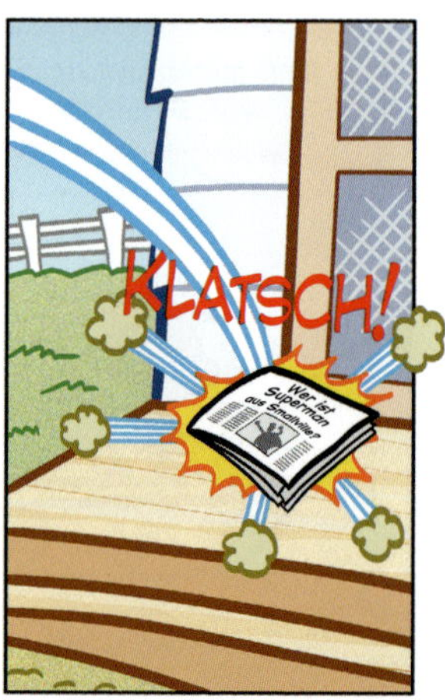
KLATSCH!
Wer ist Superman aus Smallville?

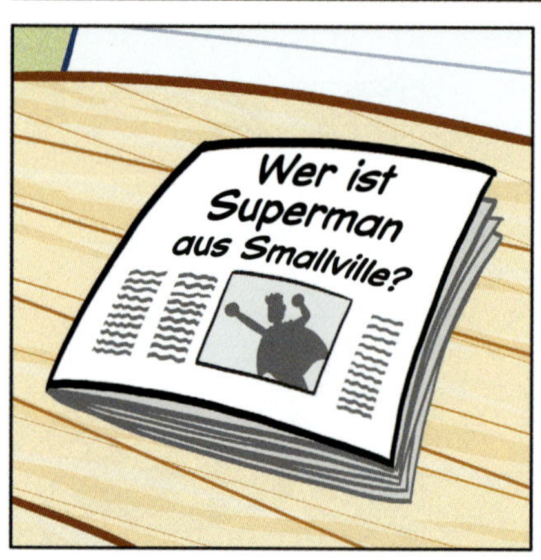
Wer ist Superman aus Smallville?

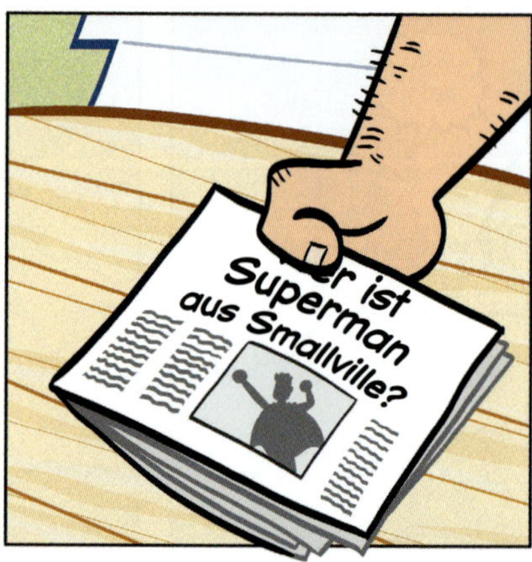
ist Superman aus Smallville?

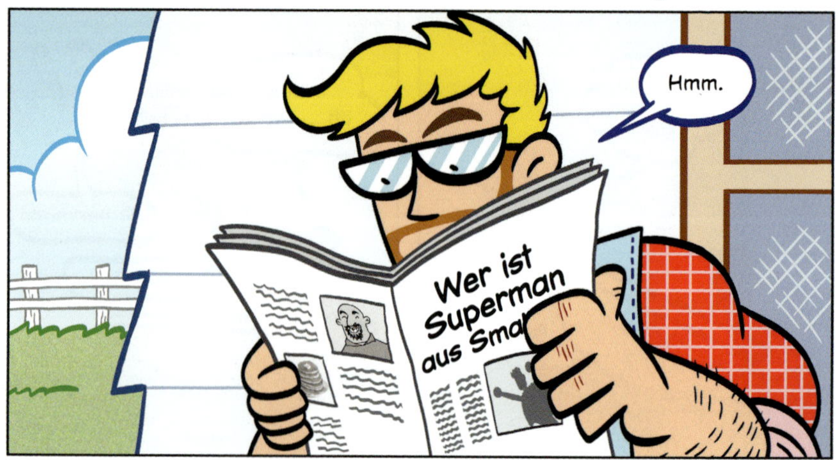
Hmm.
Wer ist Superman

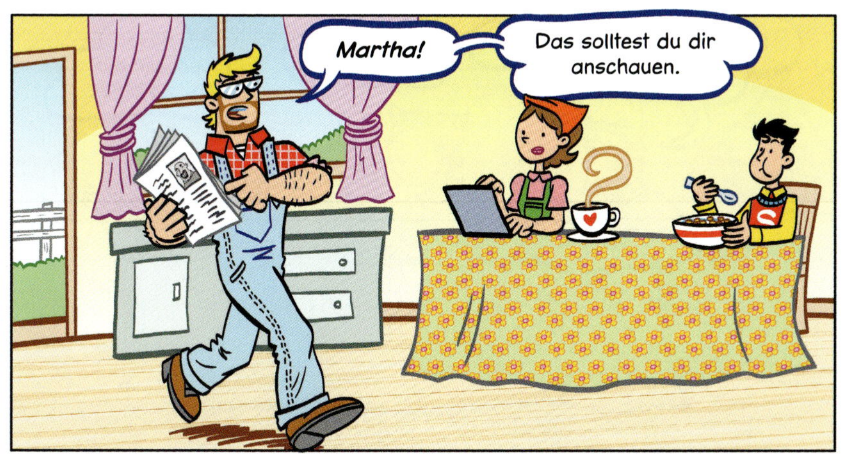
Martha!
Das solltest du dir anschauen.

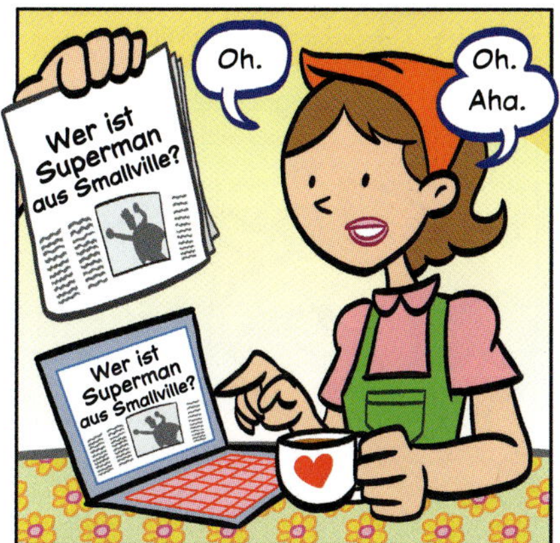
Wer ist Superman aus Smallville?
Oh.
Oh. Aha.
Wer ist Superman aus Smallville?

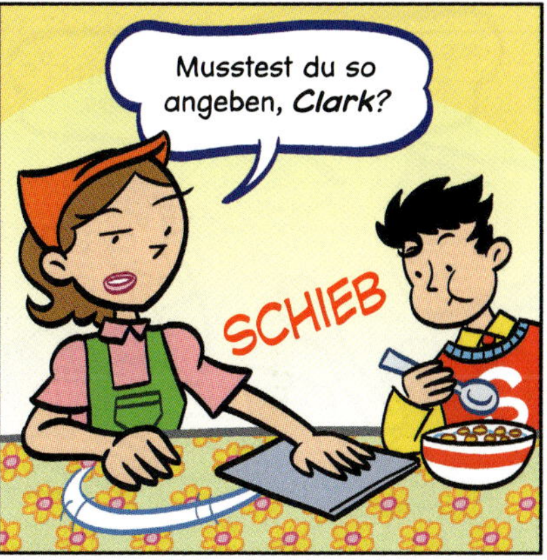
Musstest du so angeben, Clark?
SCHIEB

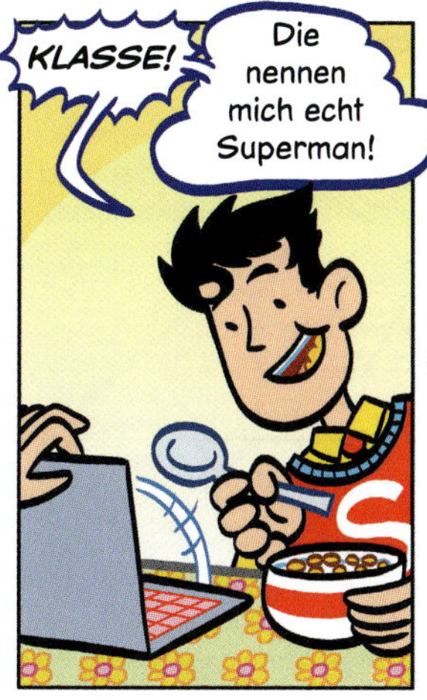
KLASSE!
Die nennen mich echt Superman!

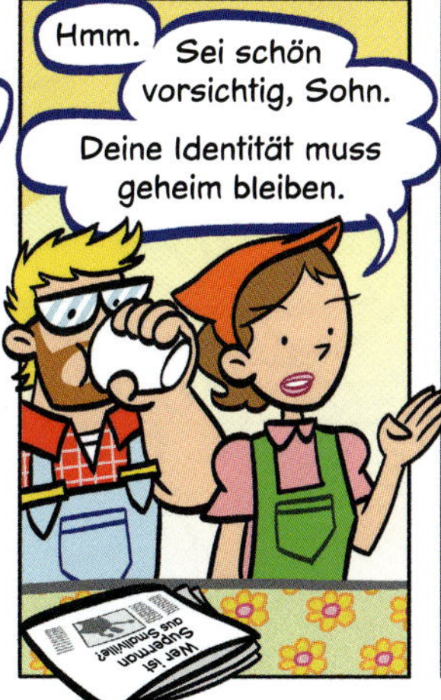
Hmm.
Sei schön vorsichtig, Sohn.
Deine Identität muss geheim bleiben.
Wer ist Superman aus Smallville?

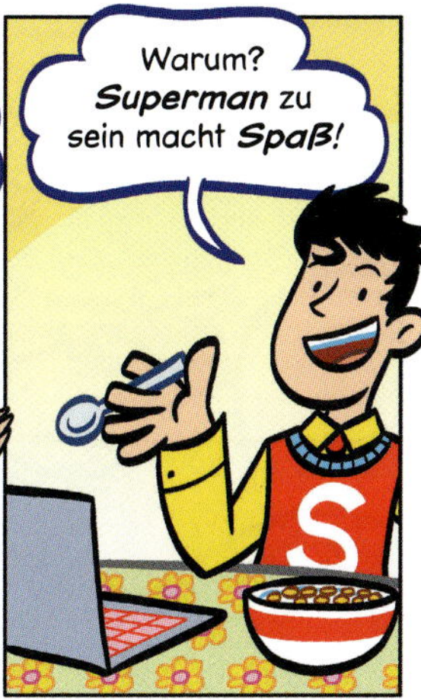
Warum? Superman zu sein macht Spaß!

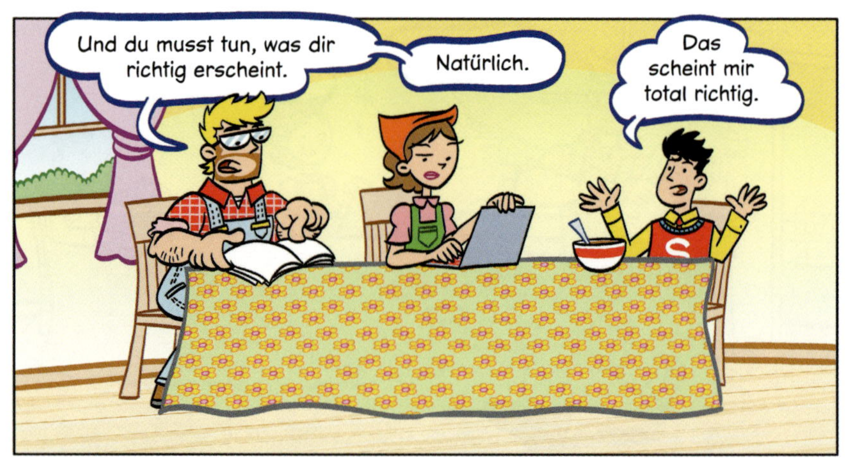
Und du musst tun, was dir richtig erscheint.
Natürlich.
Das scheint mir total richtig.

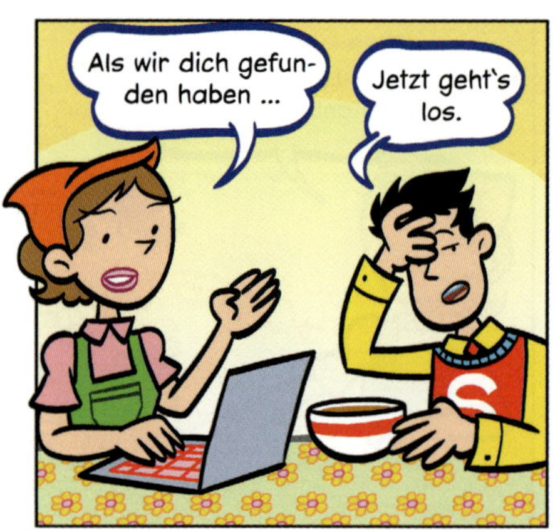
Als wir dich gefunden haben ...
Jetzt geht's los.

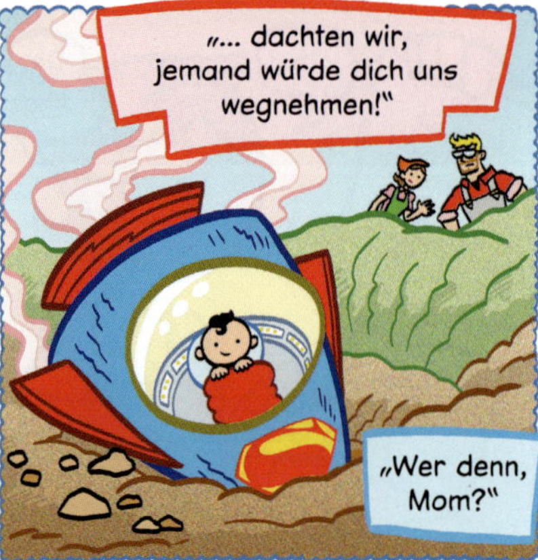
„... dachten wir, jemand würde dich uns wegnehmen!"
„Wer denn, Mom?"

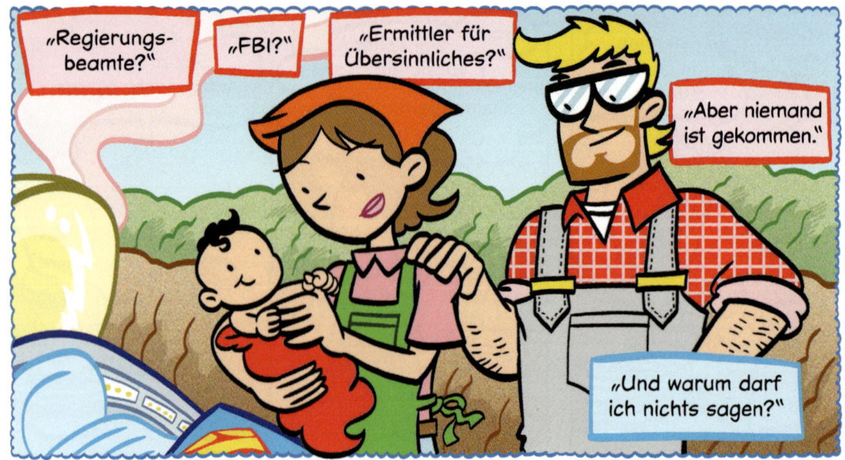
„Regierungs-beamte?"
„FBI?"
„Ermittler für Übersinnliches?"
„Aber niemand ist gekommen."
„Und warum darf ich nichts sagen?"

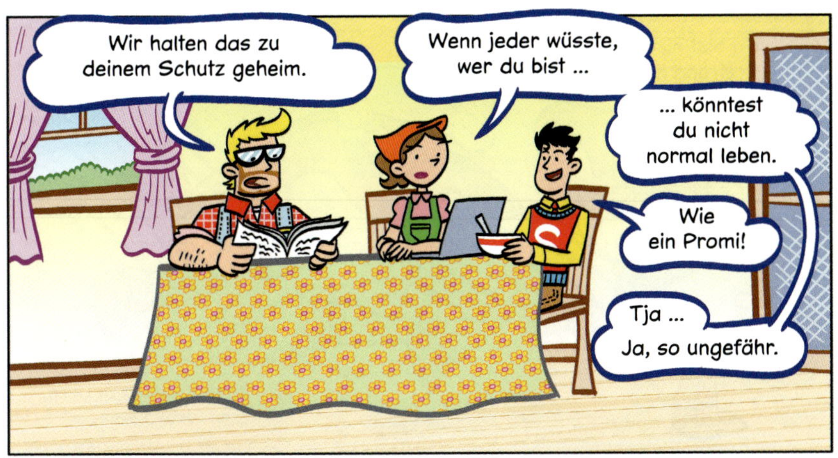

Wir halten das zu deinem Schutz geheim.
Wenn jeder wüsste, wer du bist ...
... könntest du nicht normal leben.
Wie ein Promi!
Tja ...
Ja, so ungefähr.

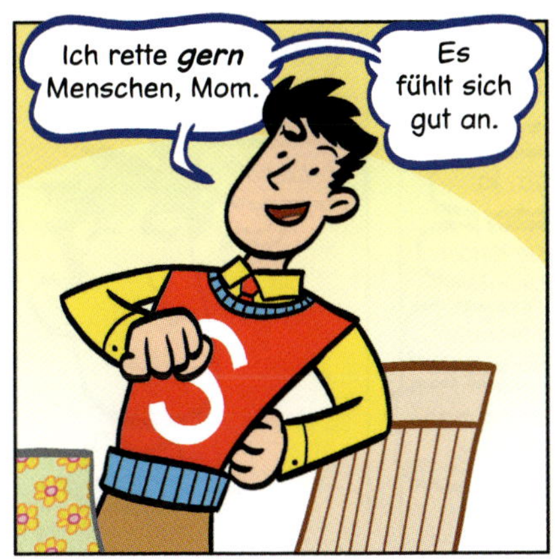

Ich rette *gern* Menschen, Mom.
Es fühlt sich gut an.

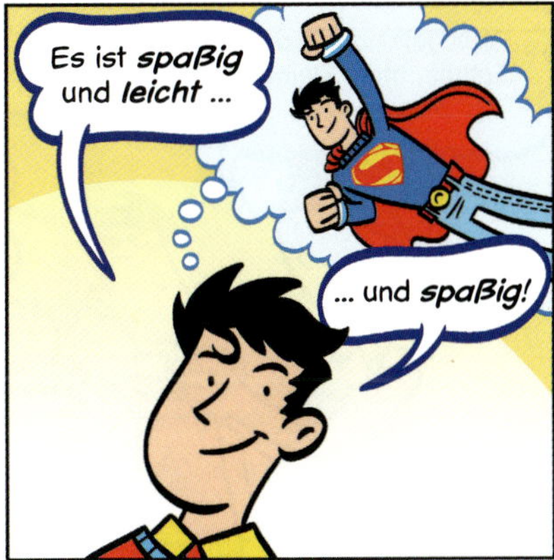

Es ist *spaßig* und *leicht* ...
... und *spaßig!*

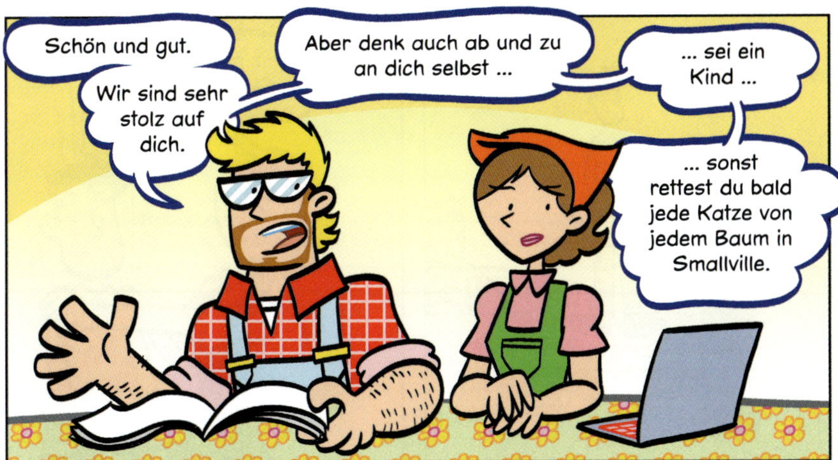

Schön und gut.
Wir sind sehr stolz auf dich.
Aber denk auch ab und zu an dich selbst ...
... sei ein Kind ...
... sonst rettest du bald jede Katze von jedem Baum in Smallville.

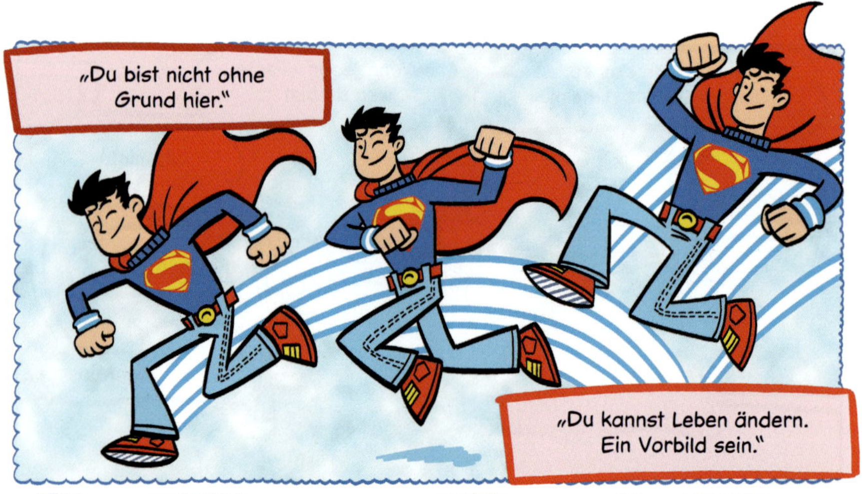
„Du bist nicht ohne Grund hier."
„Du kannst Leben ändern. Ein Vorbild sein."

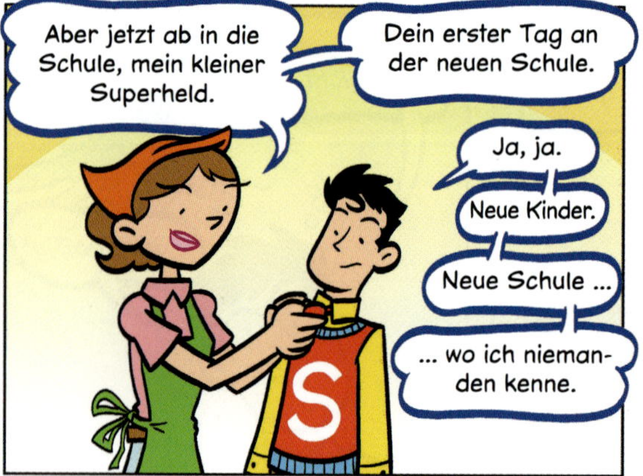
Aber jetzt ab in die Schule, mein kleiner Superheld.
Dein erster Tag an der neuen Schule.
Ja, ja.
Neue Kinder.
Neue Schule ...
... wo ich nieman-den kenne.

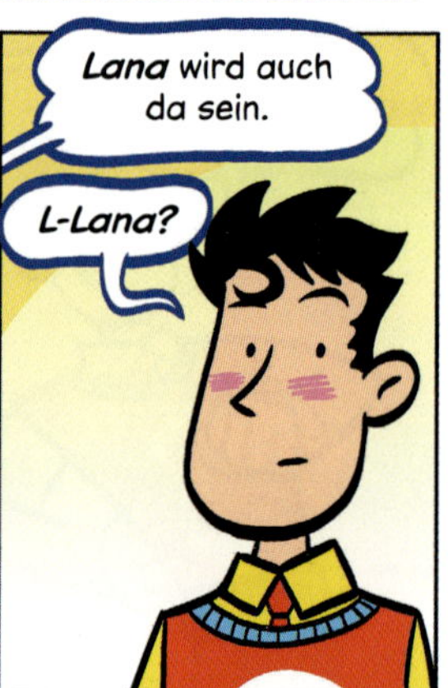
Lana wird auch da sein.
L-Lana?

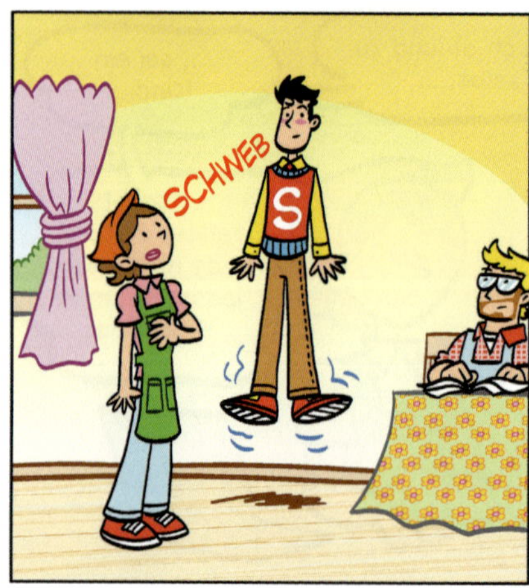
SCHWEB

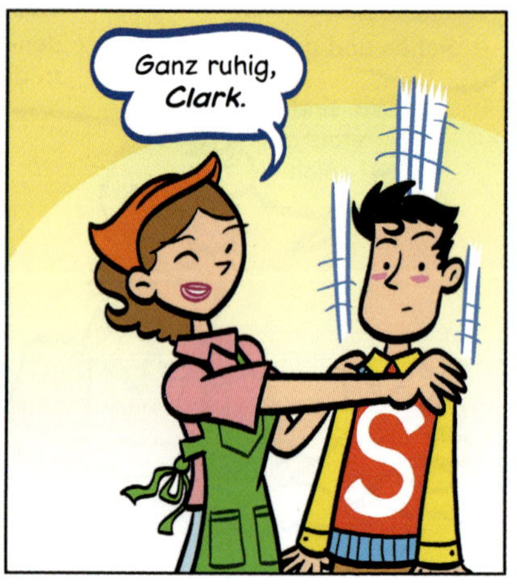
Ganz ruhig, Clark.

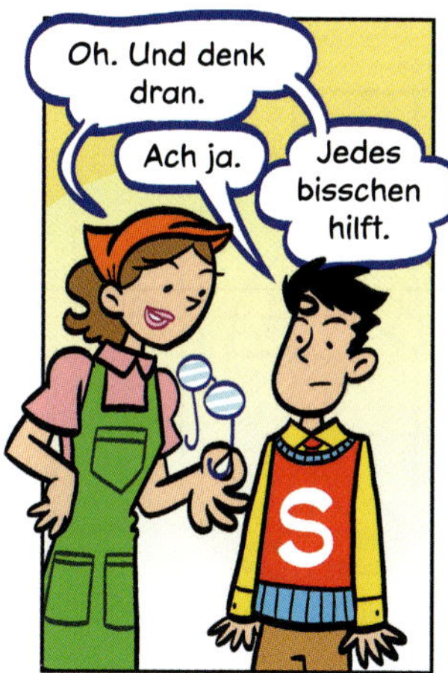
Oh. Und denk dran.
Ach ja.
Jedes bisschen hilft.

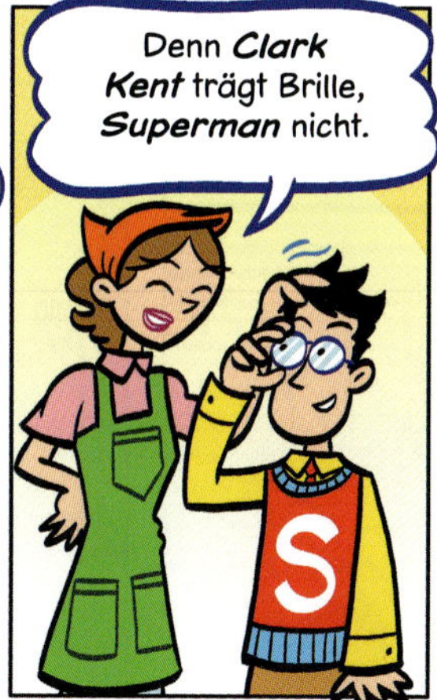
Denn **Clark Kent** trägt Brille, **Superman** nicht.

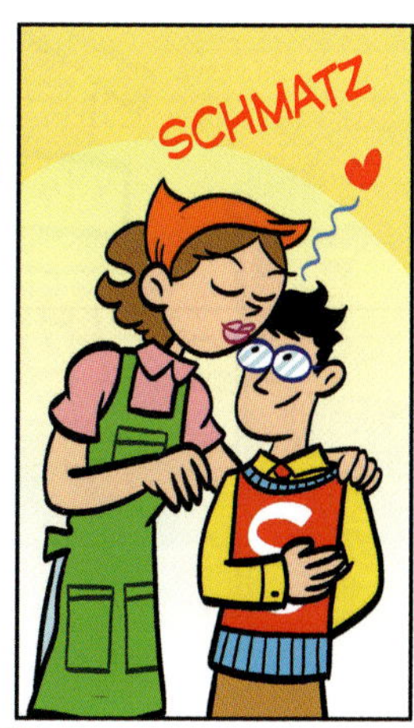
SCHMATZ

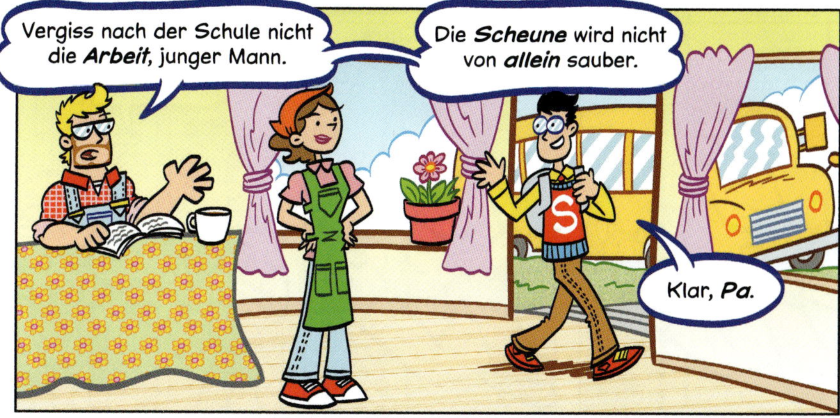
Vergiss nach der Schule nicht die **Arbeit**, junger Mann.
Die **Scheune** wird nicht von **allein** sauber.
Klar, **Pa.**

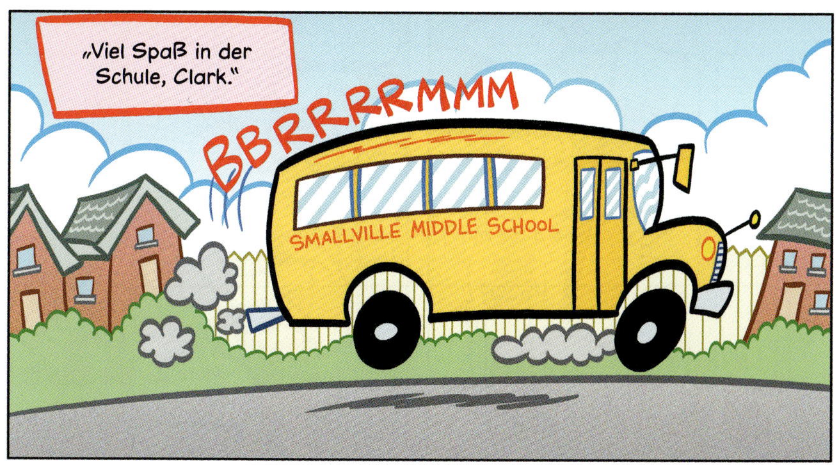
„Viel Spaß in der Schule, Clark."
BBRRRRMMM
SMALLVILLE MIDDLE SCHOOL

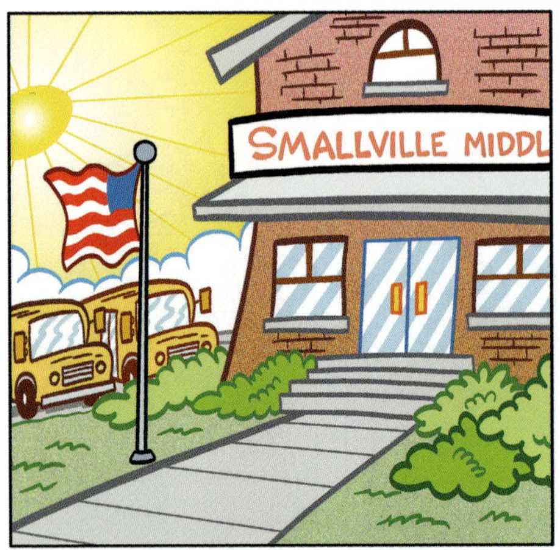
SMALLVILLE MIDDL

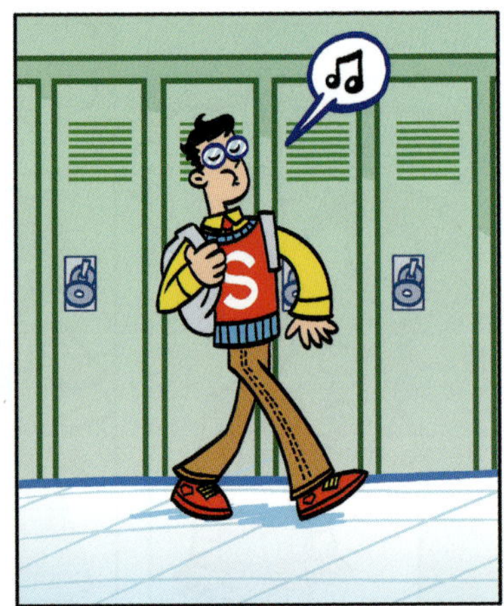
♫

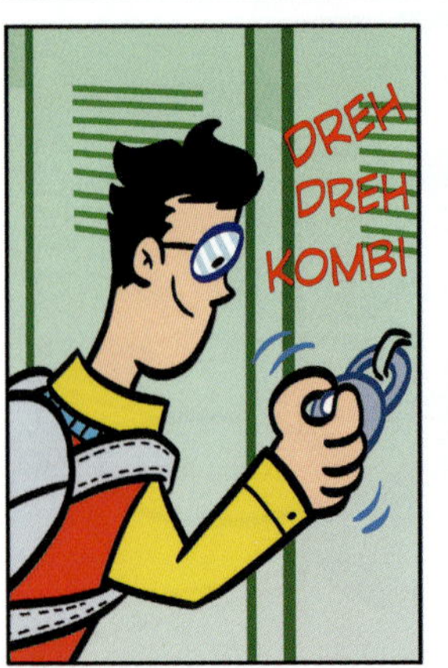
DREH
DREH
KOMBI

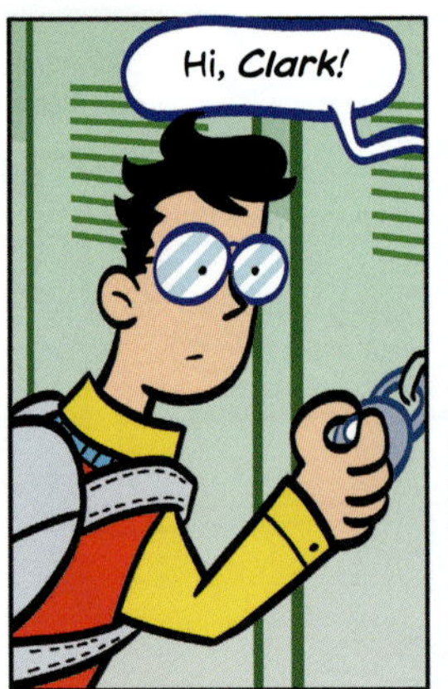
Hi, *Clark!*

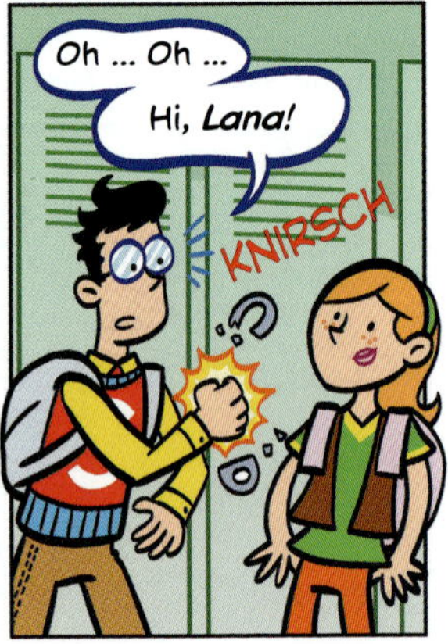
Oh ... Oh ...
Hi, *Lana!*
KNIRSCH

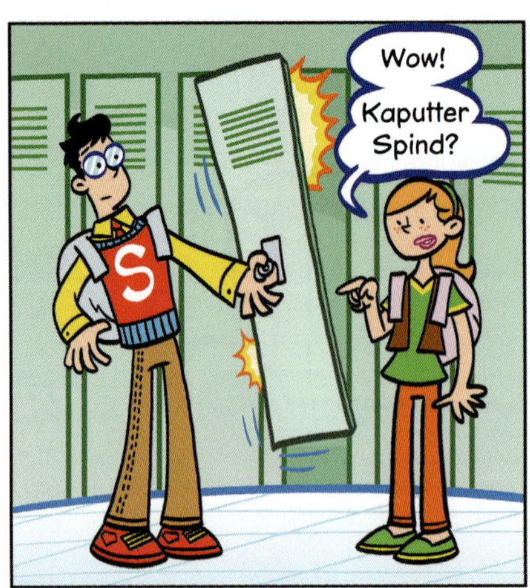
Wow!
Kaputter Spind?

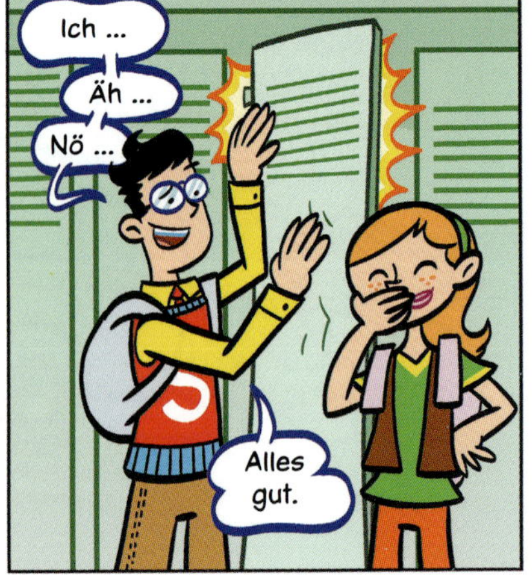
Ich ...
Äh ...
Nö ...
Alles gut.

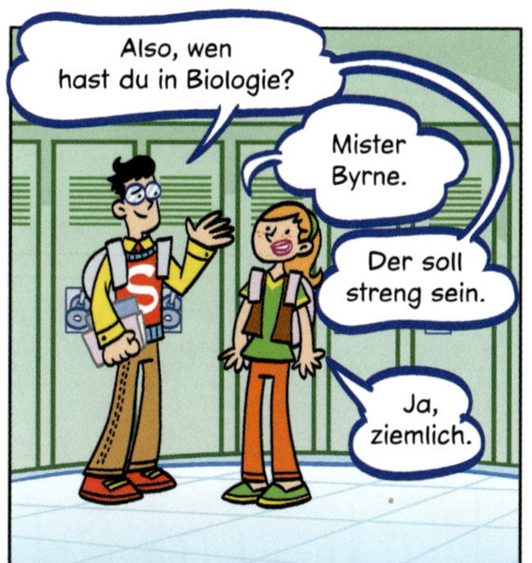
Also, wen hast du in Biologie?
Mister Byrne.
Der soll streng sein.
Ja, ziemlich.

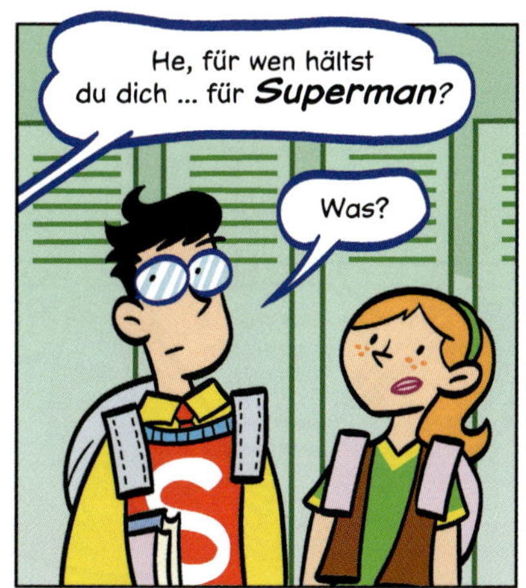
He, für wen hältst du dich ... für **Superman**?
Was?

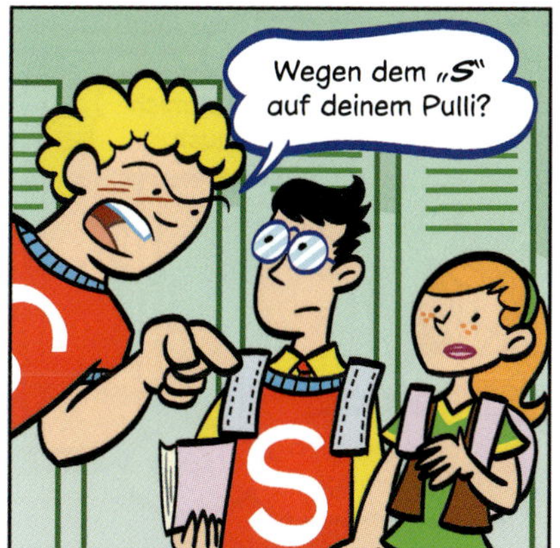
Wegen dem „S" auf deinem Pulli?

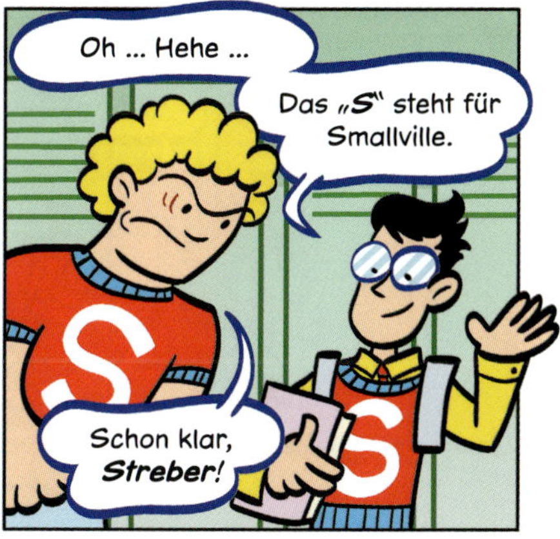
Oh ... Hehe ...
Das „S" steht für Smallville.
Schon klar, **Streber**!

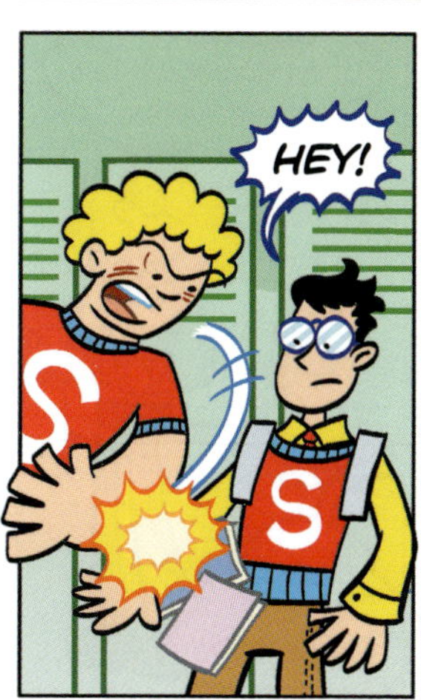
HEY!

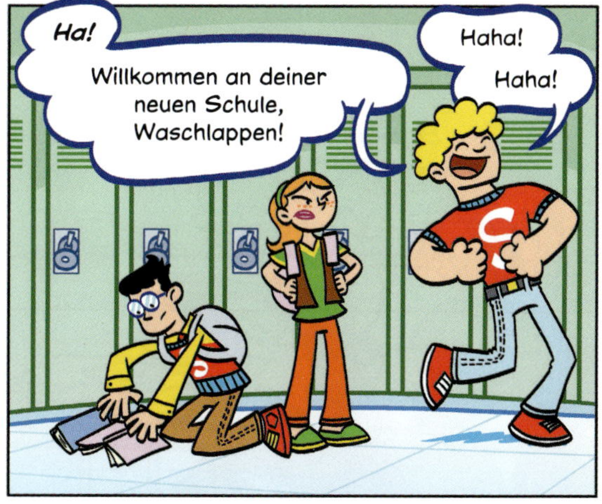
Ha!
Willkommen an deiner neuen Schule, Waschlappen!
Haha!
Haha!

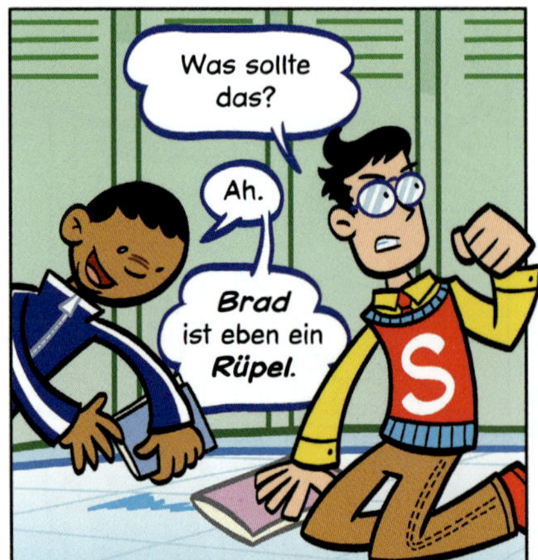
Was sollte das?
Ah.
Brad ist eben ein Rüpel.

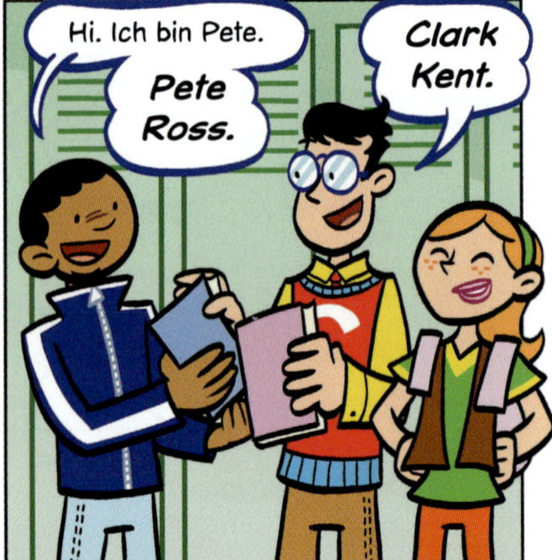
Hi. Ich bin Pete.
Pete Ross.
Clark Kent.

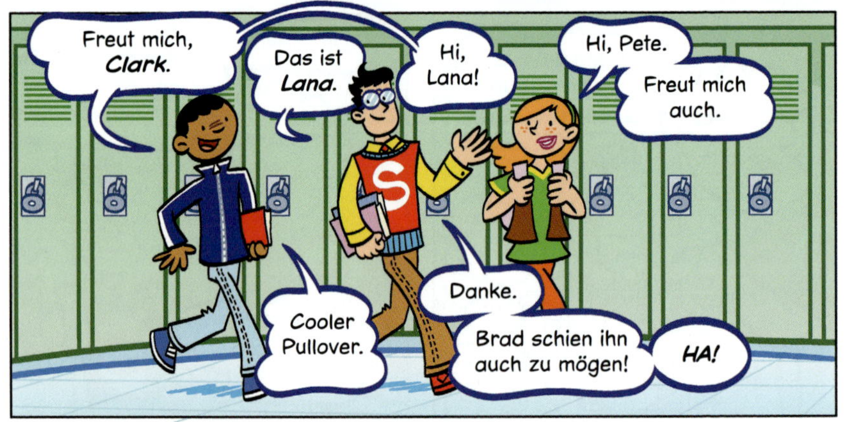
Freut mich, Clark.
Das ist Lana.
Hi, Lana!
Hi, Pete.
Freut mich auch.
Cooler Pullover.
Danke.
Brad schien ihn auch zu mögen!
HA!

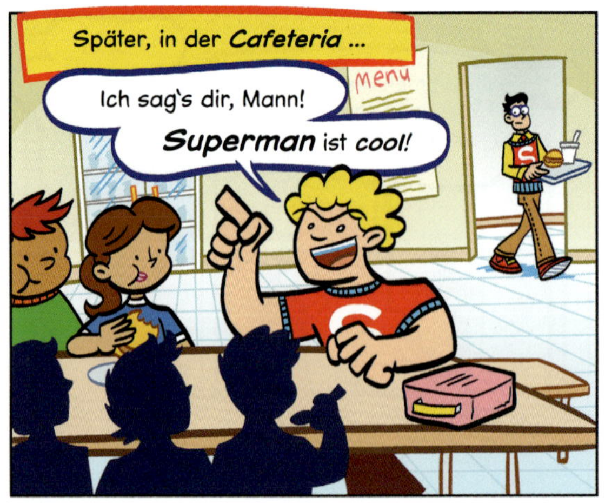
Später, in der Cafeteria ...
Ich sag's dir, Mann!
Superman ist cool!
Menu

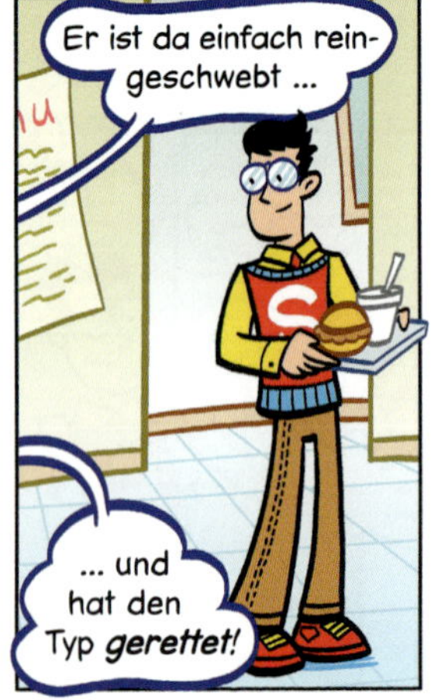
Er ist da einfach reingeschwebt ...
... und hat den Typ gerettet!

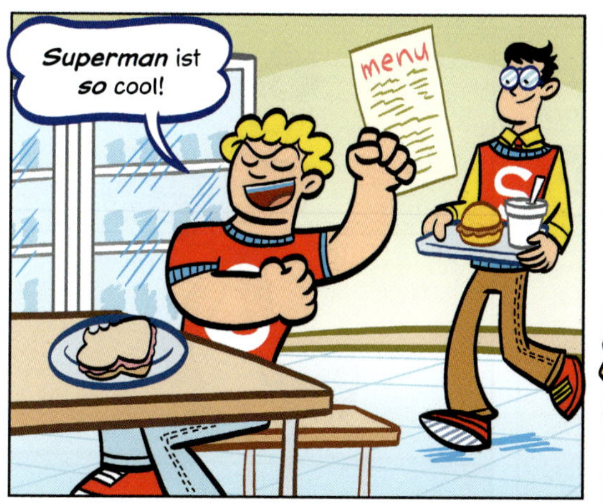
Superman ist so cool!
menu

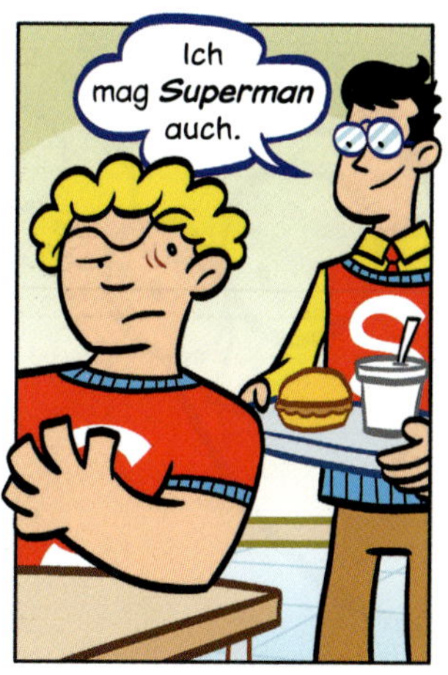
Ich mag Superman auch.

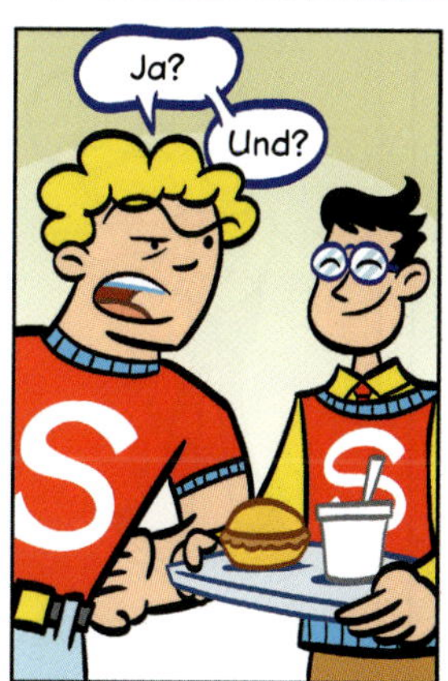
Ja?
Und?

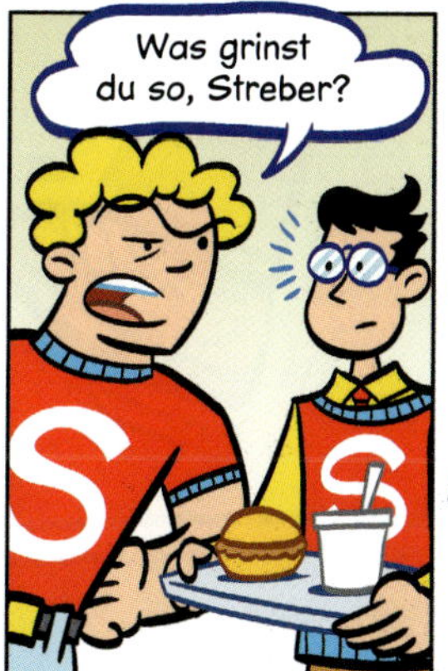
Was grinst du so, Streber?

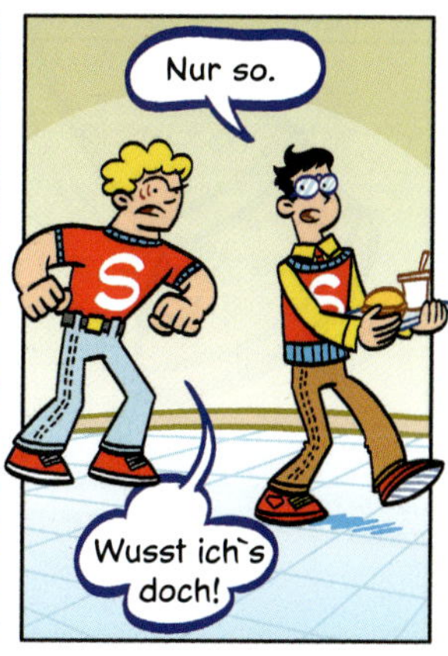
Nur so.
Wusst ich`s doch!

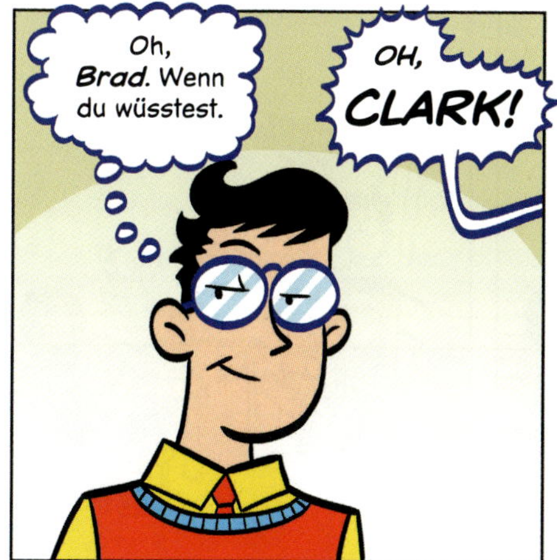
Oh, Brad. Wenn du wüsstest.
OH, CLARK!

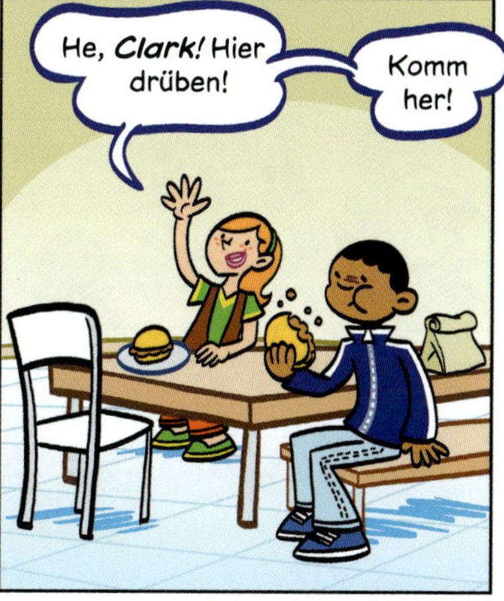
He, Clark! Hier drüben!
Komm her!

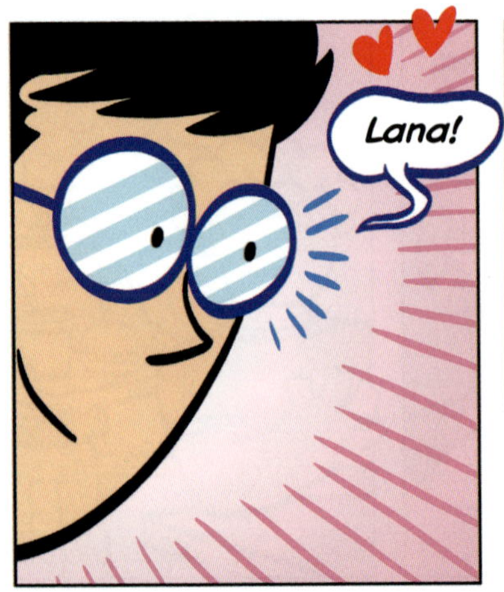
Lana!

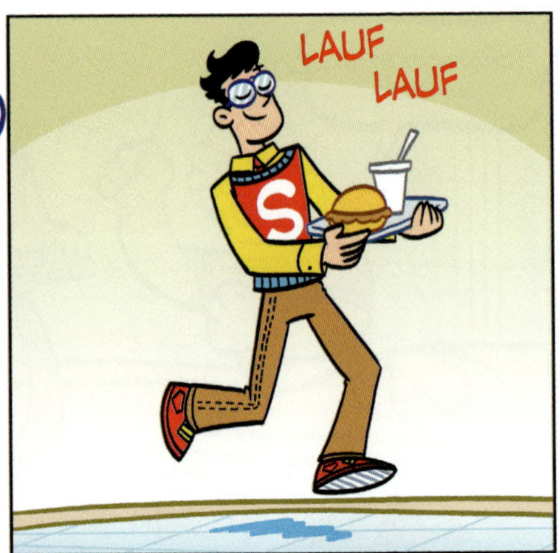
LAUF
LAUF

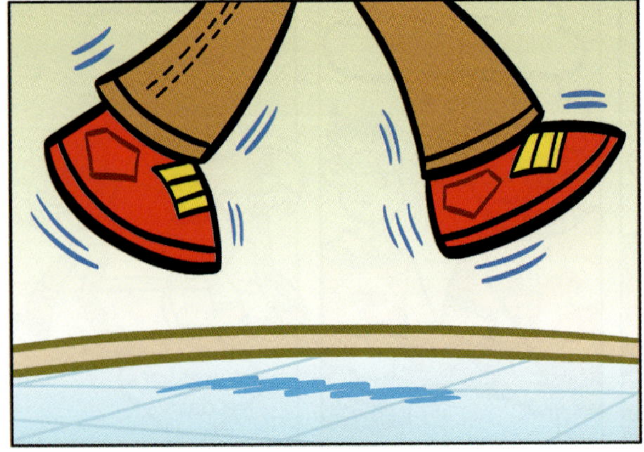

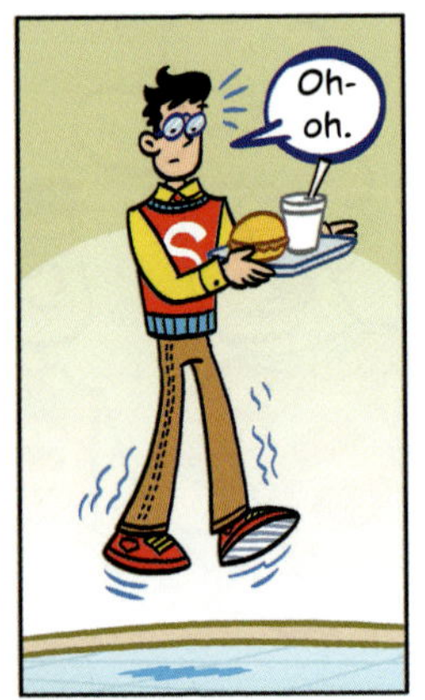
Oh-oh.

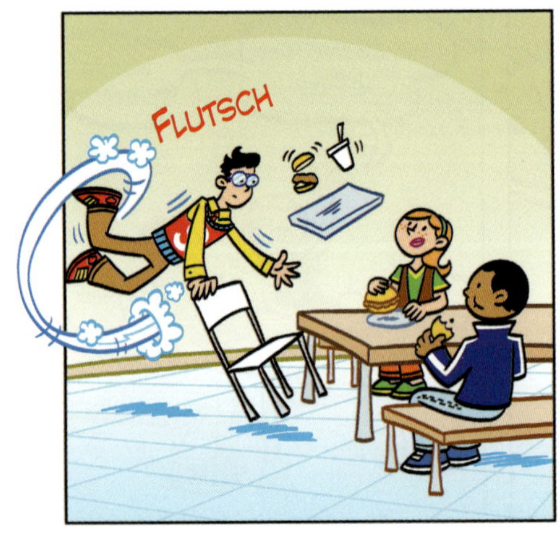
FLUTSCH

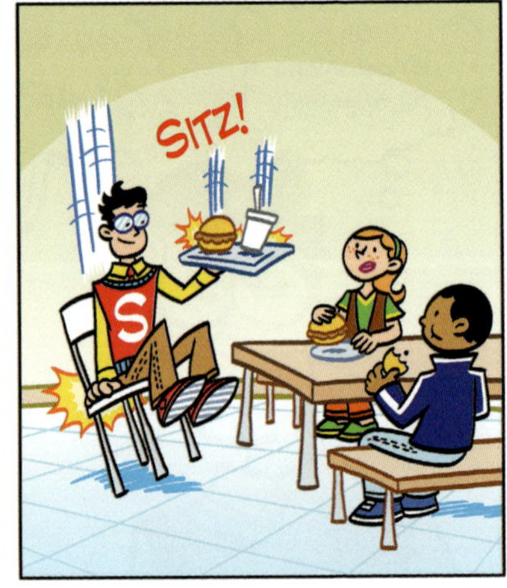
SITZ!

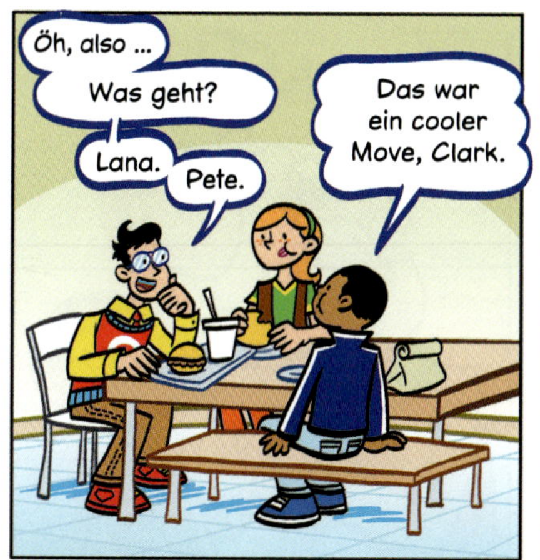
Öh, also ...
Was geht?
Lana.
Pete.
Das war ein cooler Move, Clark.
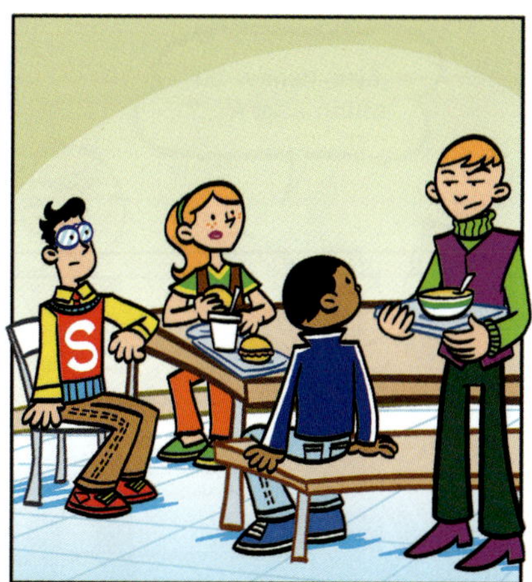
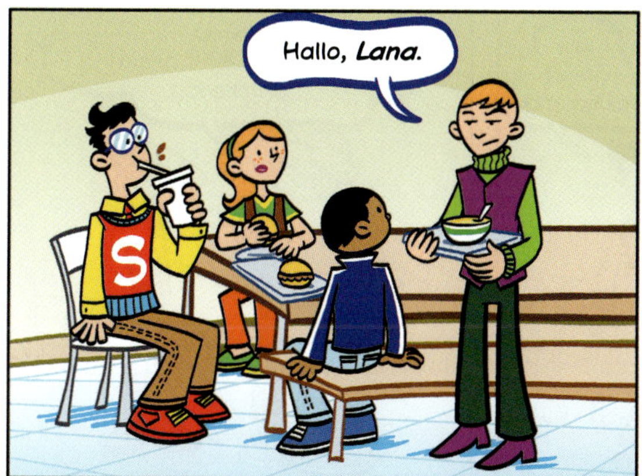
Hallo, *Lana*.
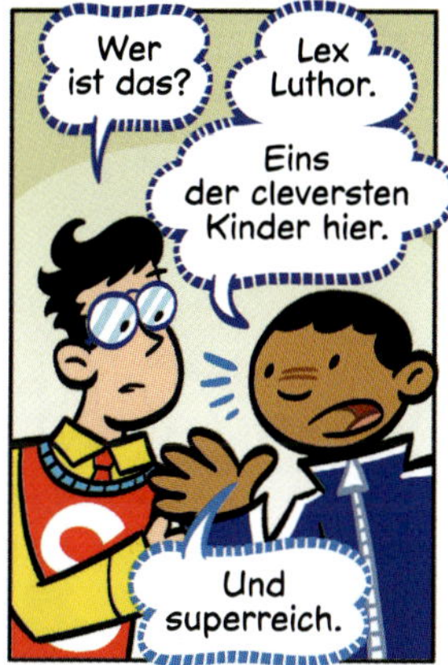
Wer ist das?
Lex Luthor.
Eins der cleversten Kinder hier.
Und superreich.
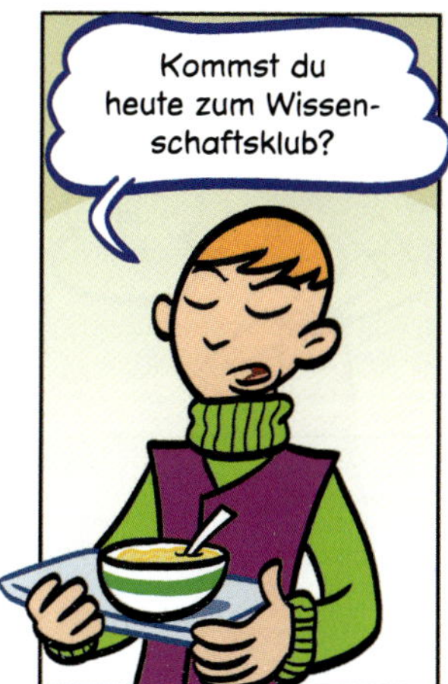
Kommst du heute zum Wissenschaftsklub?
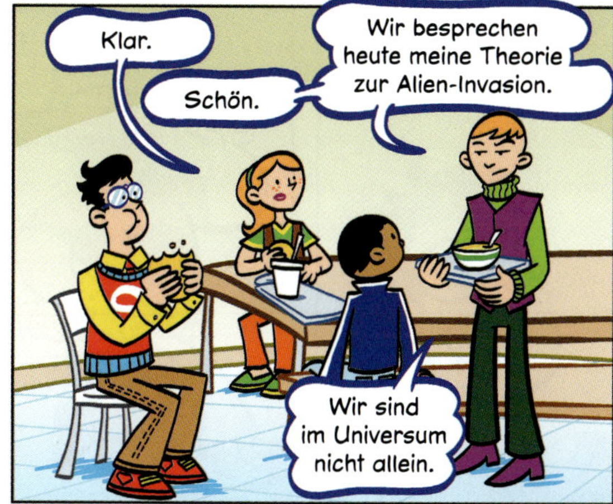
Klar.
Schön.
Wir besprechen heute meine Theorie zur Alien-Invasion.
Wir sind im Universum nicht allein.

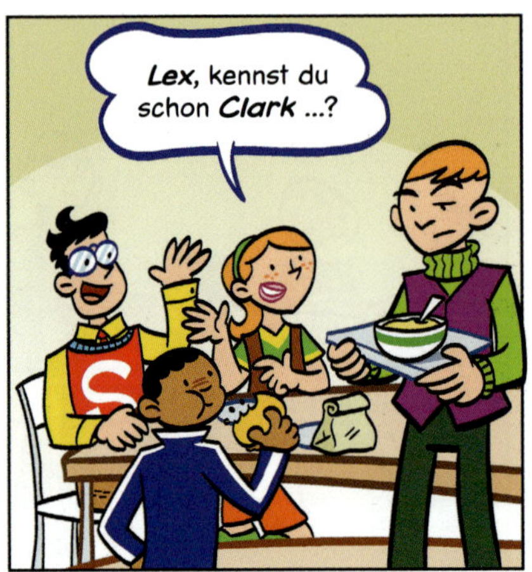
Lex, kennst du schon Clark ...?

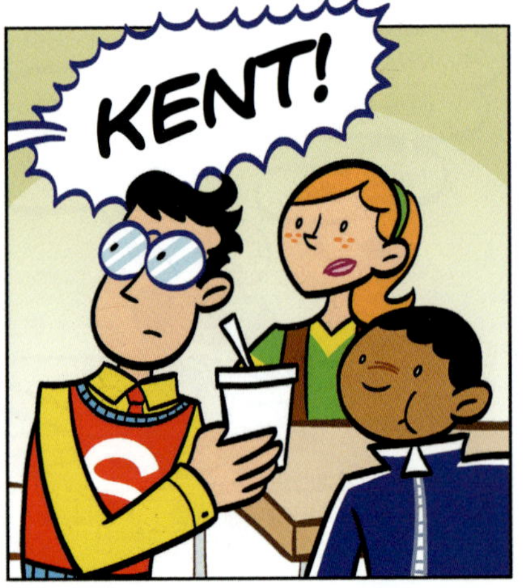
KENT!

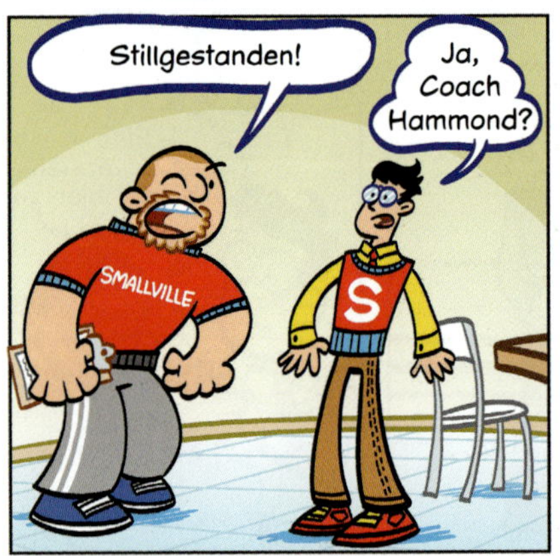
Stillgestanden!
Ja, Coach Hammond?
SMALLVILLE

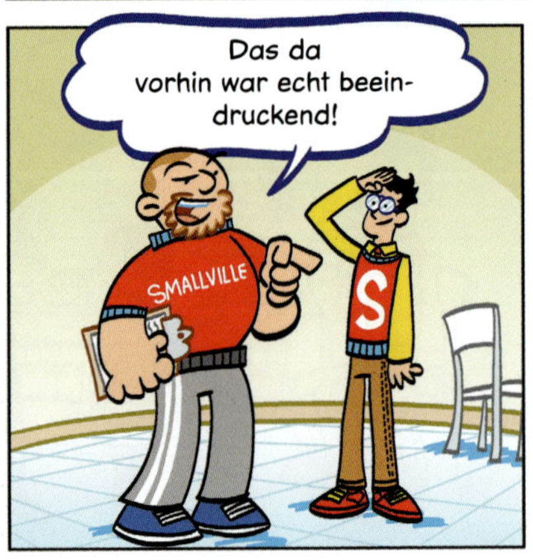
Das da vorhin war echt beein-druckend!
SMALLVILLE

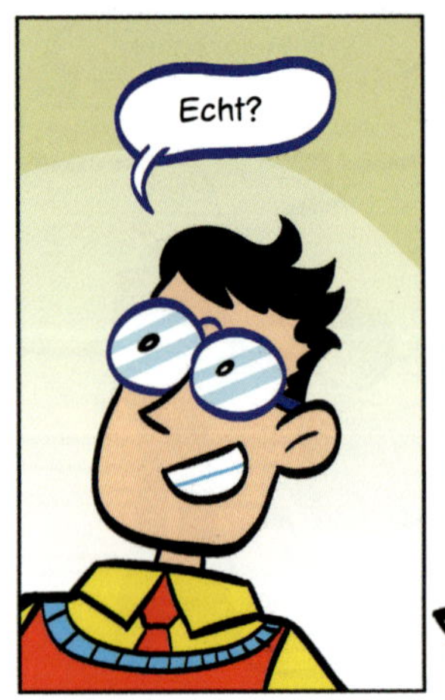
Echt?

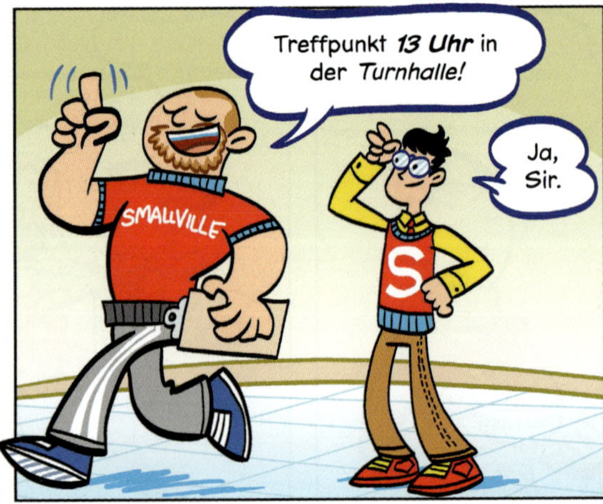
Treffpunkt 13 Uhr in der Turnhalle!
Ja, Sir.
SMALLVILLE

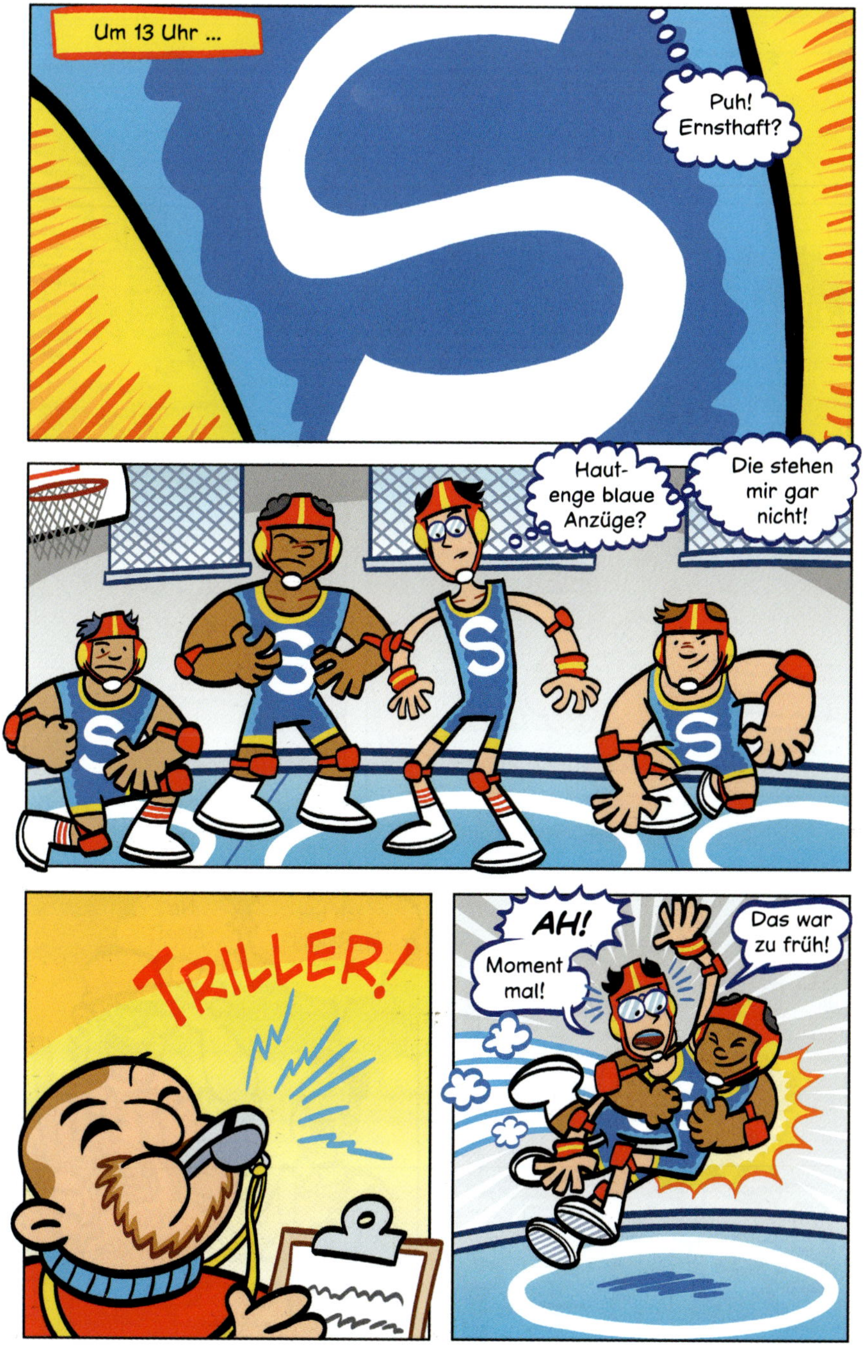

Um 13 Uhr ...

Puh! Ernsthaft?

Haut-enge blaue Anzüge?

Die stehen mir gar nicht!

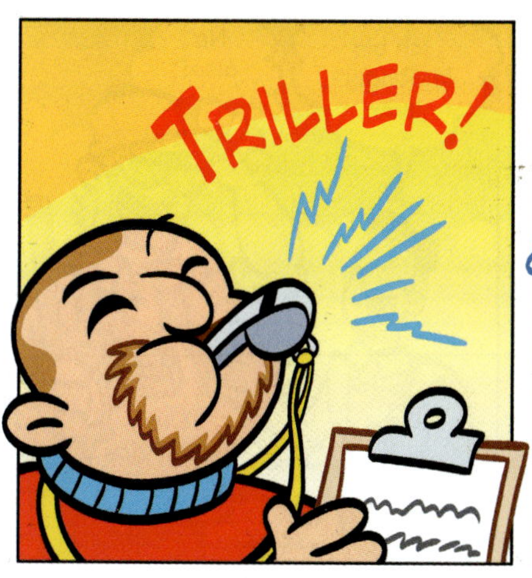

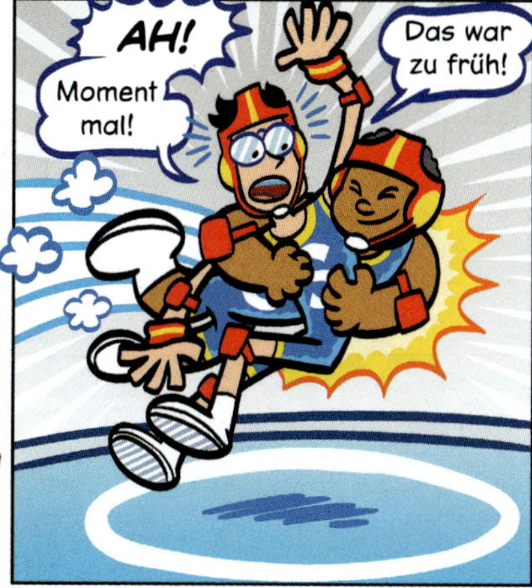

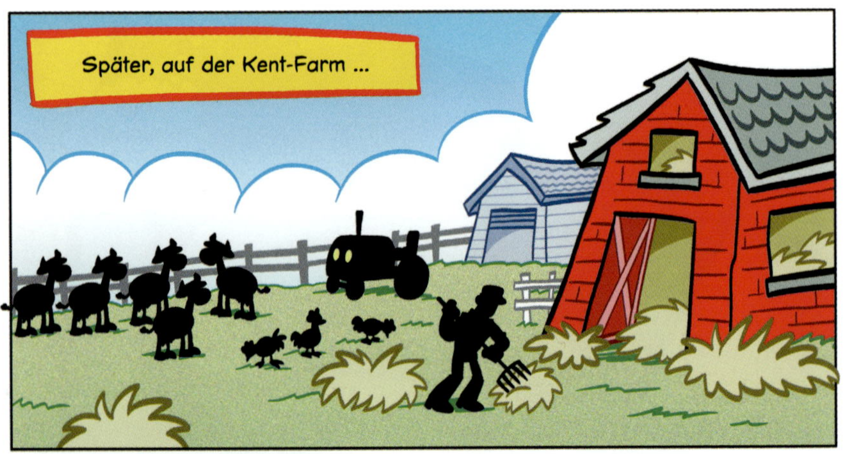
Später, auf der Kent-Farm ...

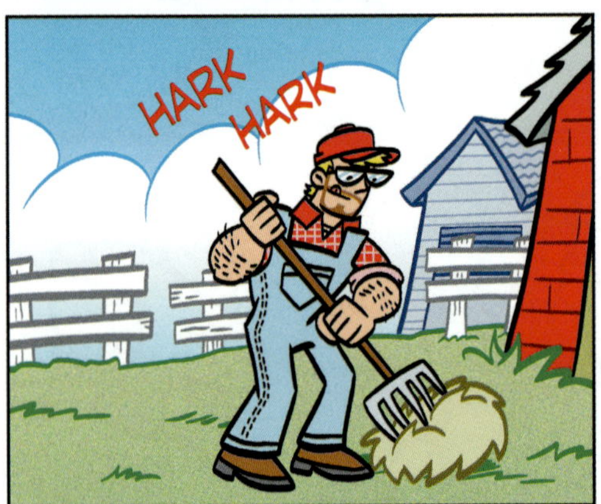
HARK
HARK

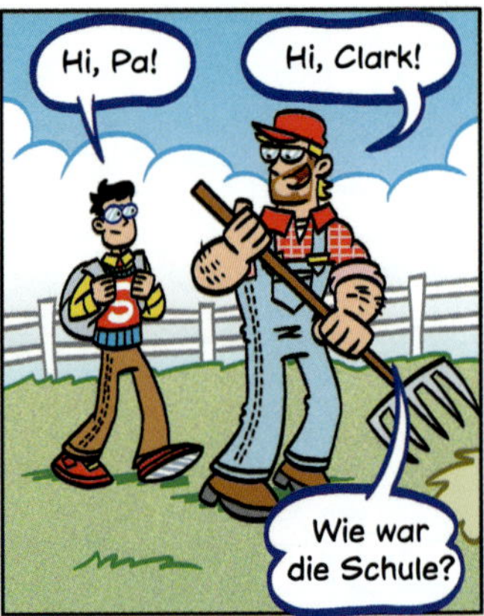
Hi, Pa!
Hi, Clark!
Wie war die Schule?

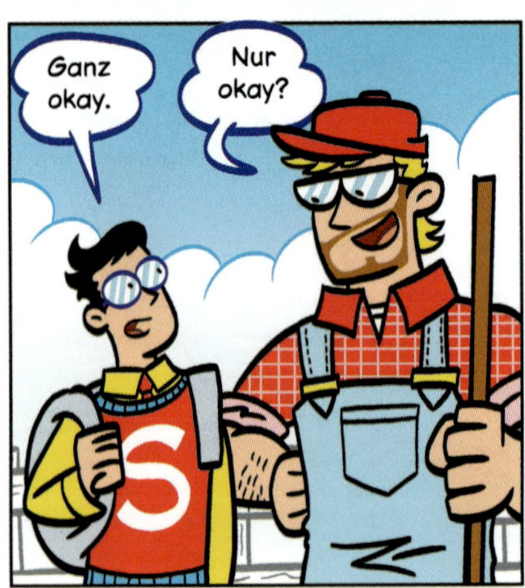
Ganz okay.
Nur okay?

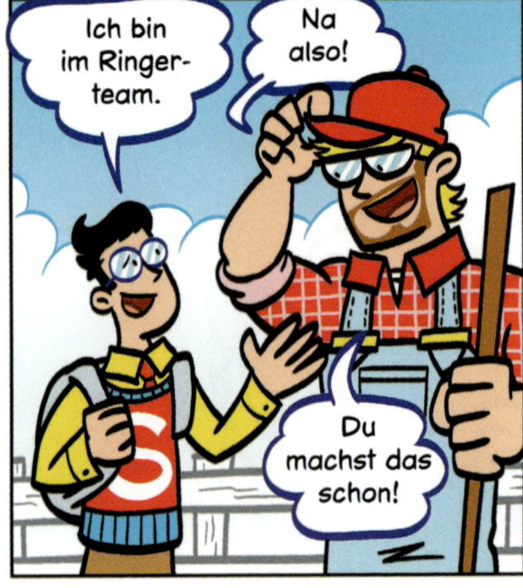
Ich bin im Ringer-team.
Na also!
Du machst das schon!

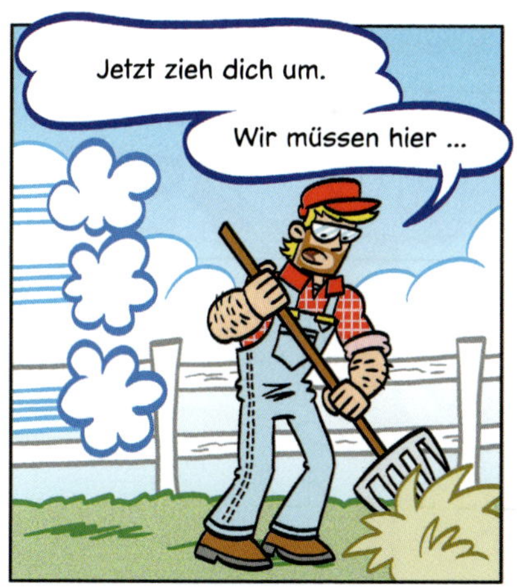
Jetzt zieh dich um.
Wir müssen hier ...

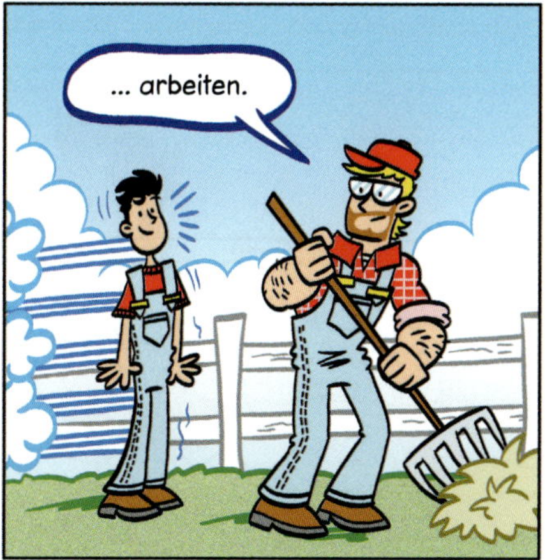
... arbeiten.

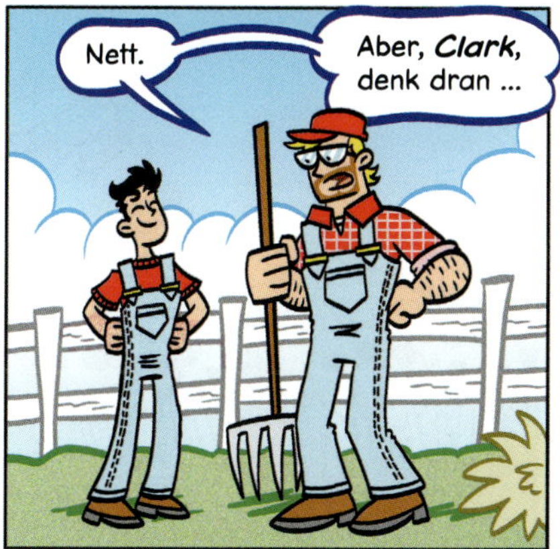
Nett.
Aber, *Clark*, denk dran ...

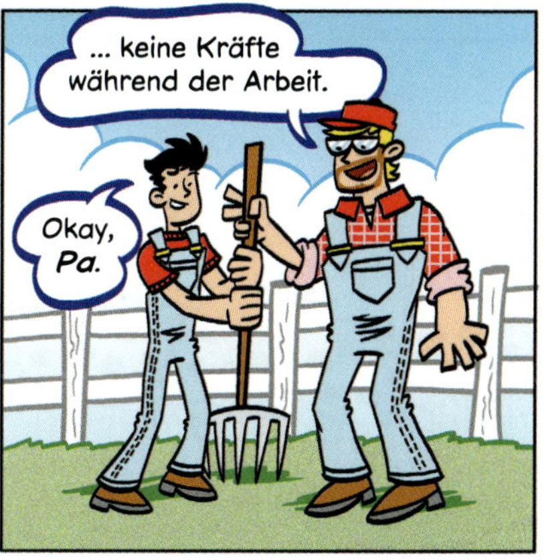
... keine Kräfte während der Arbeit.
Okay, *Pa.*

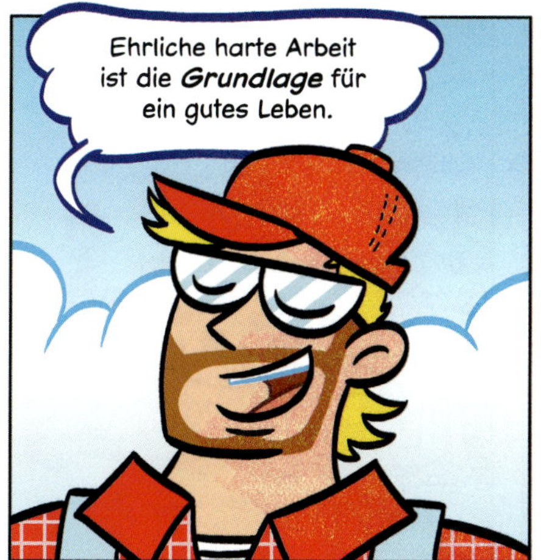
Ehrliche harte Arbeit ist die *Grundlage* für ein gutes Leben.

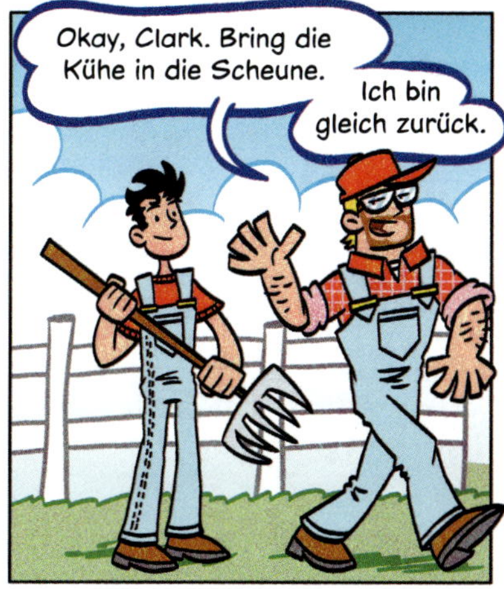
Okay, Clark. Bring die Kühe in die Scheune.
Ich bin gleich zurück.

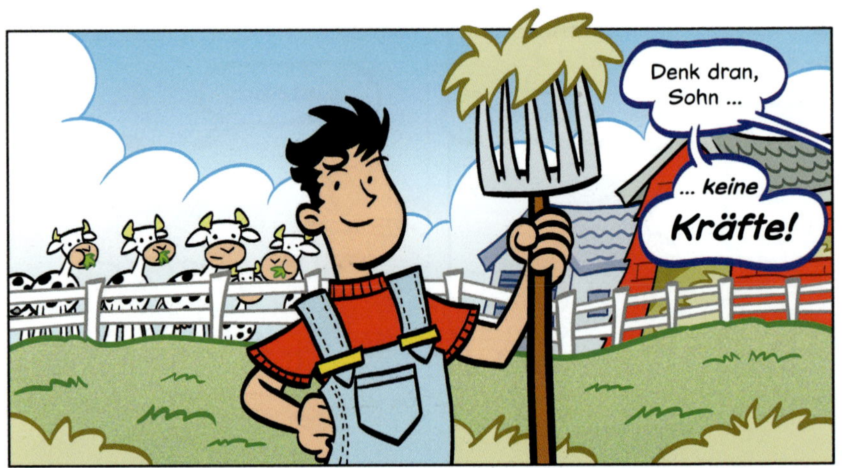
Denk dran, Sohn ...
... keine Kräfte!

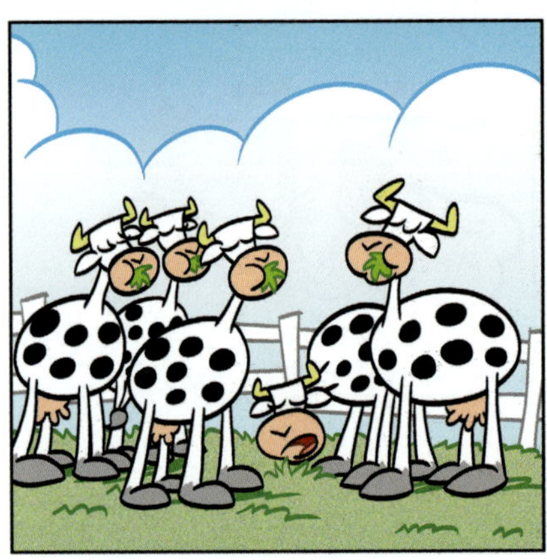

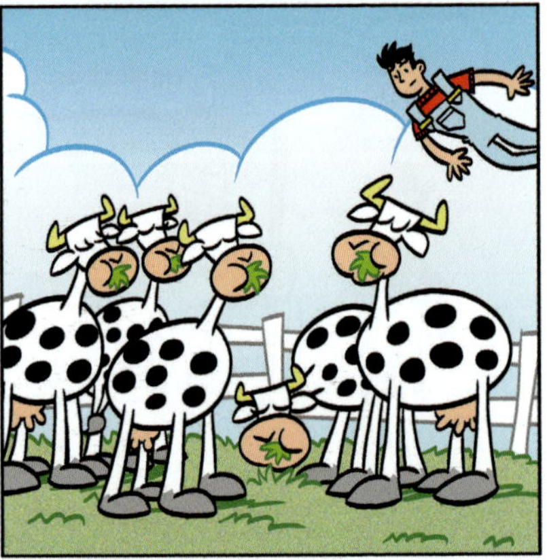

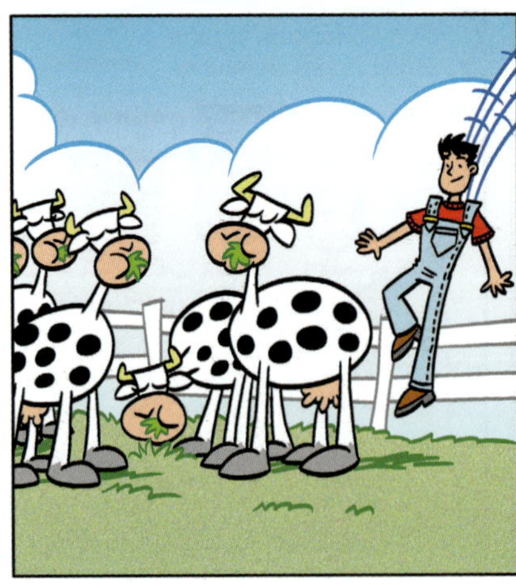

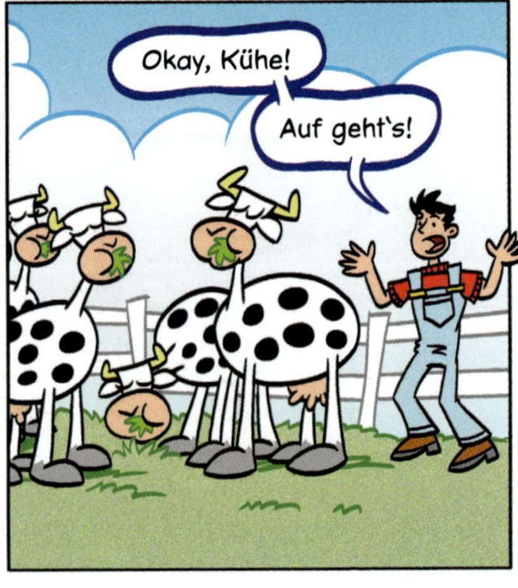
Okay, Kühe!
Auf geht's!

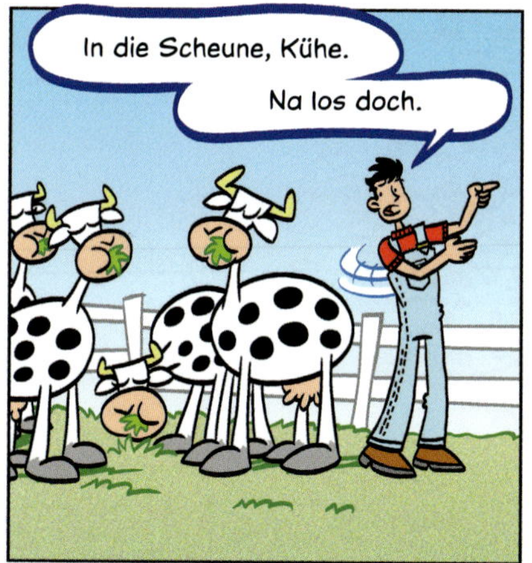
In die Scheune, Kühe.
Na los doch.

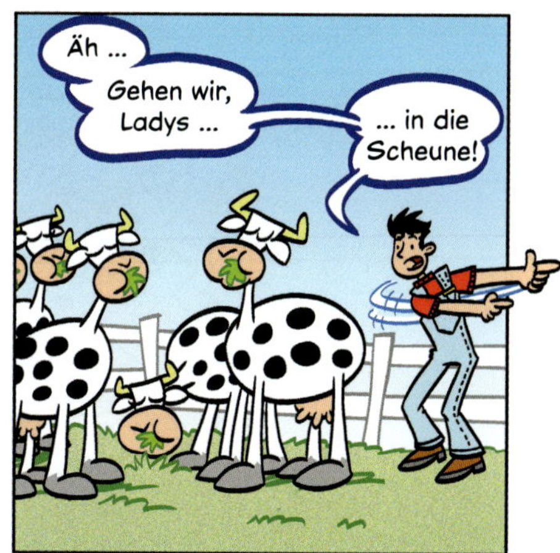
Äh ...
Gehen wir, Ladys ...
... in die Scheune!

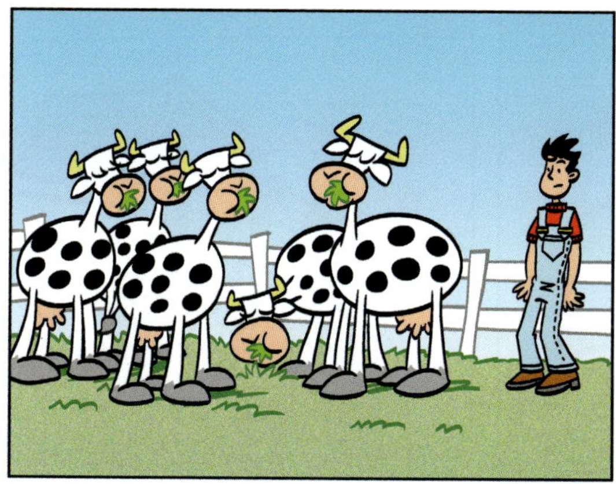

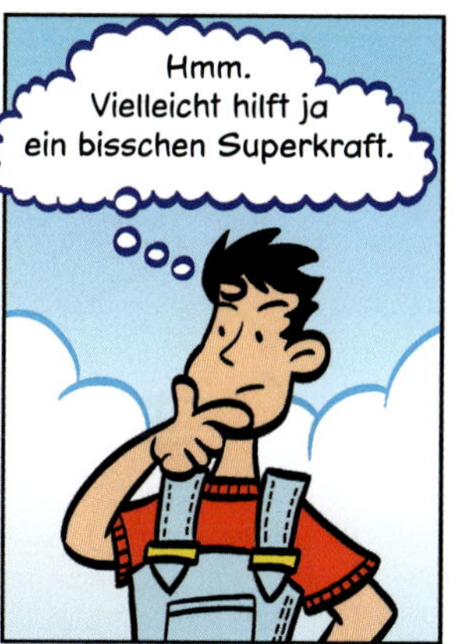
Hmm. Vielleicht hilft ja ein bisschen Superkraft.

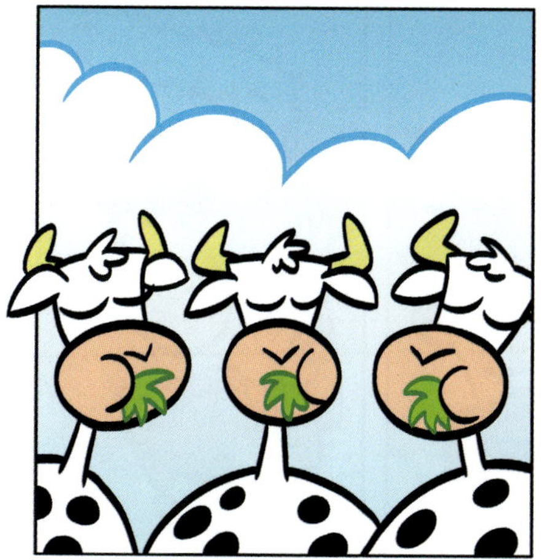

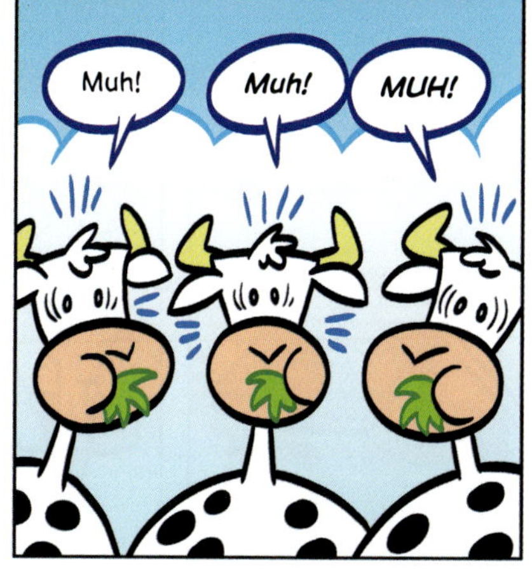
Muh!
Muh!
MUH!

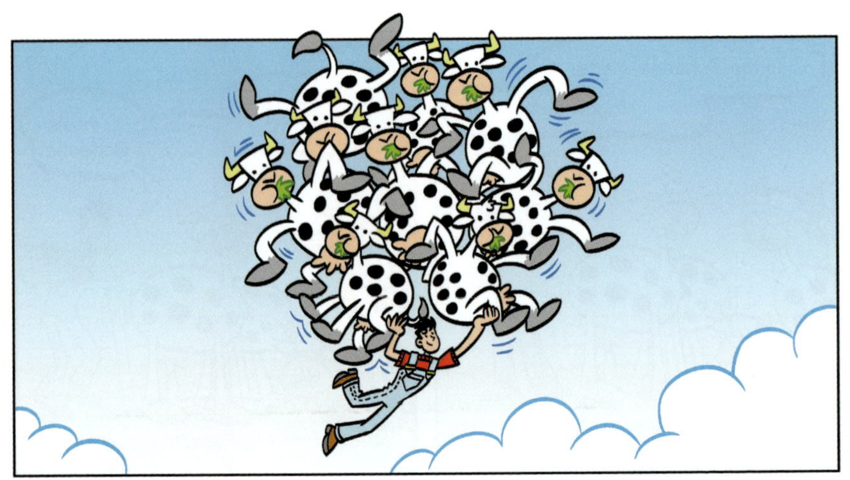

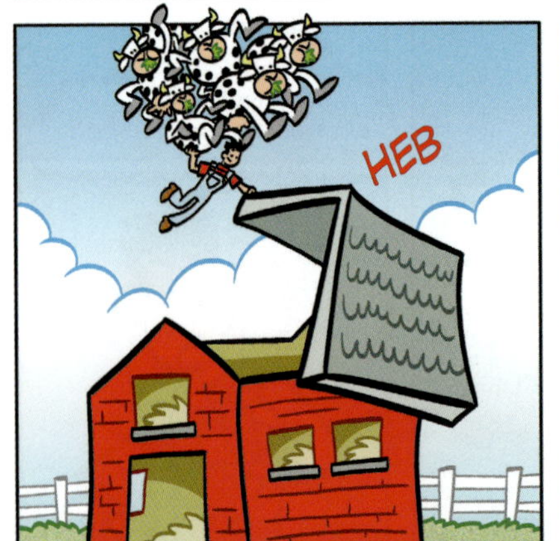
HEB

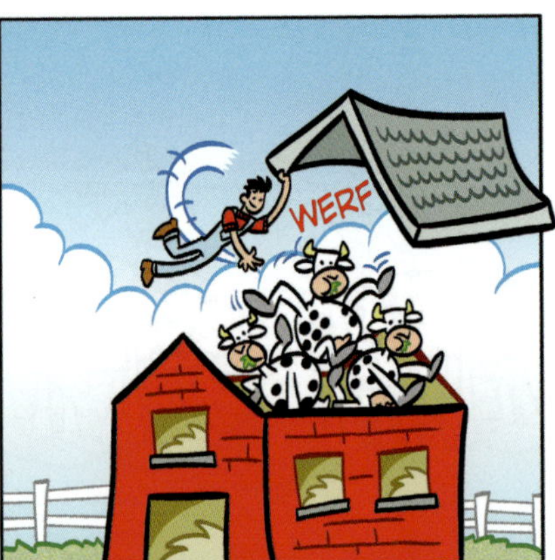
WERF

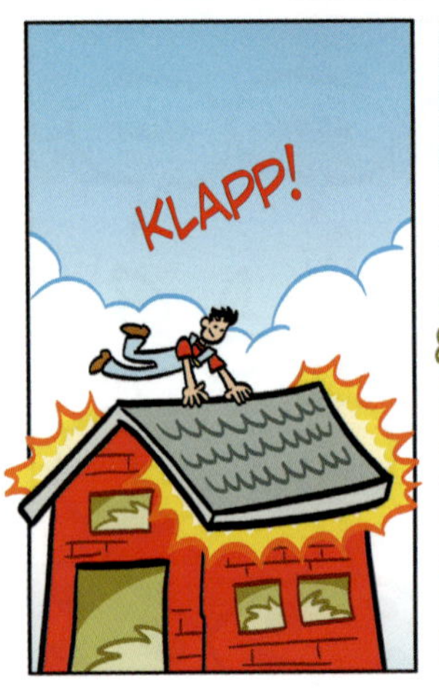
KLAPP!

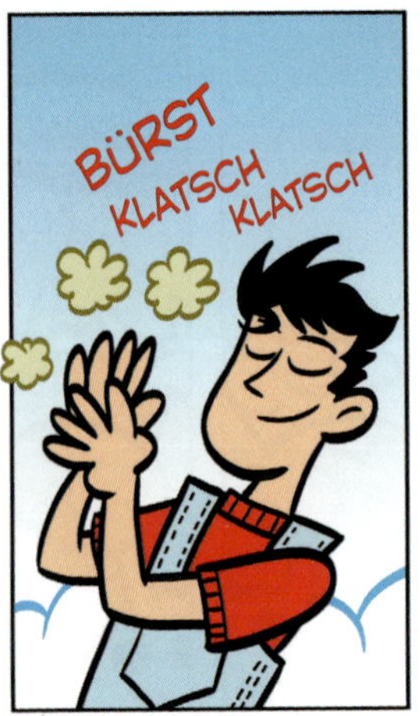
BÜRST
KLATSCH
KLATSCH

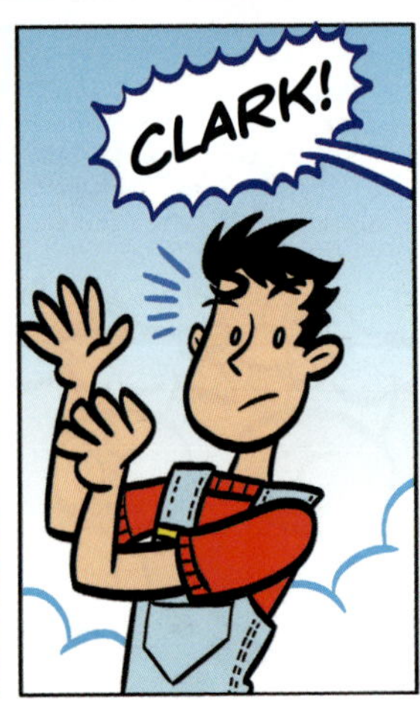
CLARK!

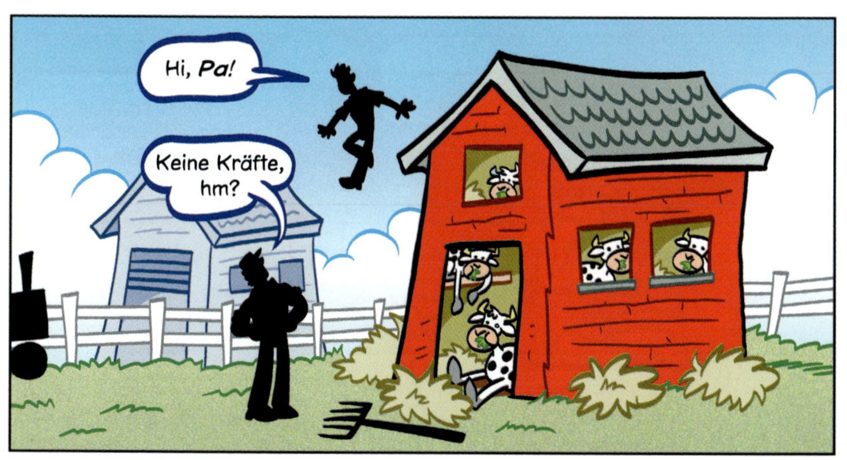
Hi, *Pa!*
Keine Kräfte, hm?

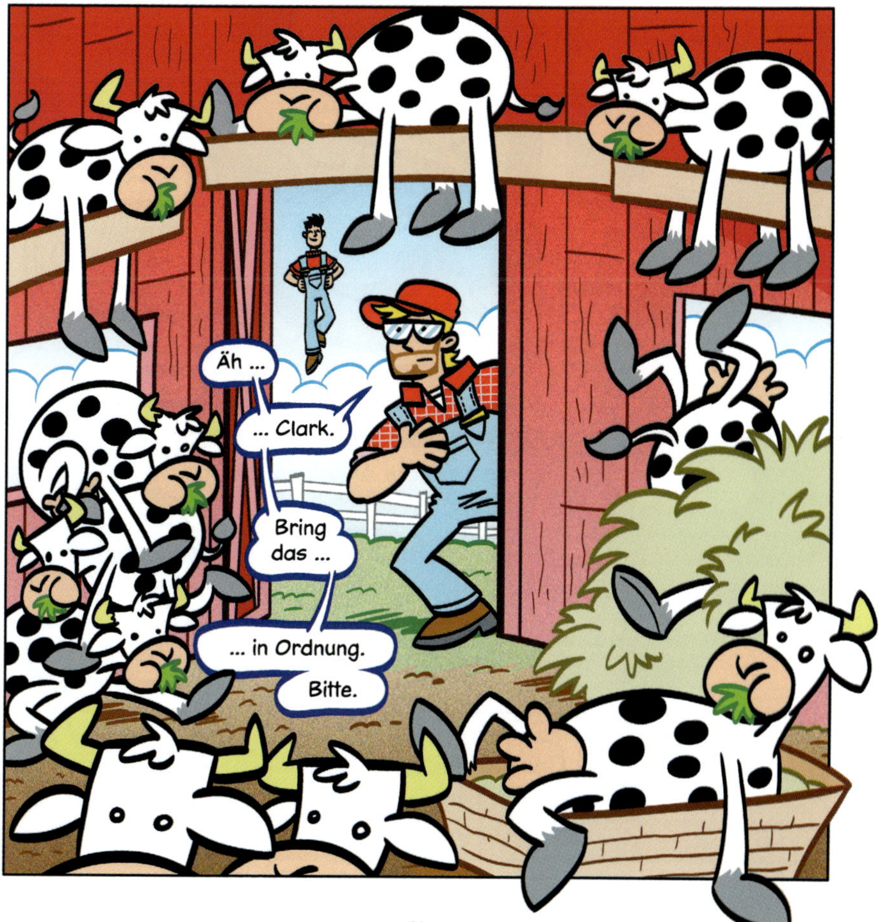

Äh ...
... Clark.
Bring das ...
... in Ordnung.
Bitte.

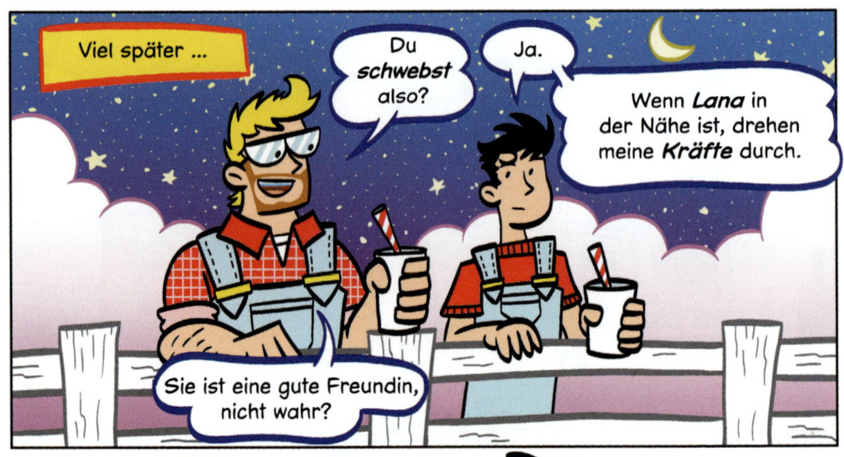
Viel später ...
Du *schwebst* also?
Ja.
Wenn *Lana* in der Nähe ist, drehen meine *Kräfte* durch.
Sie ist eine gute Freundin, nicht wahr?

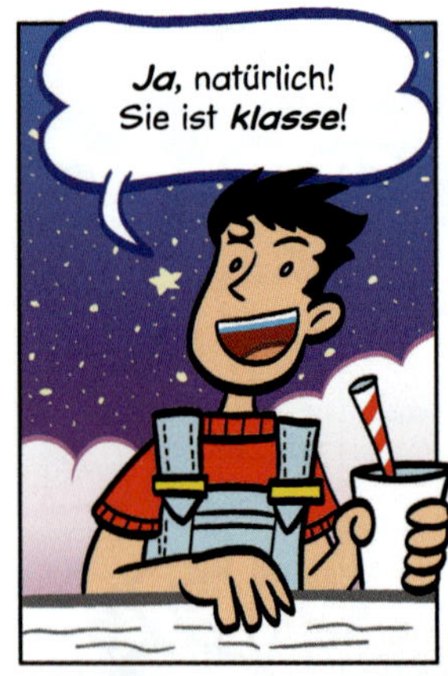
Ja, natürlich! Sie ist *klasse*!

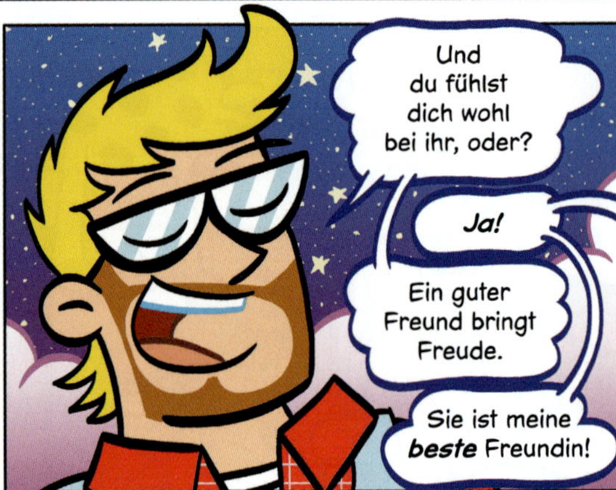
Und du fühlst dich wohl bei ihr, oder?
Ja!
Ein guter Freund bringt Freude.
Sie ist meine *beste* Freundin!

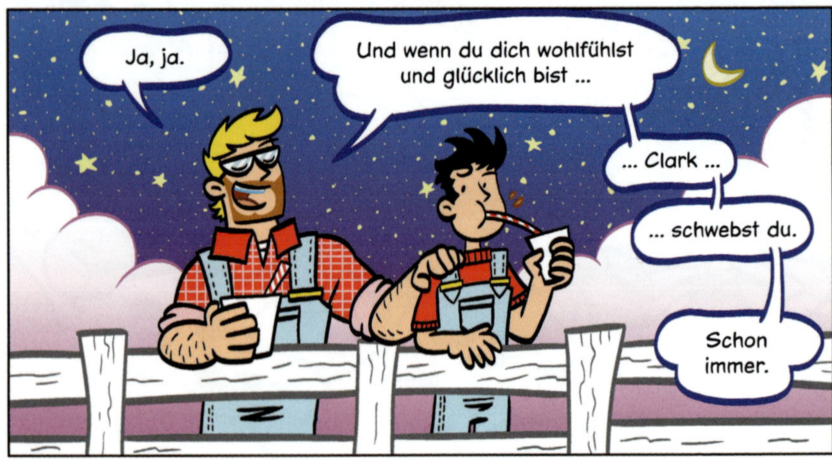
Ja, ja.
Und wenn du dich wohlfühlst und glücklich bist ...
... Clark ...
... schwebst du.
Schon immer.

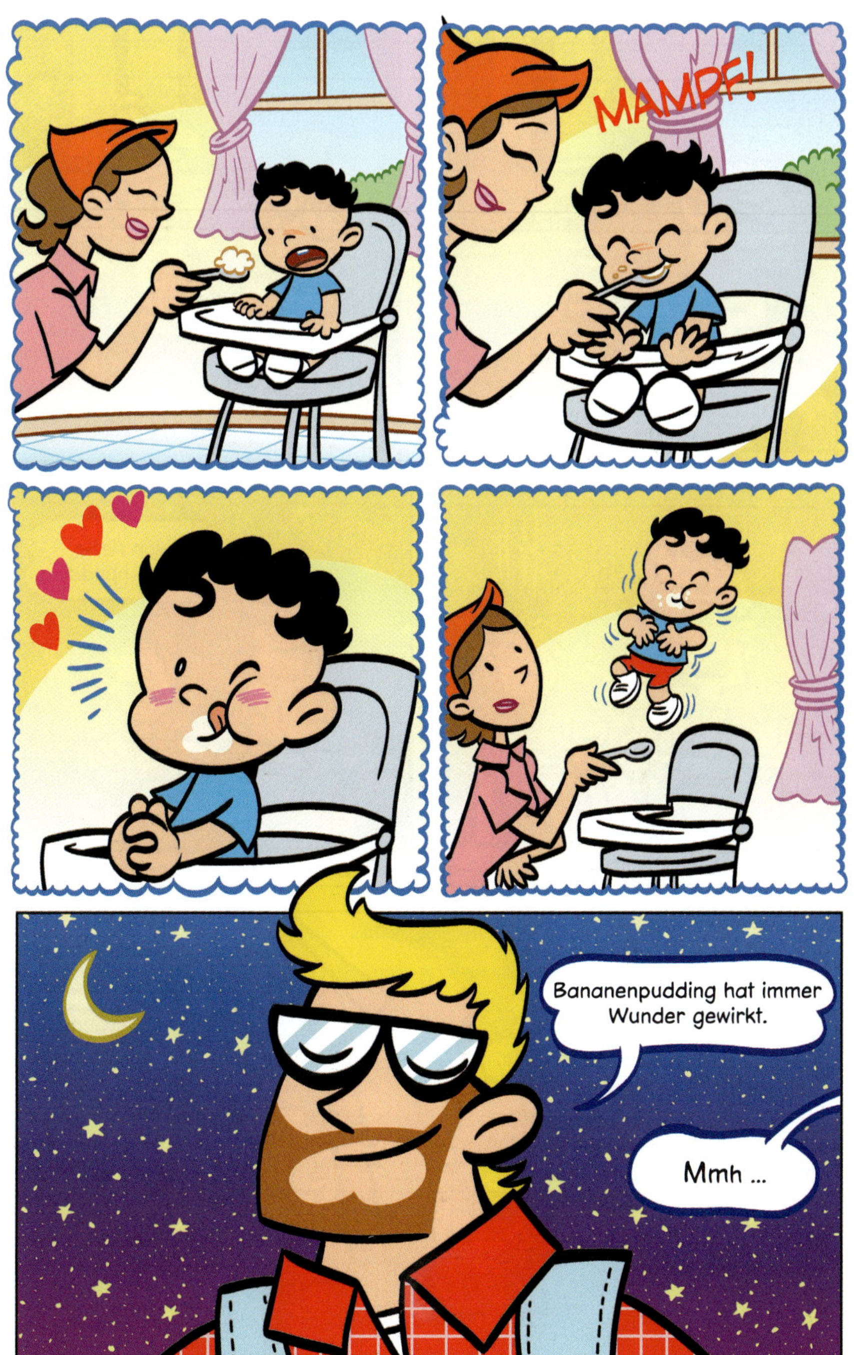
MAMPF!
Bananenpudding hat immer Wunder gewirkt.
Mmh ...

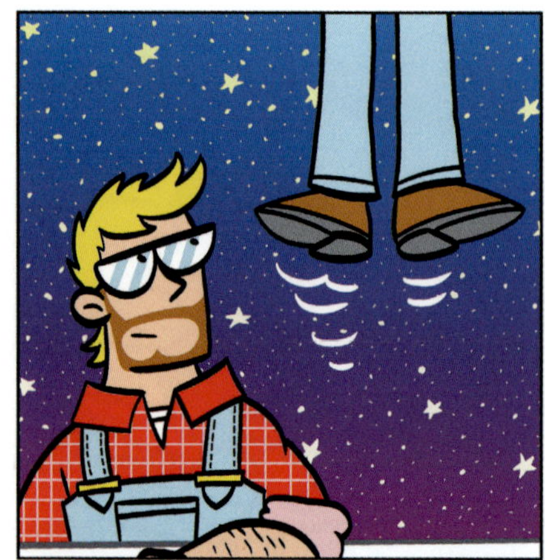
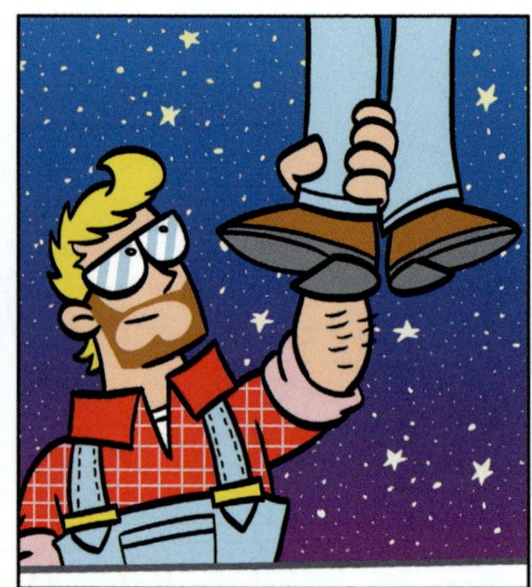
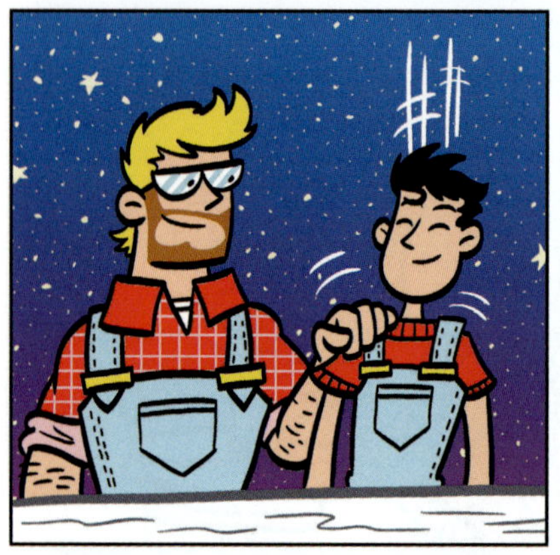
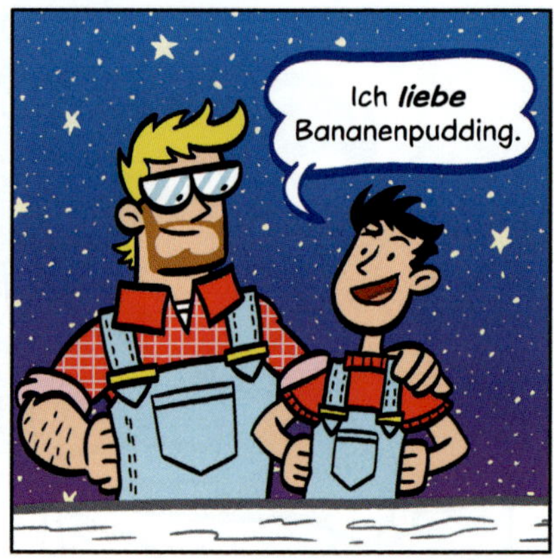
Ich *liebe* Bananenpudding.
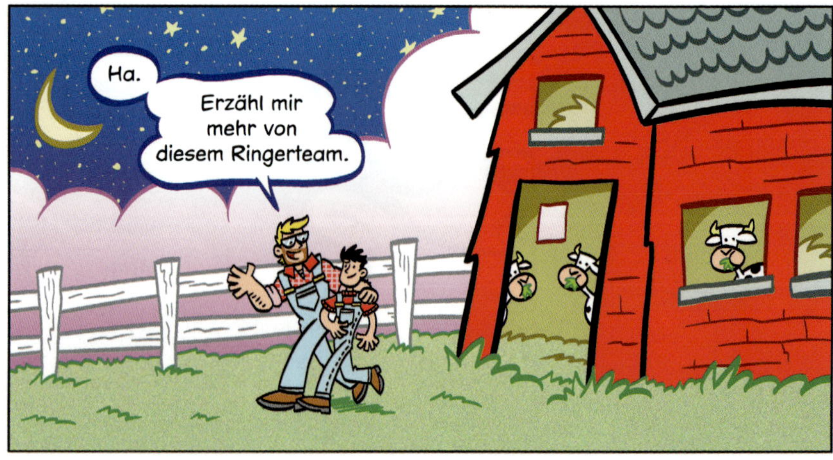
Ha.
Erzähl mir mehr von diesem Ringerteam.

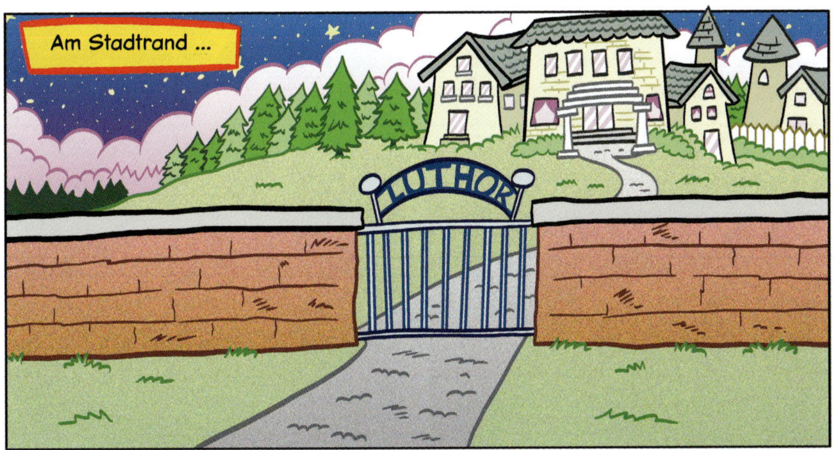
Am Stadtrand ...
LUTHOR

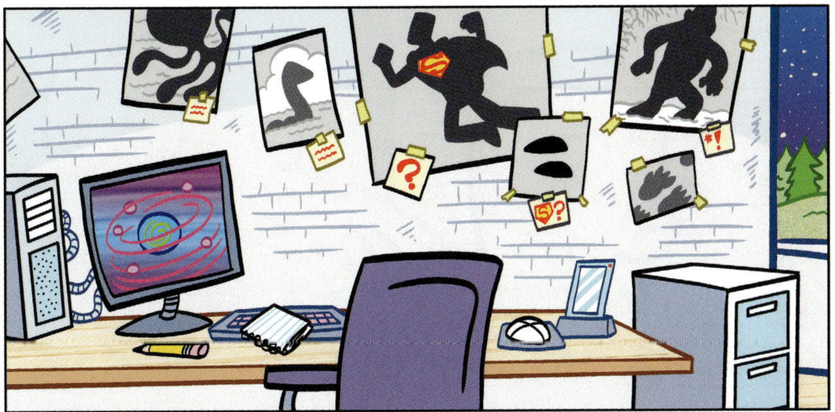

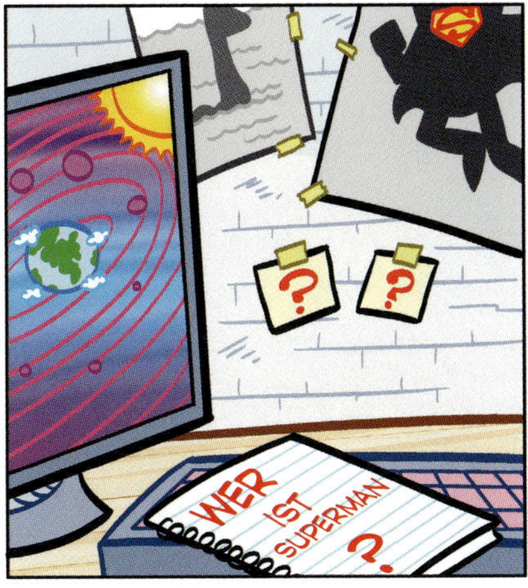
WER
IST
SUPERMAN
?

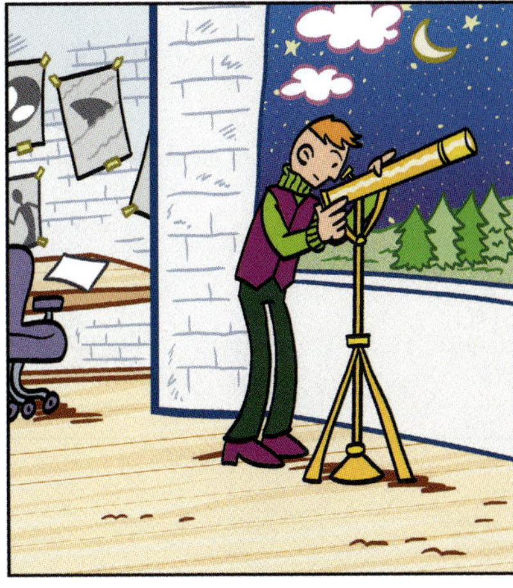

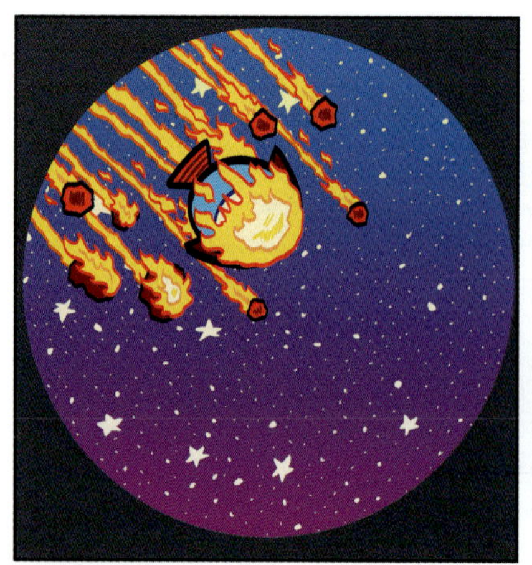

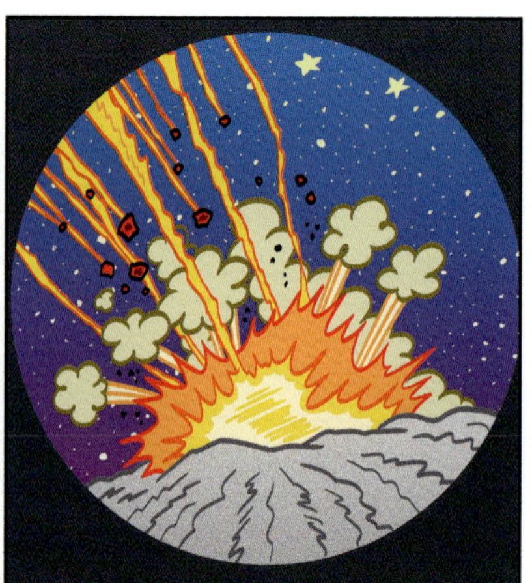

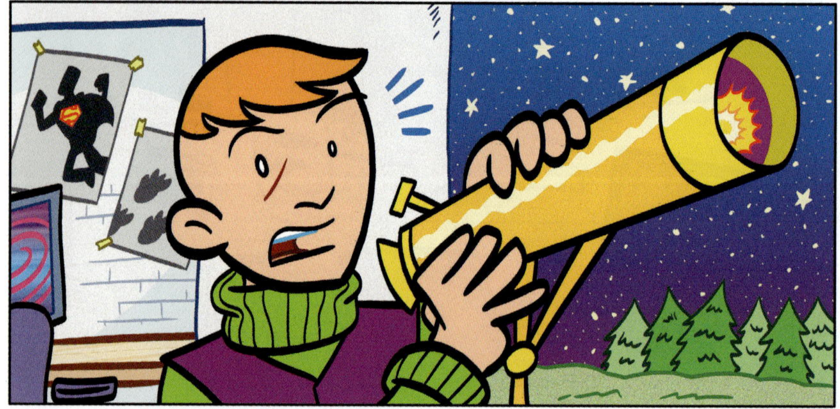

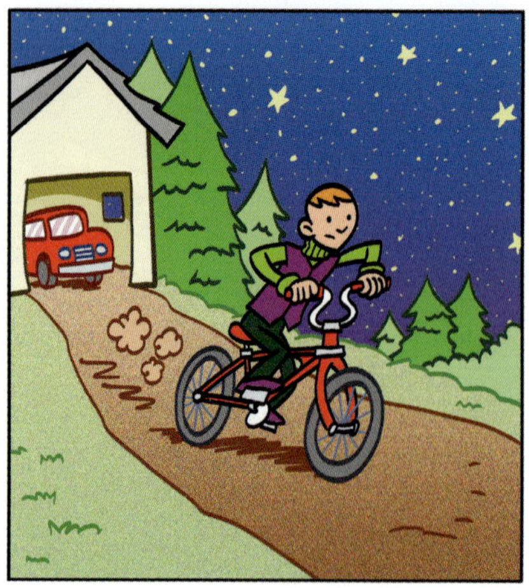

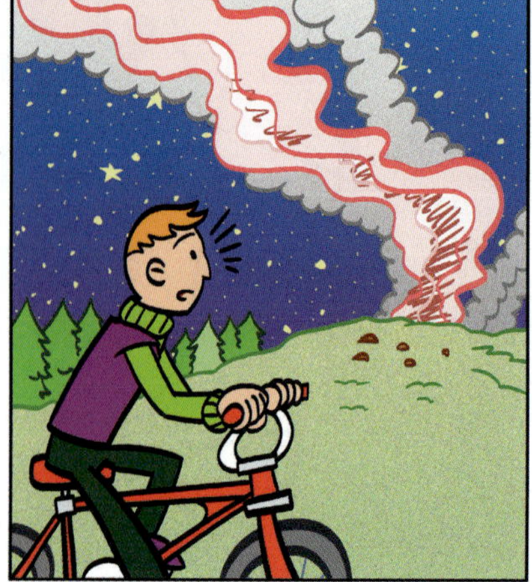

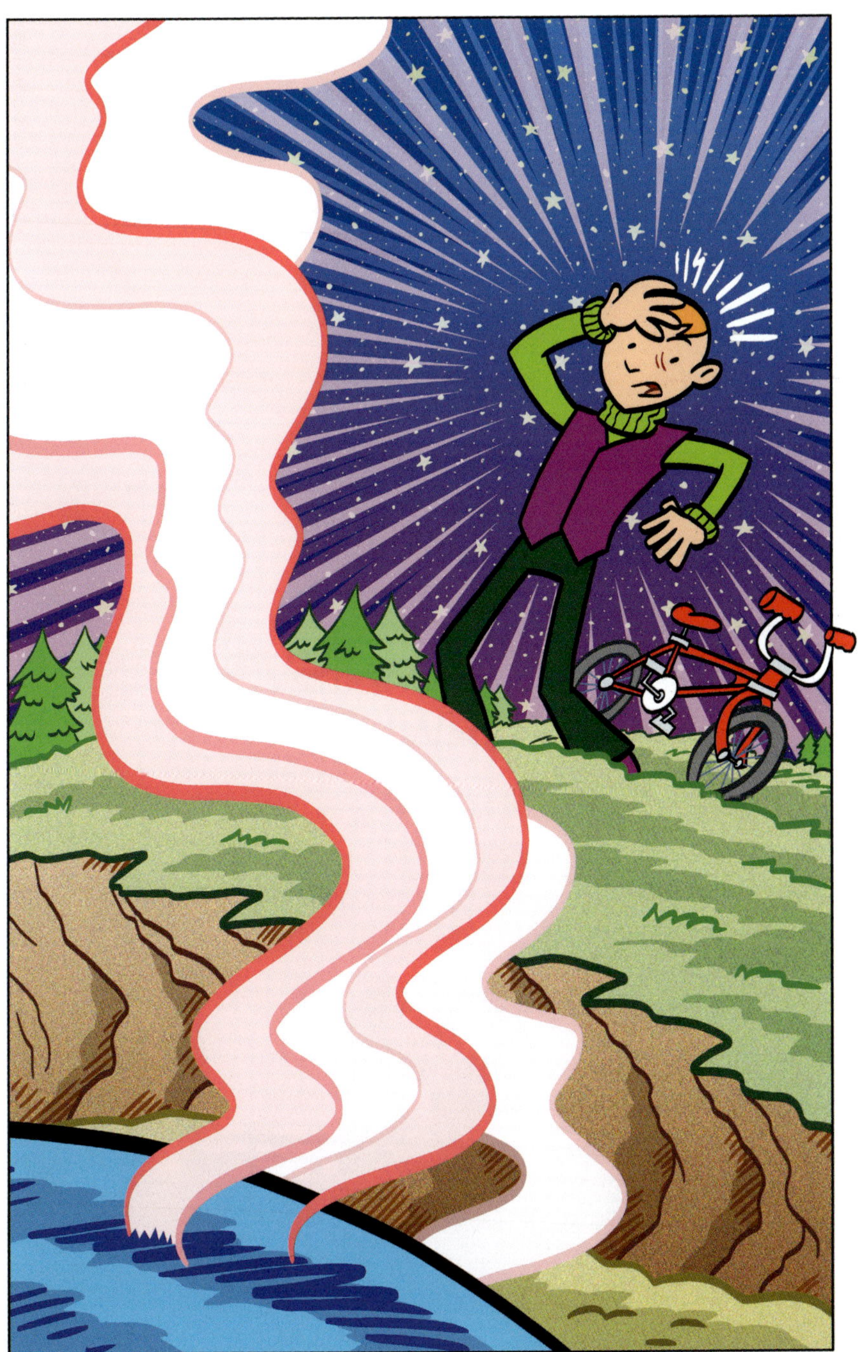

KAPITEL 2

DAS GEHEIMNISVOLLE SCHWUPS

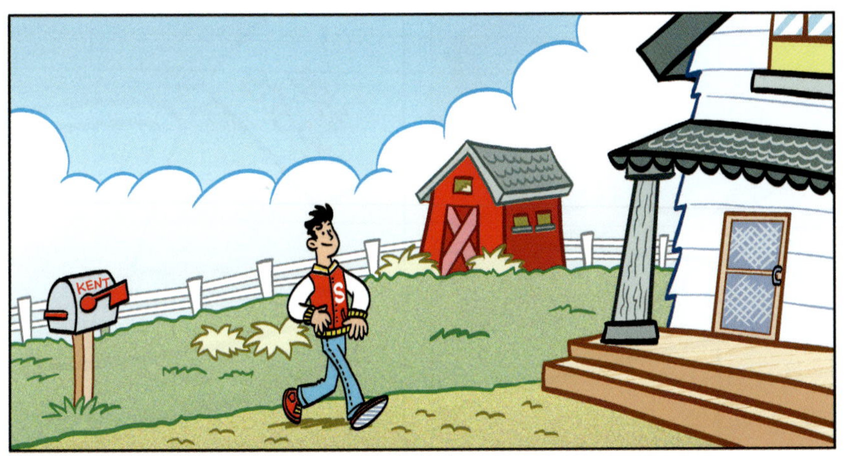
KENT

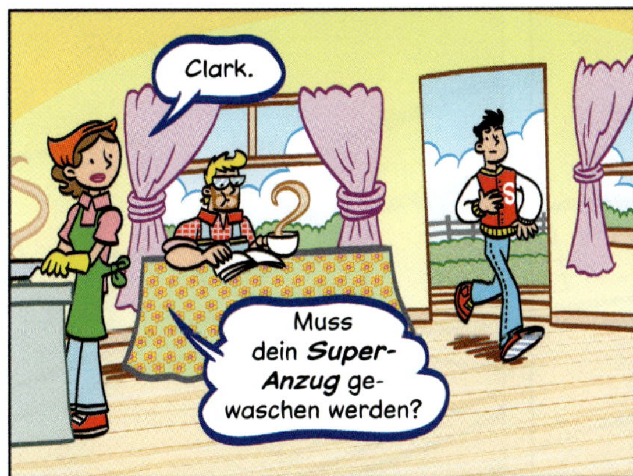
Clark.
Muss dein **Super-Anzug** gewaschen werden?

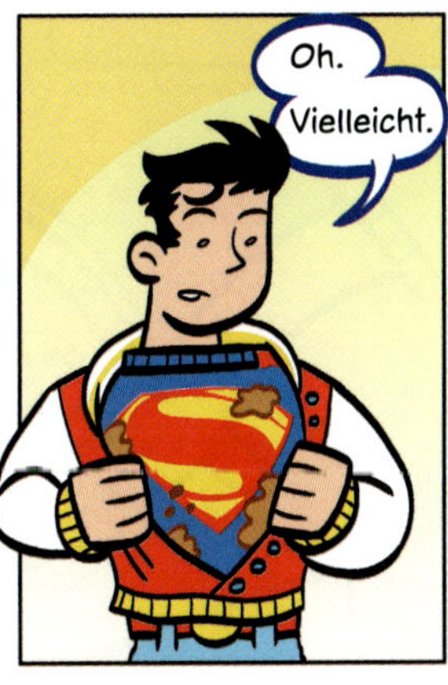
Oh.
Vielleicht.

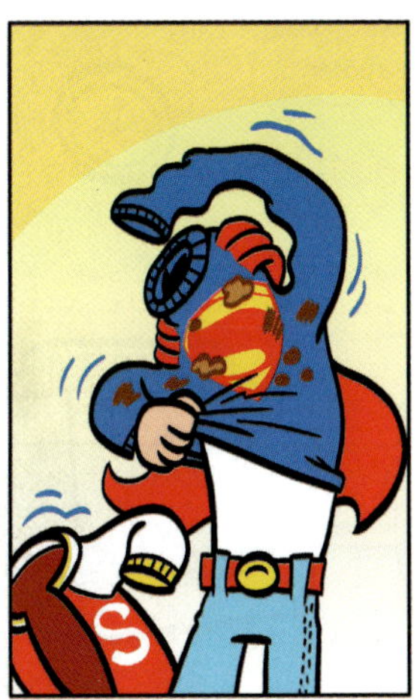

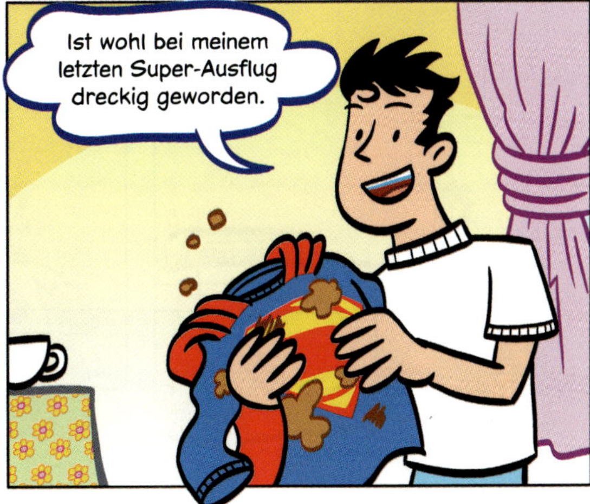
Ist wohl bei meinem letzten Super-Ausflug dreckig geworden.

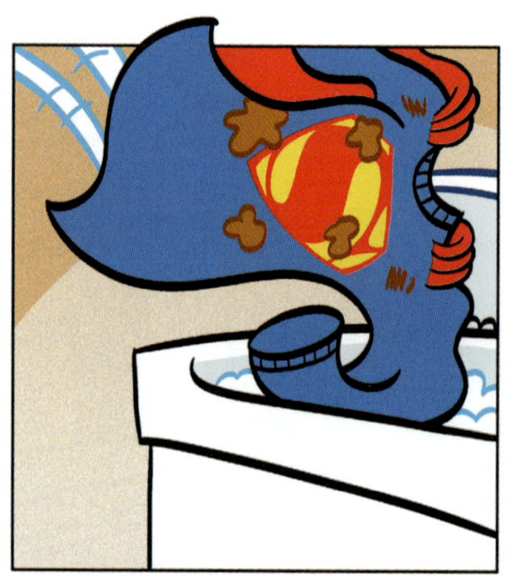

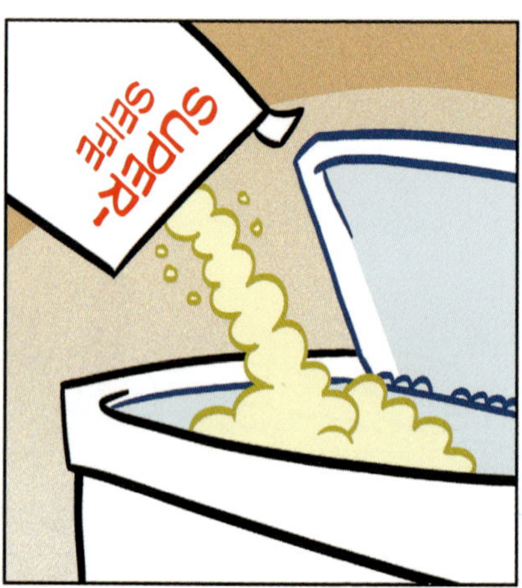
SUPER-
SEIFE

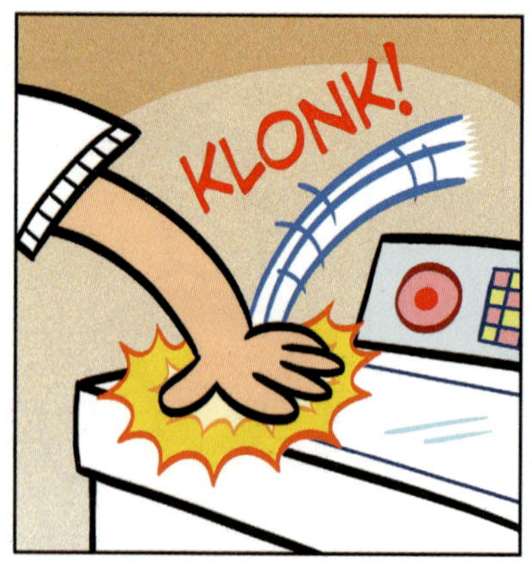
KLONK!

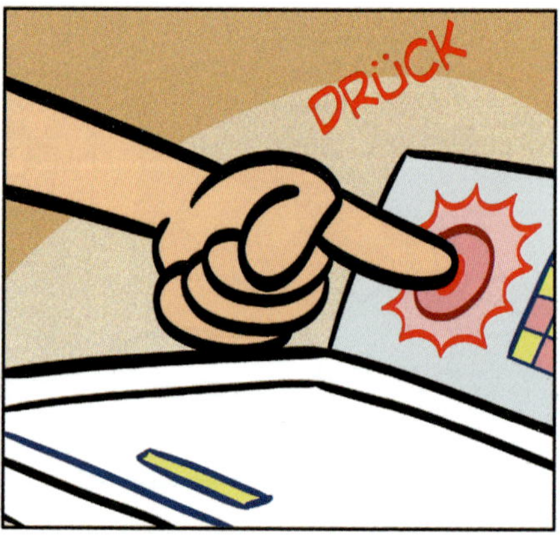
DRÜCK

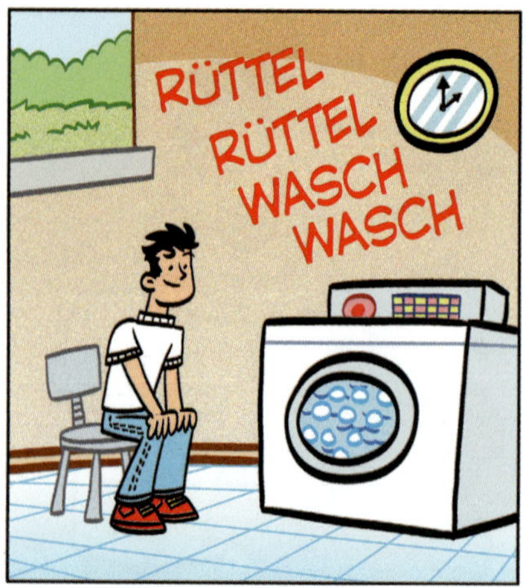
RÜTTEL
RÜTTEL
WASCH
WASCH

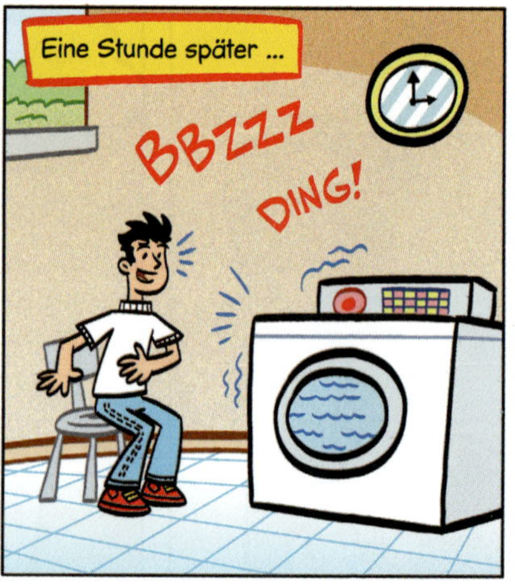
Eine Stunde später ...
BBZZZ
DING!

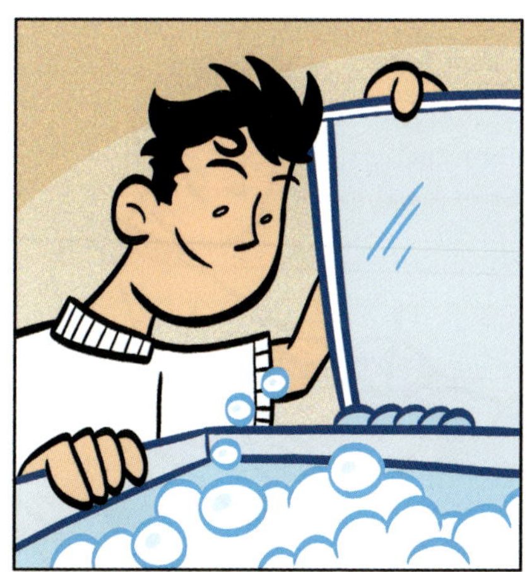
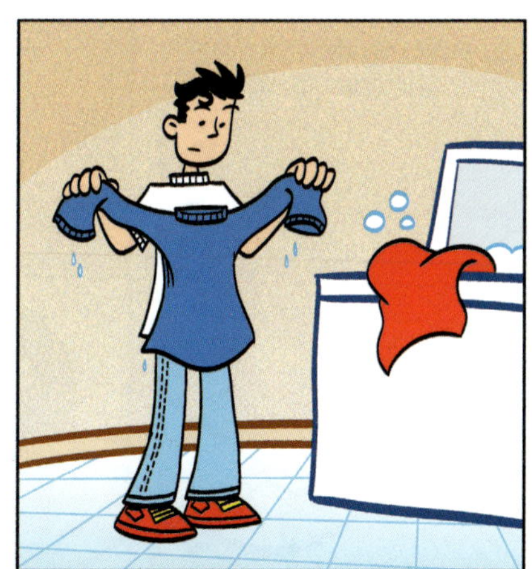
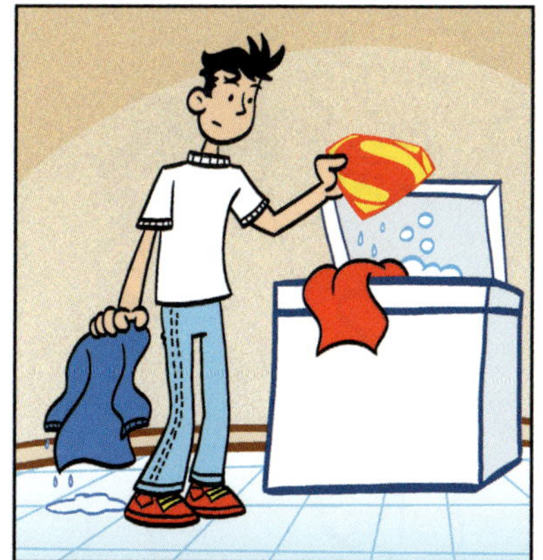
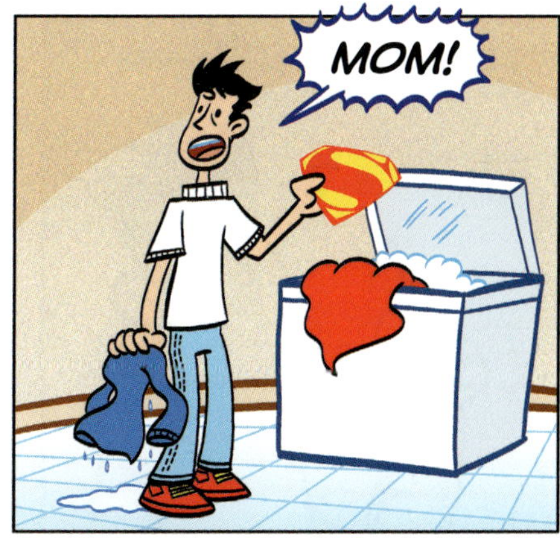
MOM!
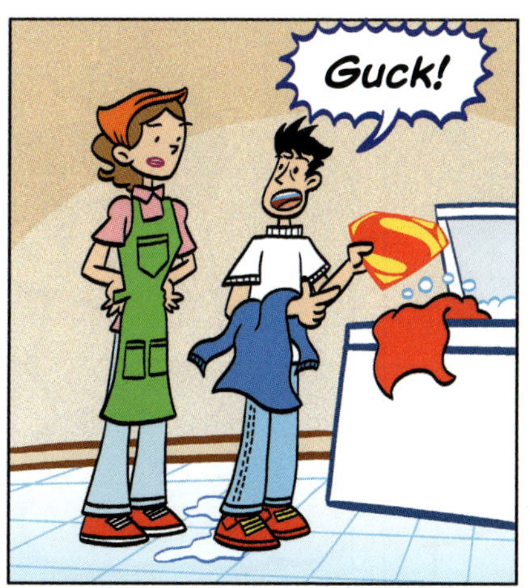
Guck!
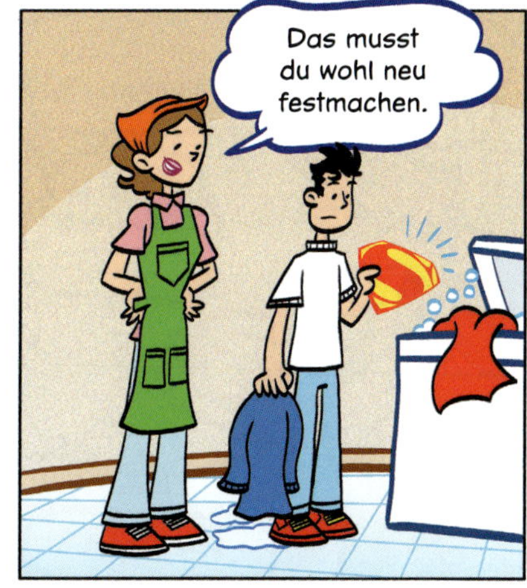
Das musst du wohl neu festmachen.

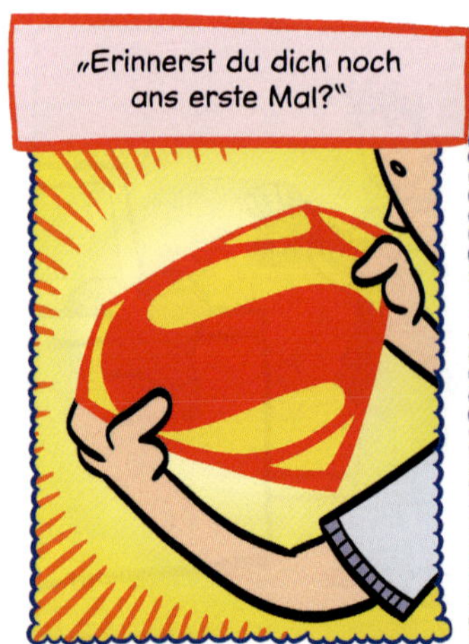
„Erinnerst du dich noch ans erste Mal?"

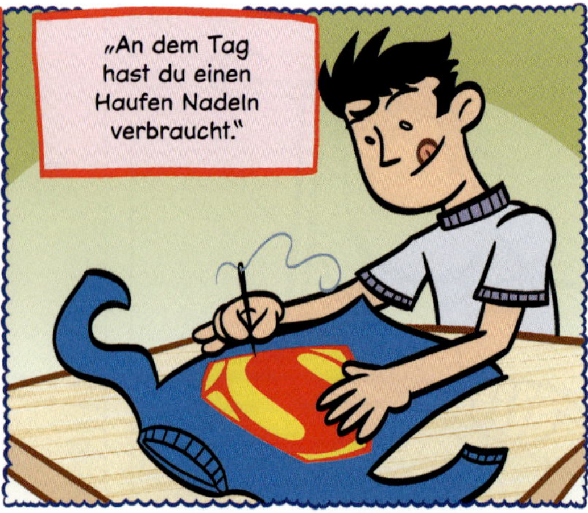
„An dem Tag hast du einen Haufen Nadeln verbraucht."

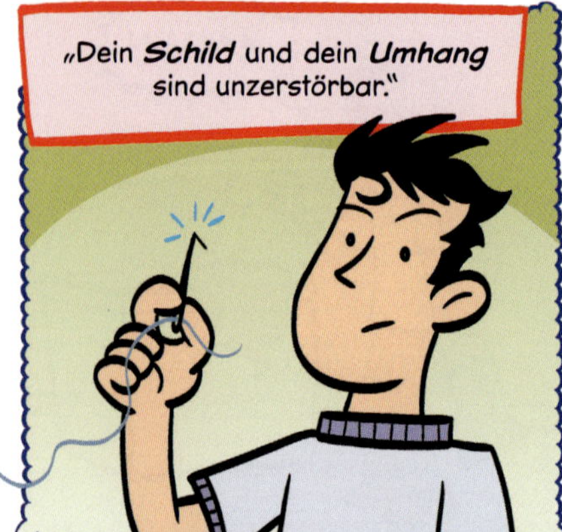
„Dein *Schild* und dein *Umhang* sind unzerstörbar."

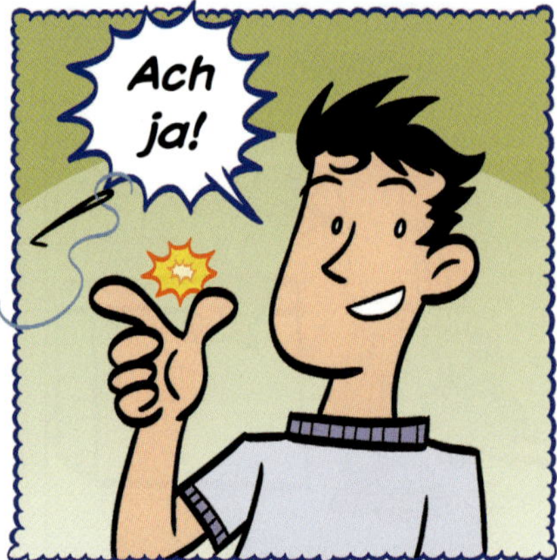
Ach ja!

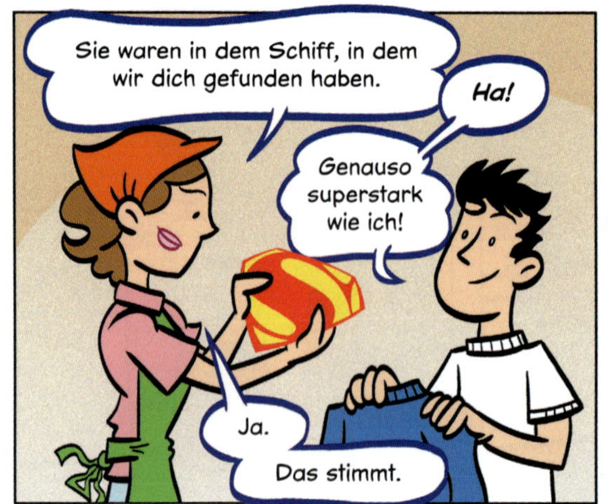
Sie waren in dem Schiff, in dem wir dich gefunden haben.
Ha!
Genauso superstark wie ich!
Ja.
Das stimmt.

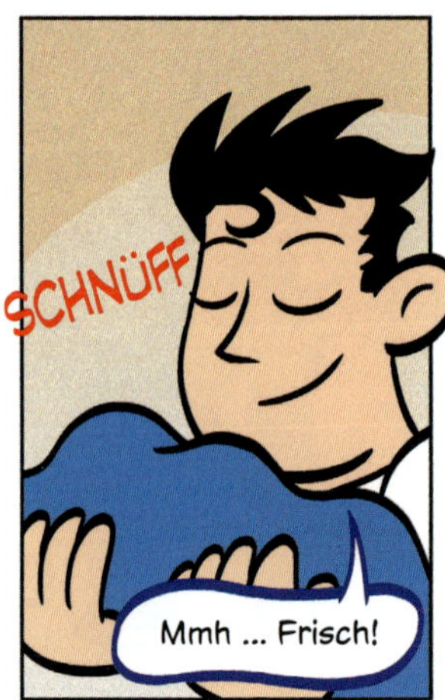
SCHNÜFF
Mmh ... Frisch!

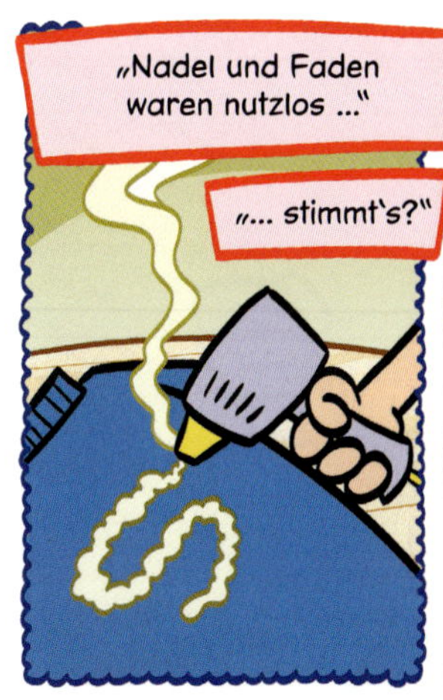
„Nadel und Faden waren nutzlos ..."
„... stimmt's?"

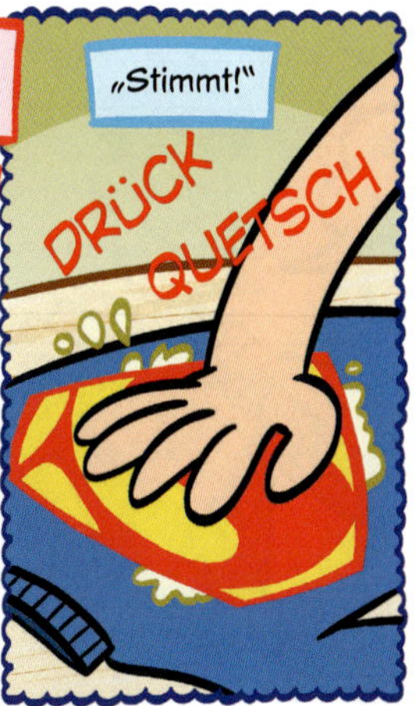
„Stimmt!"
DRÜCK
QUETSCH

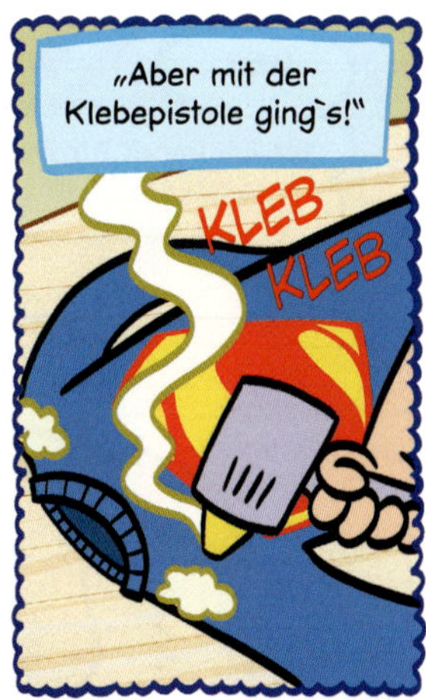
„Aber mit der Klebepistole ging`s!"
KLEB
KLEB

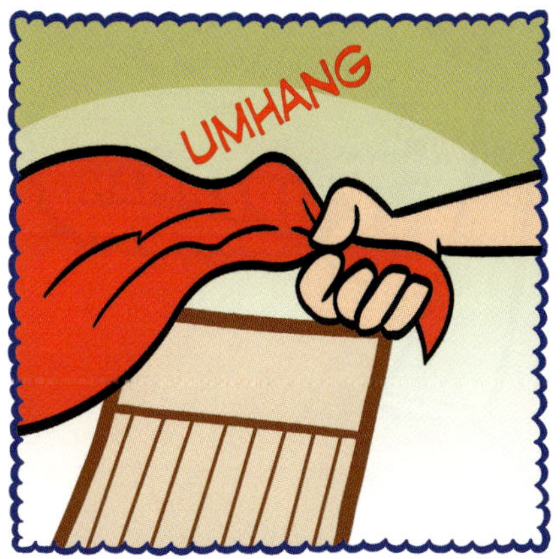
UMHANG

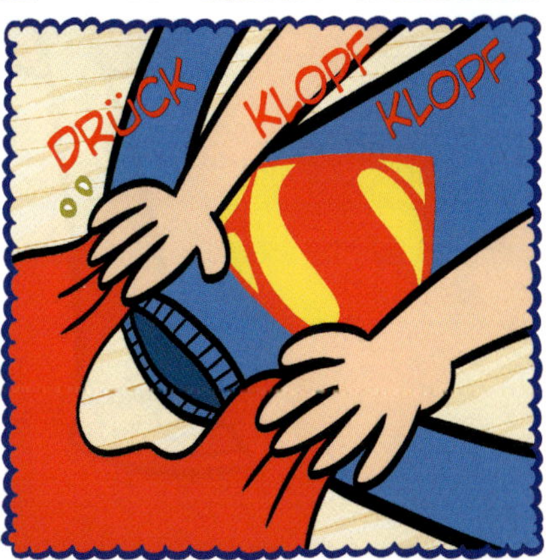
DRÜCK
KLOPF
KLOPF

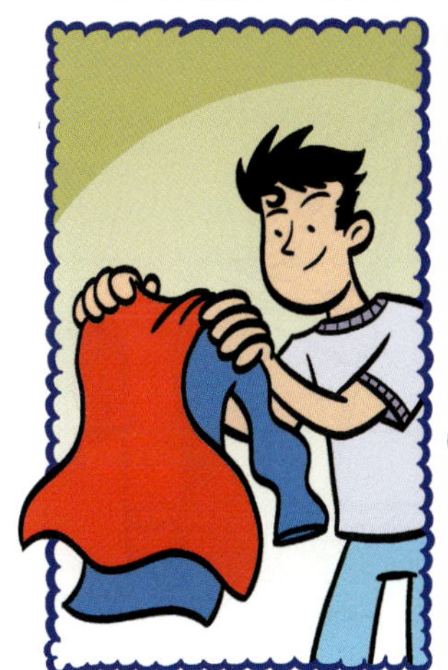

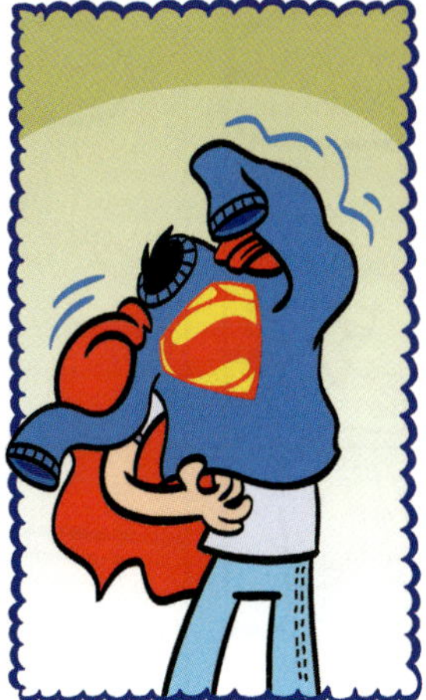

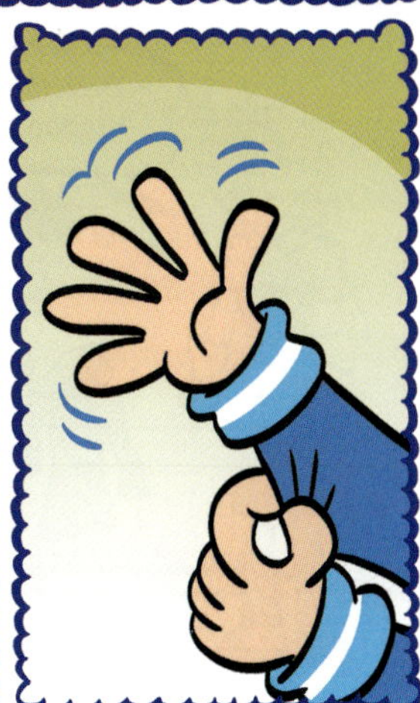

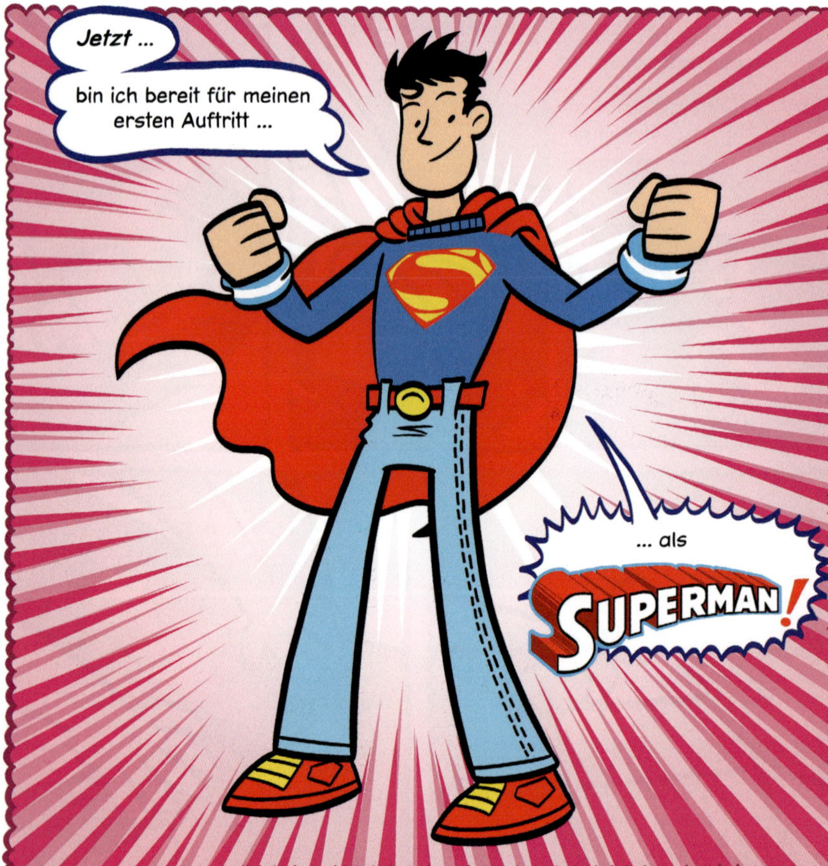

Jetzt ...

bin ich bereit für meinen ersten Auftritt ...

... als

SUPERMAN!

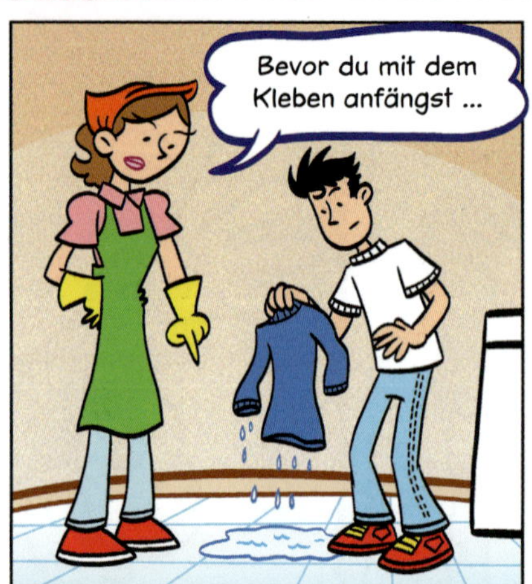

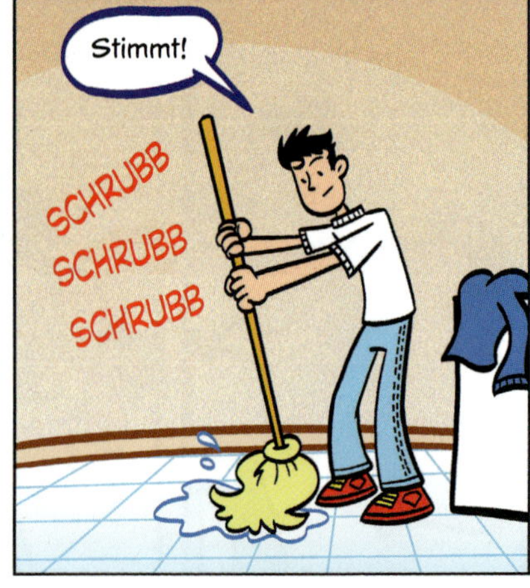

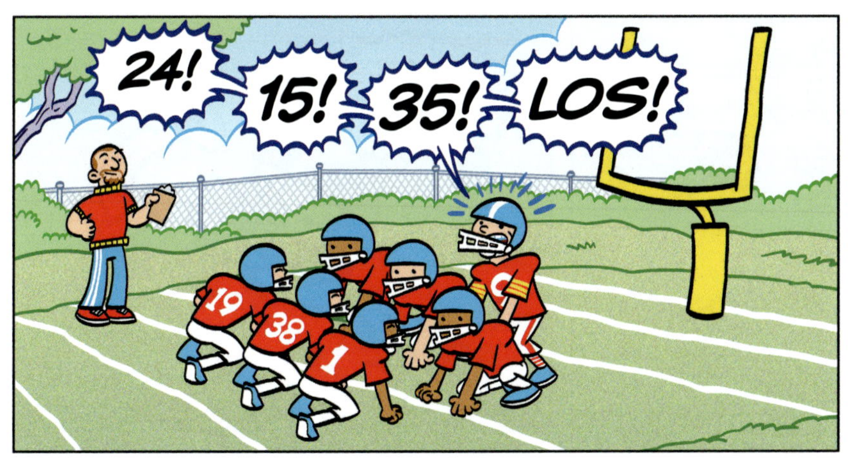
24!
15!
35!
LOS!

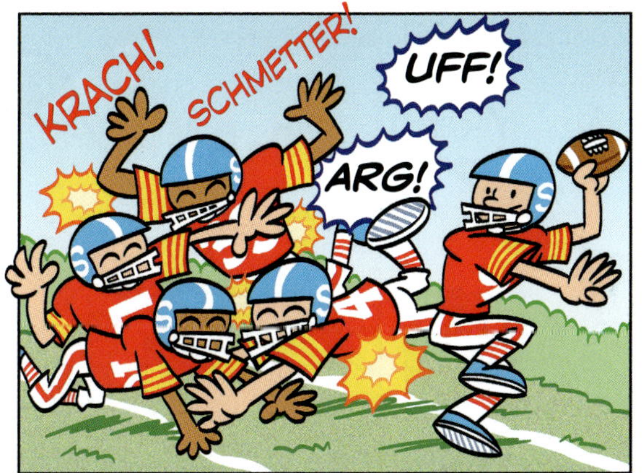
KRACH!
SCHMETTER!
UFF!
ARG!

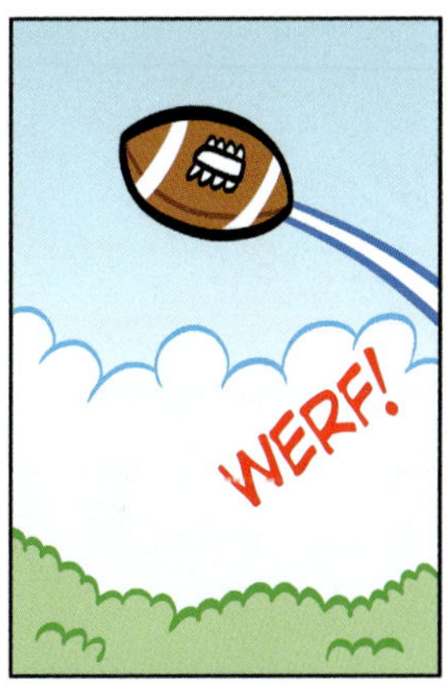
WERF!

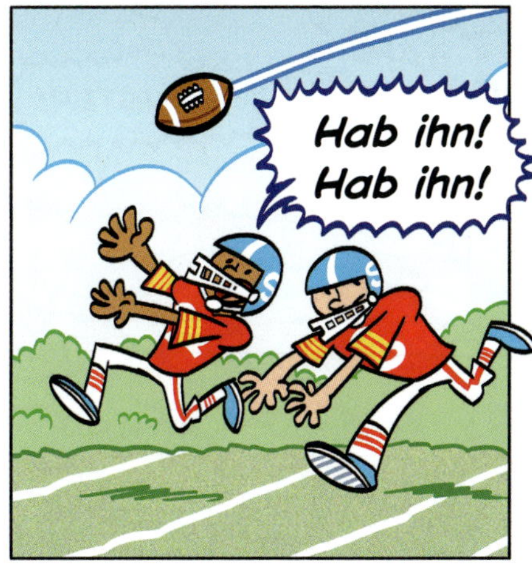
Hab ihn!
Hab ihn!

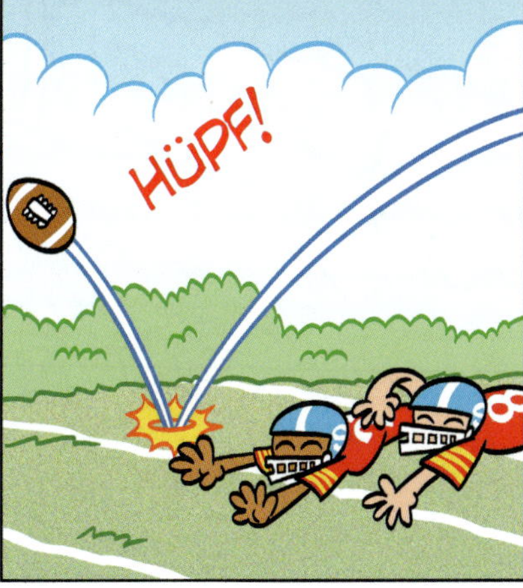
HÜPF!

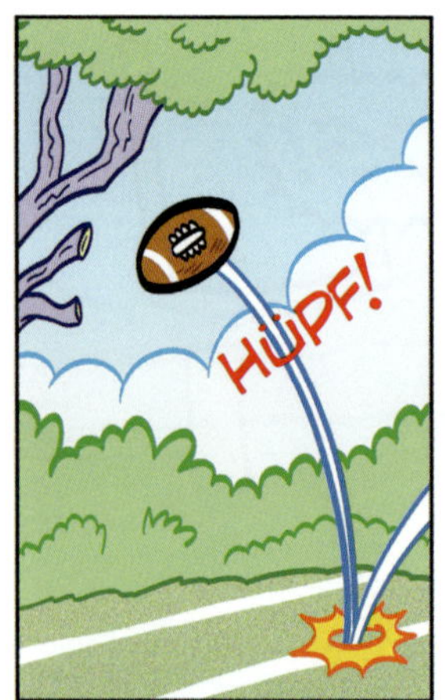
HÜPF!

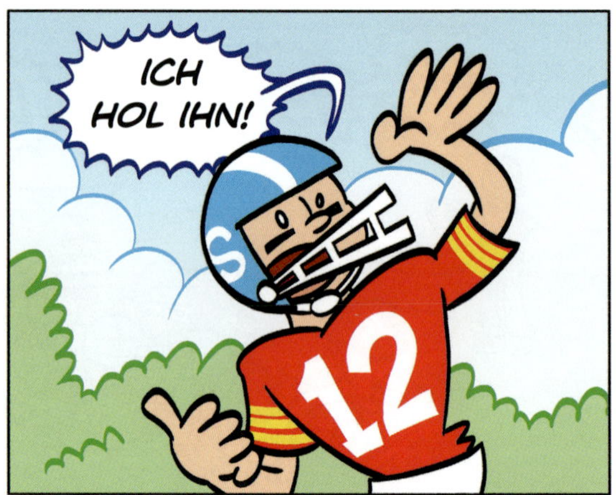
ICH HOL IHN!

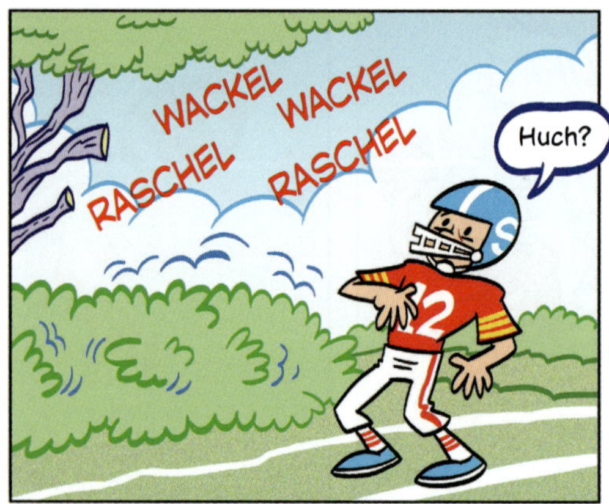
WACKEL WACKEL
RASCHEL RASCHEL
Huch?

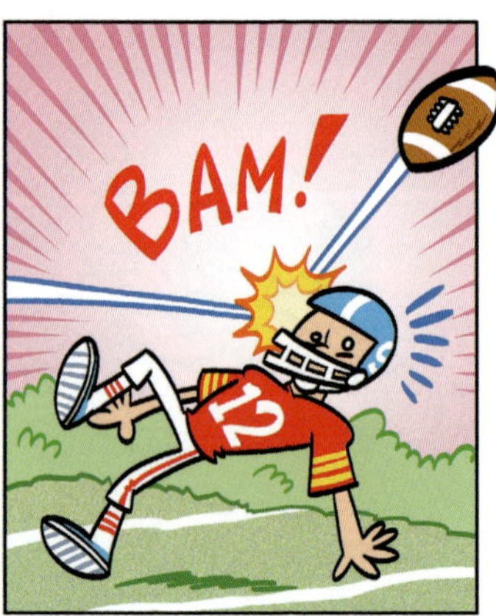
BAM!

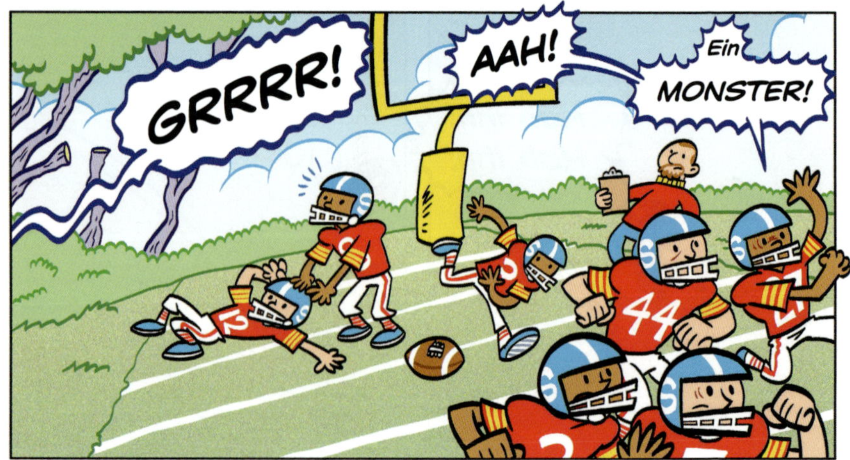
GRRRR!
AAH!
Ein MONSTER!

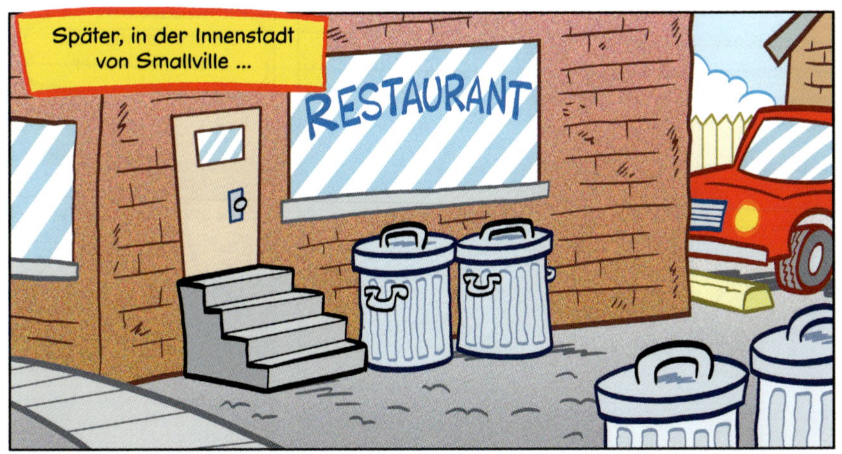
Später, in der Innenstadt von Smallville ...
RESTAURANT

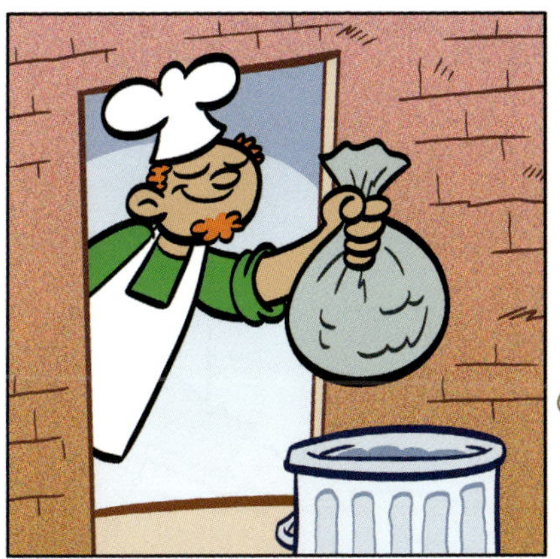

KRACH!
KRACH!
KRACH!
KRACH!

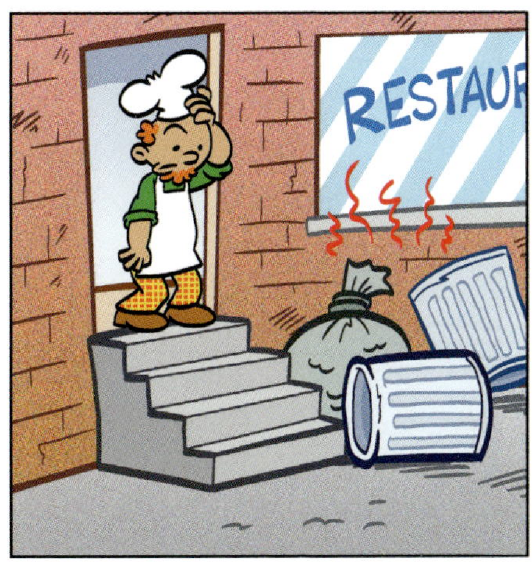
RESTAUR

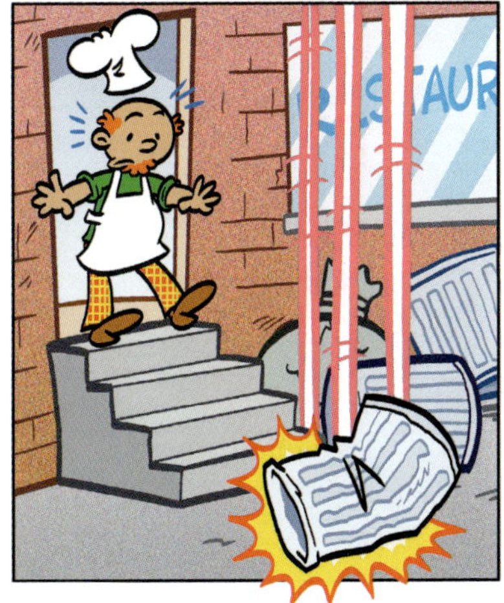

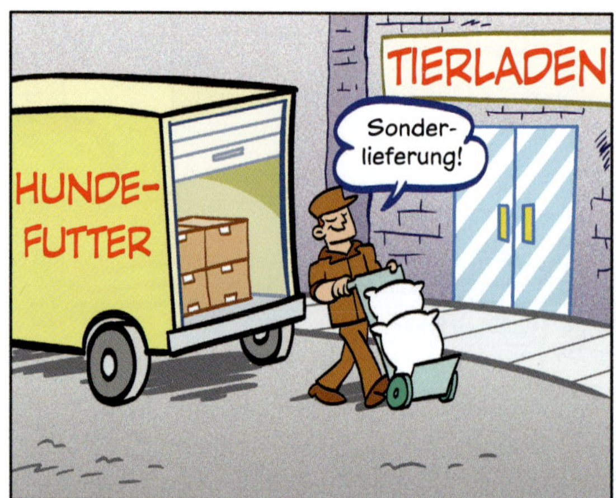
TIERLADEN
HUNDE-
FUTTER
Sonder-
lieferung!

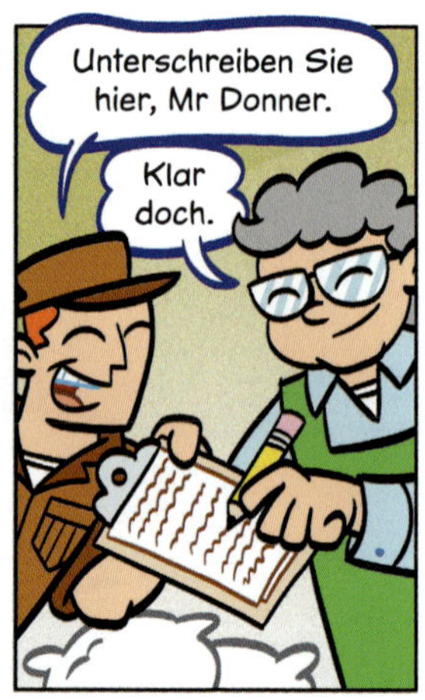
Unterschreiben Sie
hier, Mr Donner.
Klar
doch.

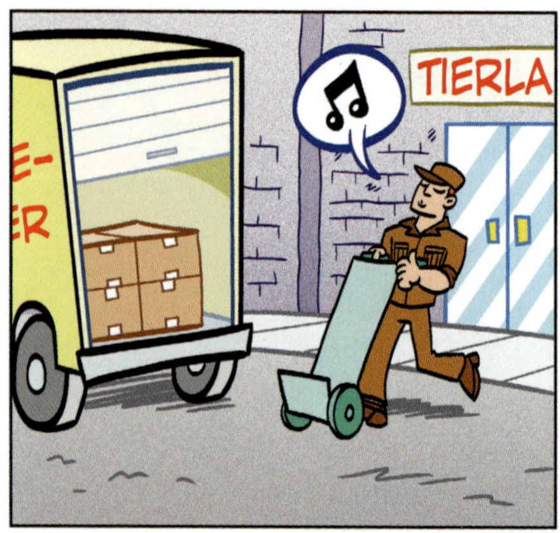
TIERLA

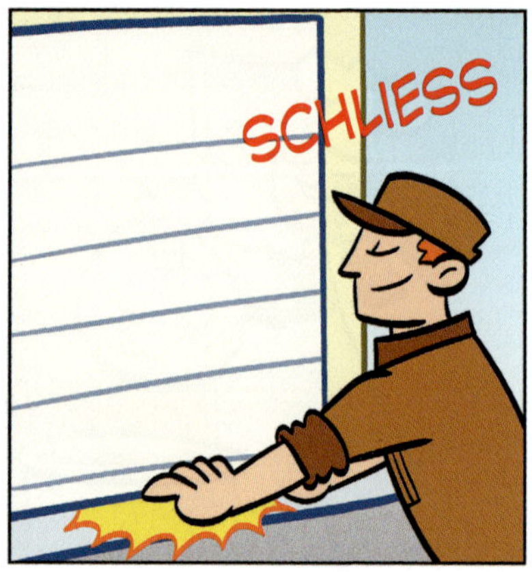
SCHLIESS

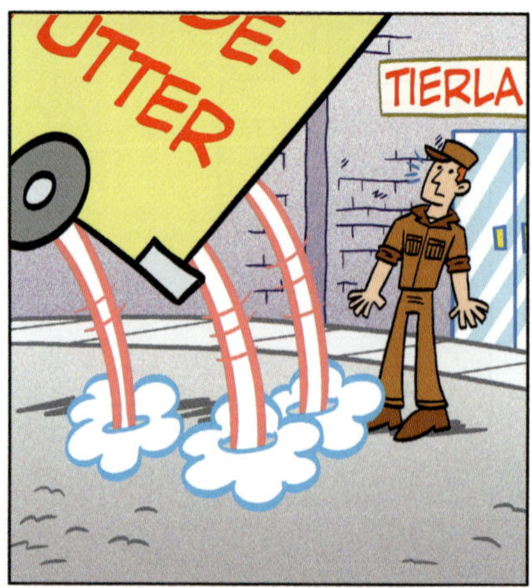
TIERLA

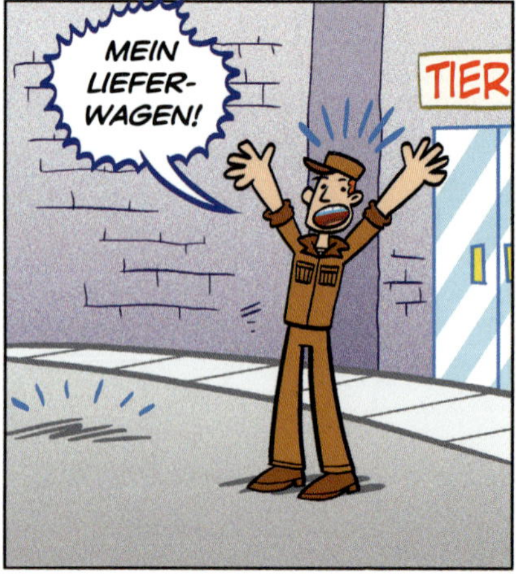
MEIN
LIEFER-
WAGEN!
TIER

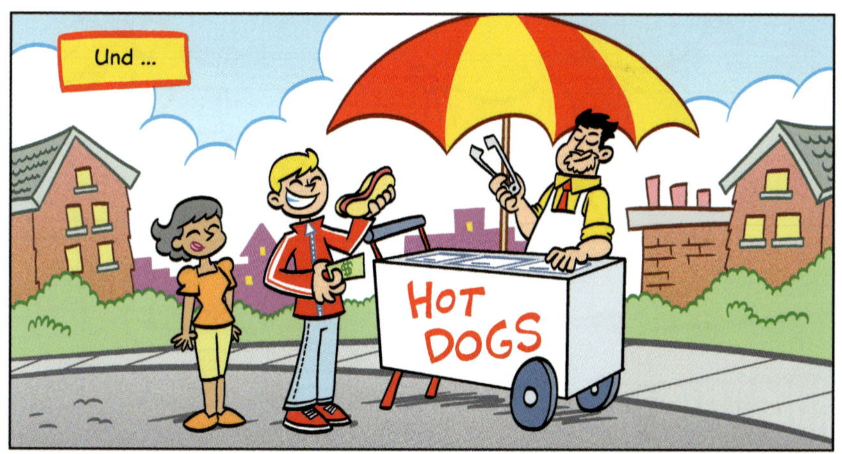
Und ...
HOT DOGS

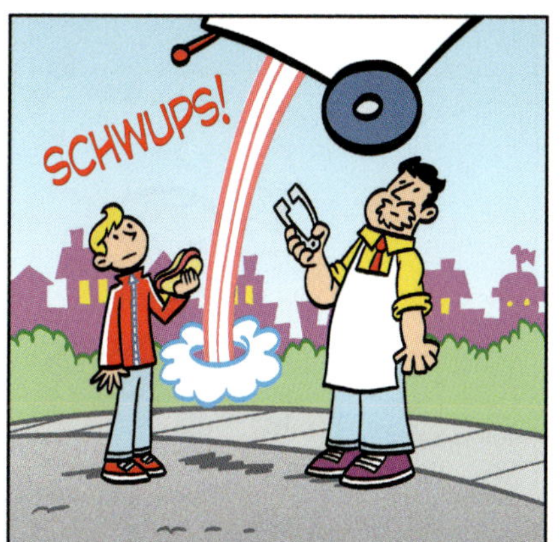
SCHWUPS!

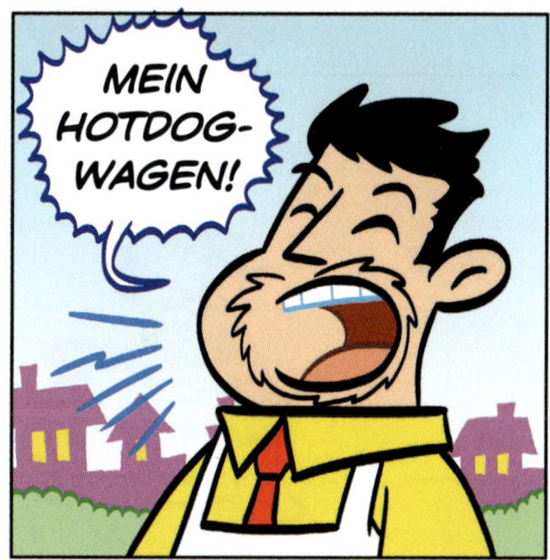
MEIN HOTDOG-WAGEN!

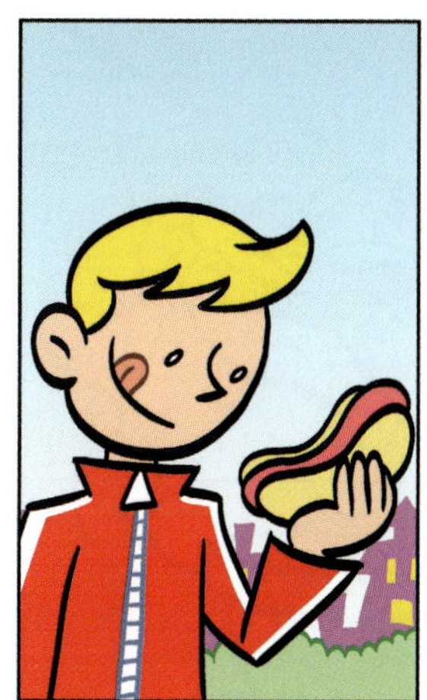

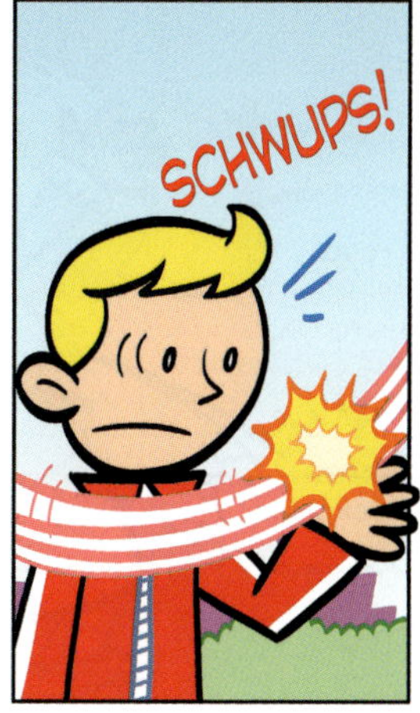
SCHWUPS!

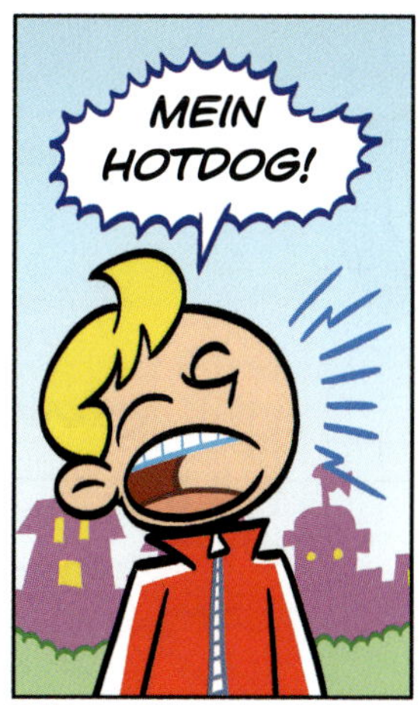
MEIN HOTDOG!

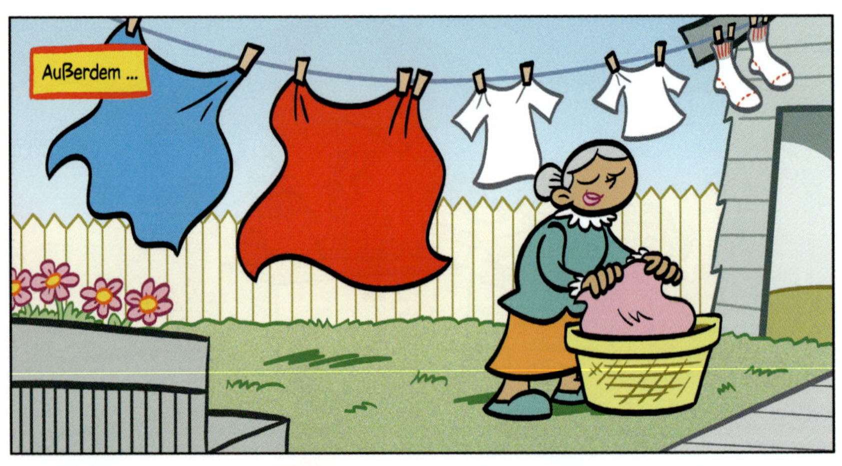
Außerdem ...

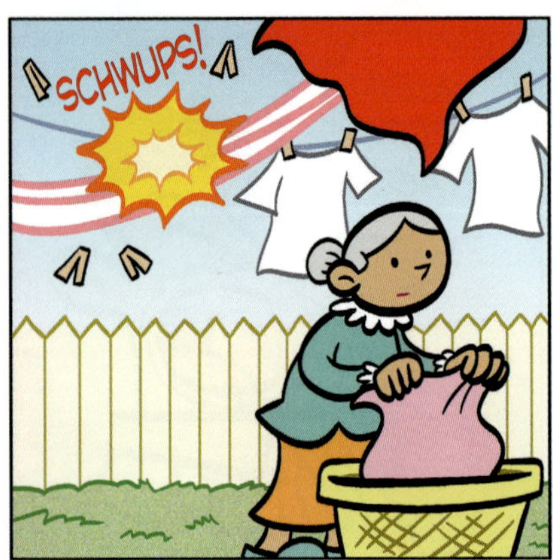
SCHWUPS!

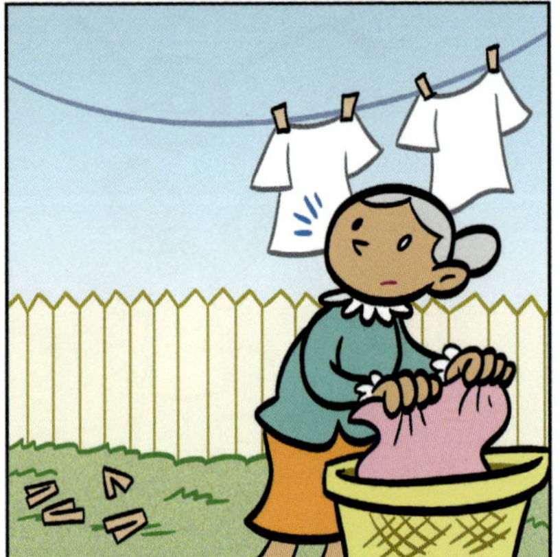

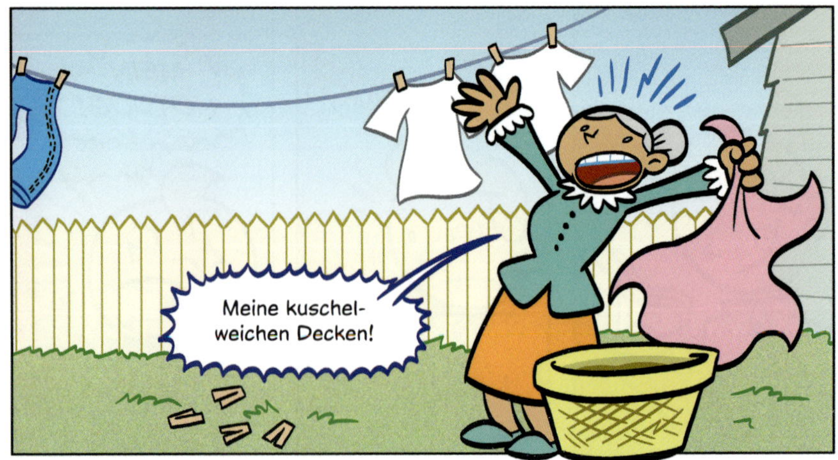
Meine kuschel-
weichen Decken!

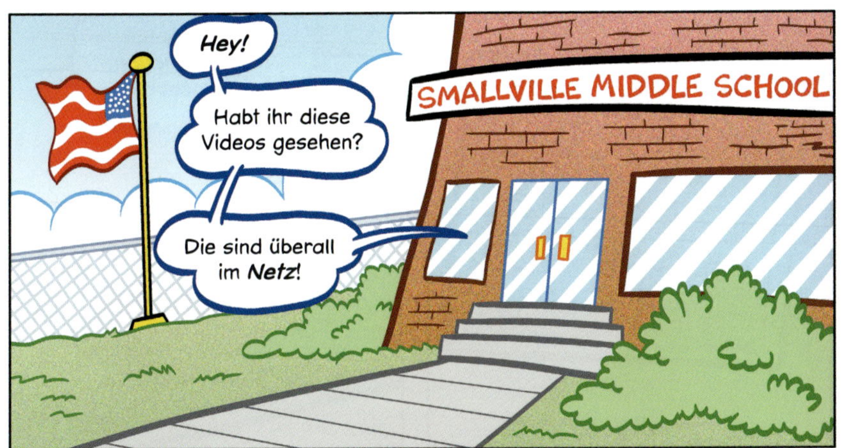
Hey!
Habt ihr diese Videos gesehen?
Die sind überall im *Netz*!
SMALLVILLE MIDDLE SCHOOL

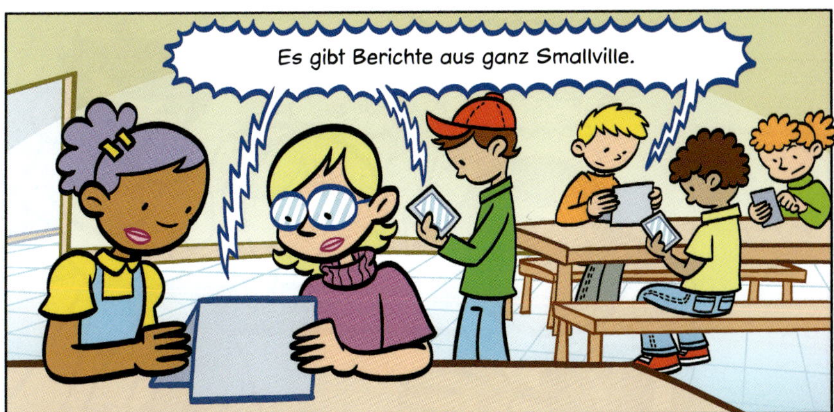
Es gibt Berichte aus ganz Smallville.

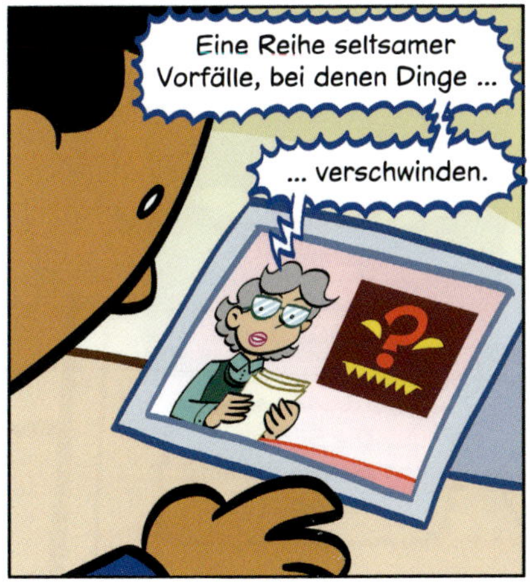
Eine Reihe seltsamer Vorfälle, bei denen Dinge ...
... verschwinden.

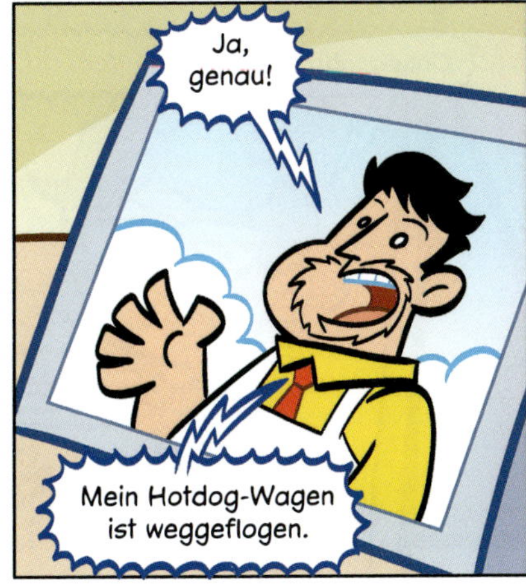
Ja, genau!
Mein Hotdog-Wagen ist weggeflogen.

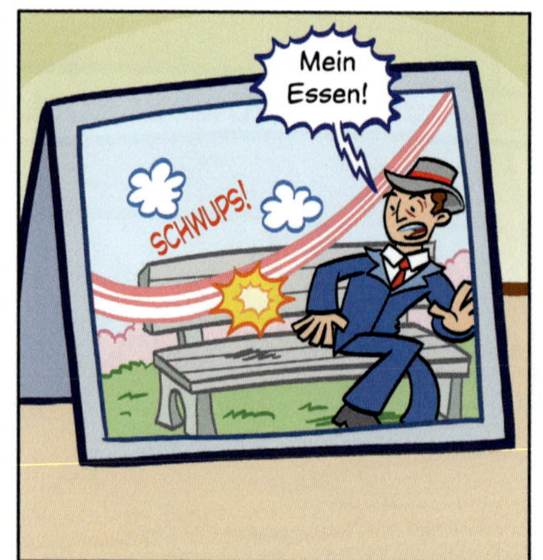
Mein Essen!
SCHWUPS!

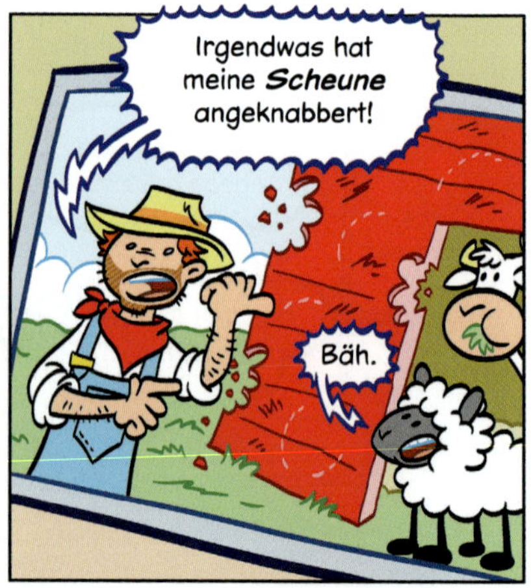
Irgendwas hat meine *Scheune* angeknabbert!
Bäh.

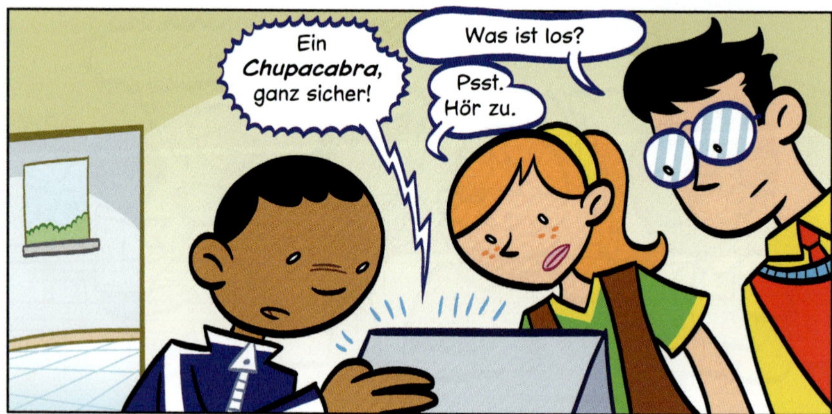
Ein *Chupacabra,* ganz sicher!
Was ist los?
Psst. Hör zu.

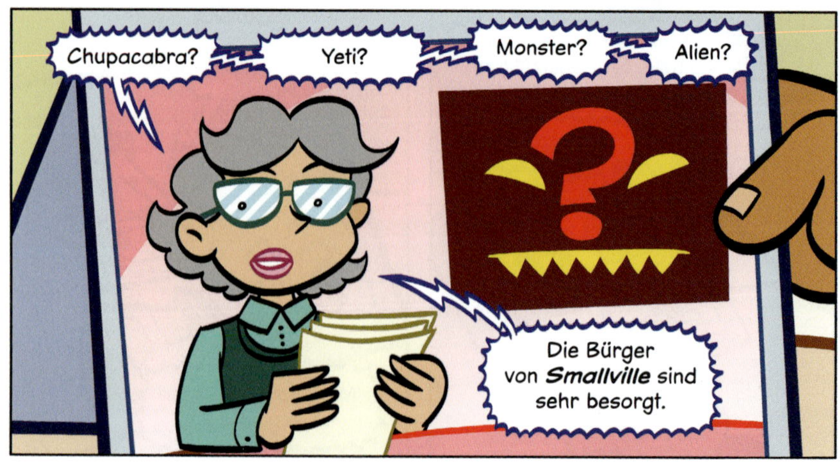
Chupacabra?
Yeti?
Monster?
Alien?
Die Bürger von *Smallville* sind sehr besorgt.

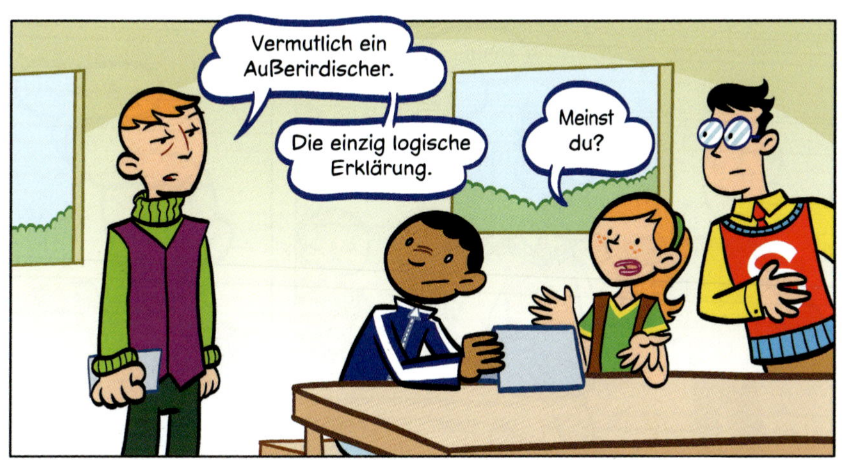
Vermutlich ein Außerirdischer.
Die einzig logische Erklärung.
Meinst du?

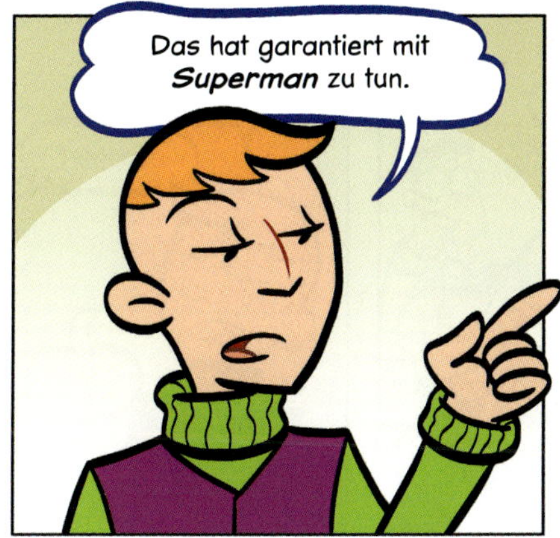
Das hat garantiert mit ***Superman*** zu tun.

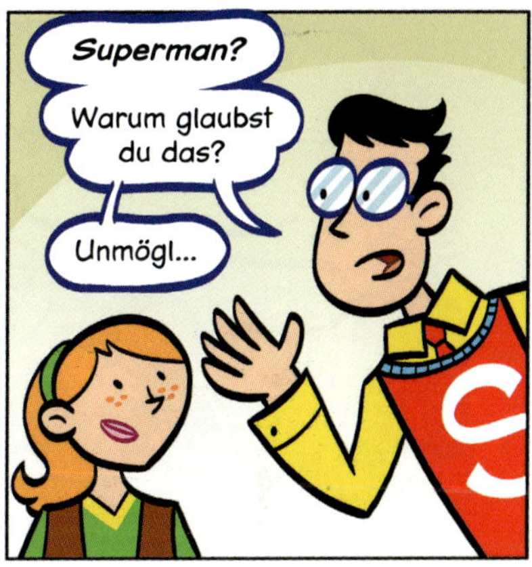
Superman?
Warum glaubst du das?
Unmögl…

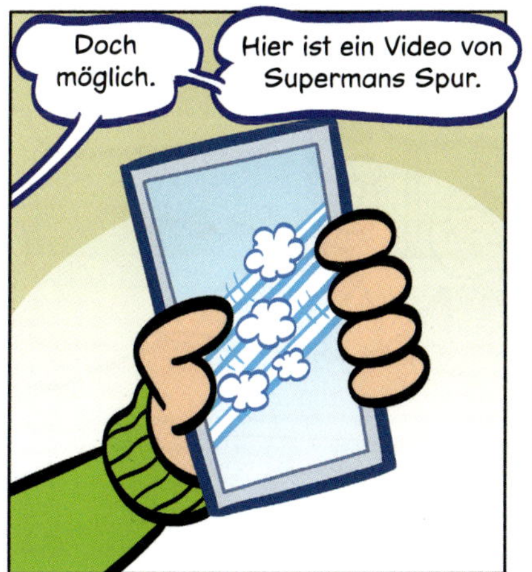
Doch möglich.
Hier ist ein Video von Supermans Spur.

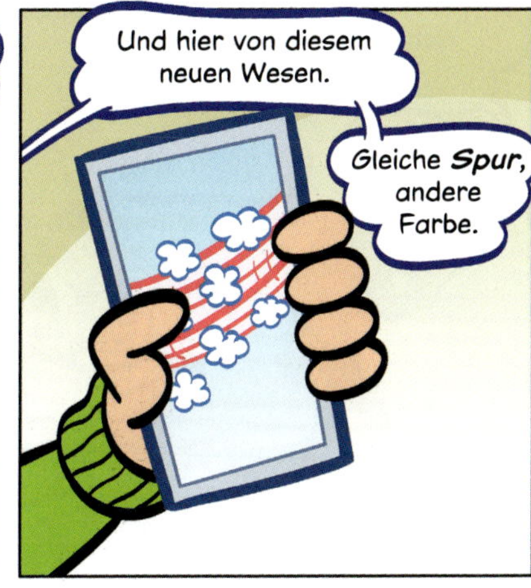
Und hier von diesem neuen Wesen.
Gleiche ***Spur,*** andere Farbe.

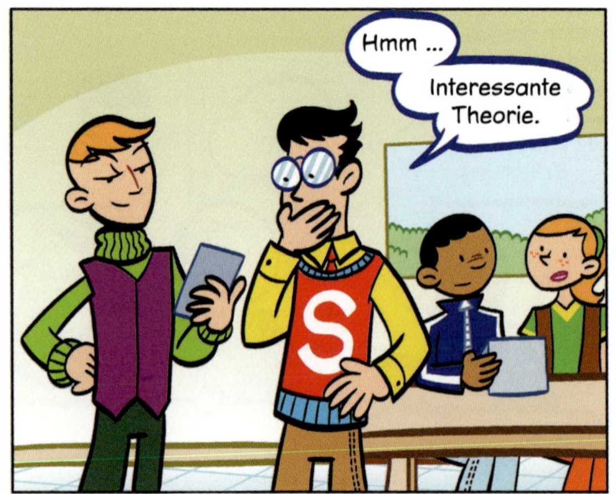
Hmm ...
Interessante Theorie.

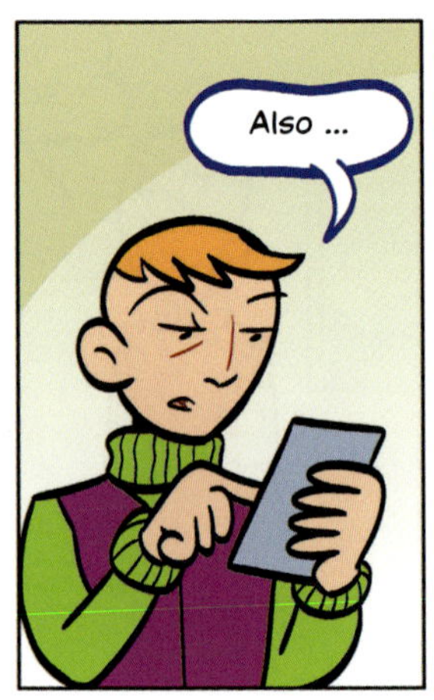
Also ...

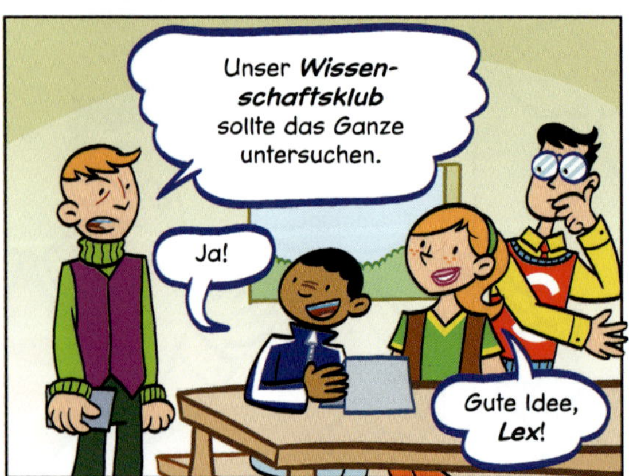
Unser ***Wissenschaftsklub*** sollte das Ganze untersuchen.
Ja!
Gute Idee, ***Lex***!

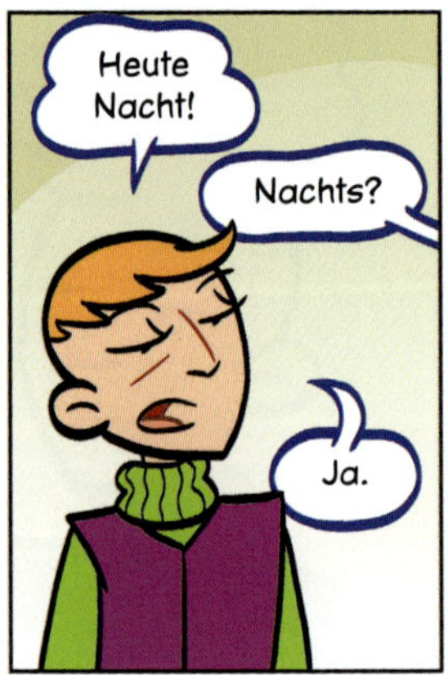
Heute Nacht!
Nachts?
Ja.

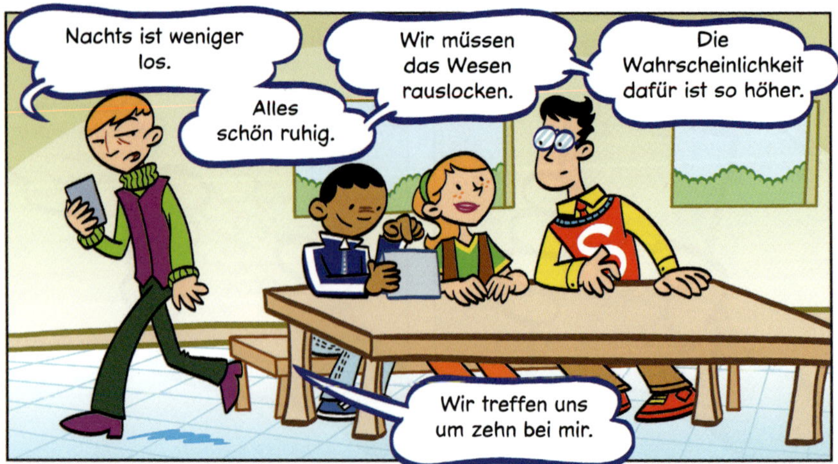
Nachts ist weniger los.
Alles schön ruhig.
Wir müssen das Wesen rauslocken.
Die Wahrscheinlichkeit dafür ist so höher.
Wir treffen uns um zehn bei mir.

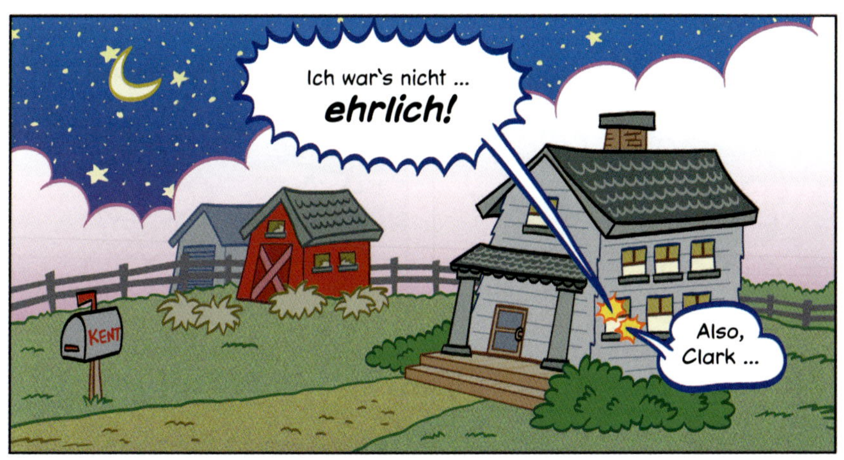
Ich war's nicht ...
ehrlich!
Also, Clark ...
KENT

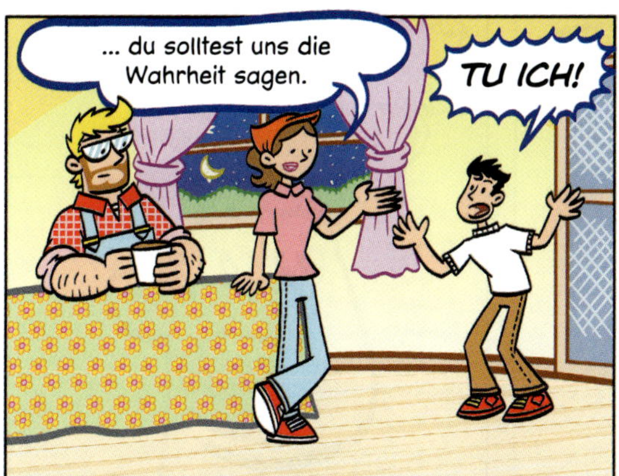
... du solltest uns die Wahrheit sagen.
TU ICH!

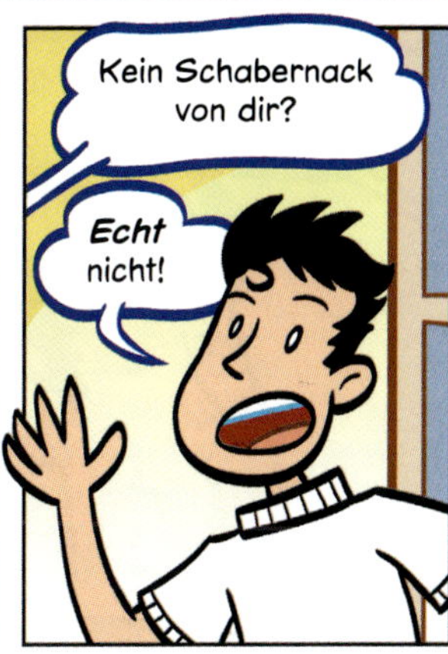
Kein Schabernack von dir?
Echt nicht!

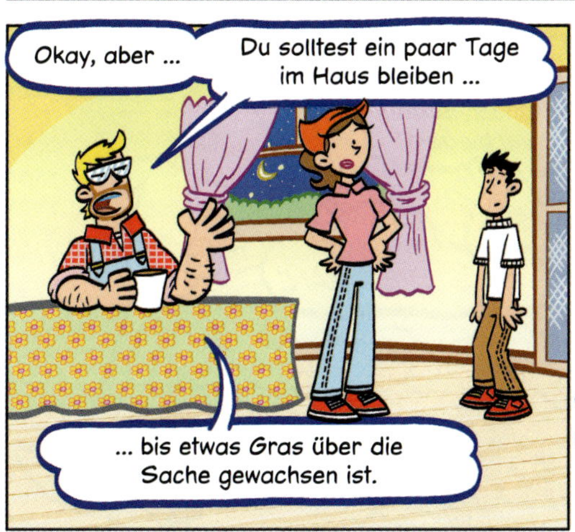
Okay, aber ...
Du solltest ein paar Tage im Haus bleiben ...
... bis etwas Gras über die Sache gewachsen ist.

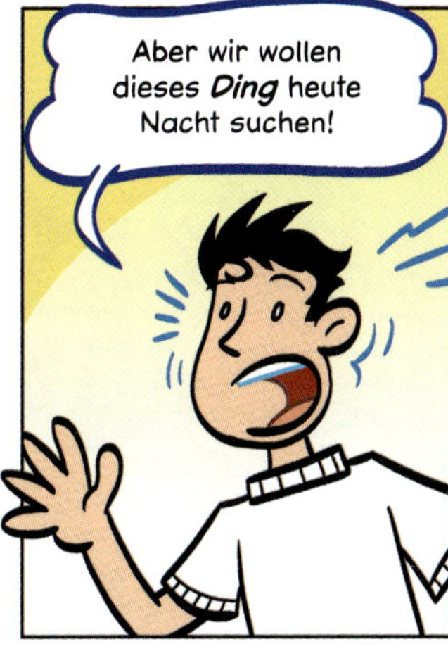
Aber wir wollen dieses Ding heute Nacht suchen!

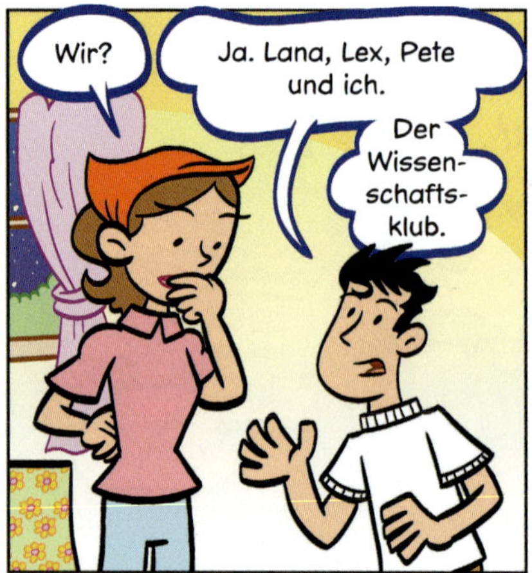
Wir?
Ja. Lana, Lex, Pete und ich.
Der Wissenschaftsklub.

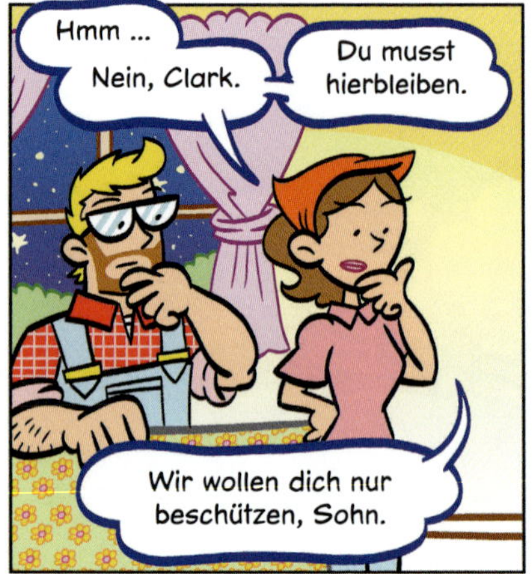
Hmm ...
Nein, Clark.
Du musst hierbleiben.
Wir wollen dich nur beschützen, Sohn.

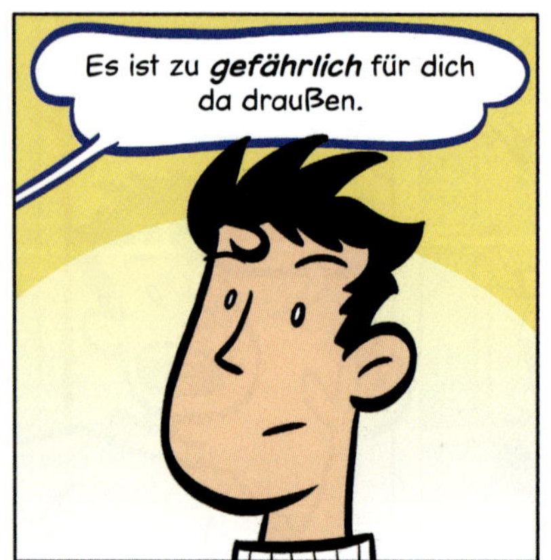
Es ist zu *gefährlich* für dich da draußen.

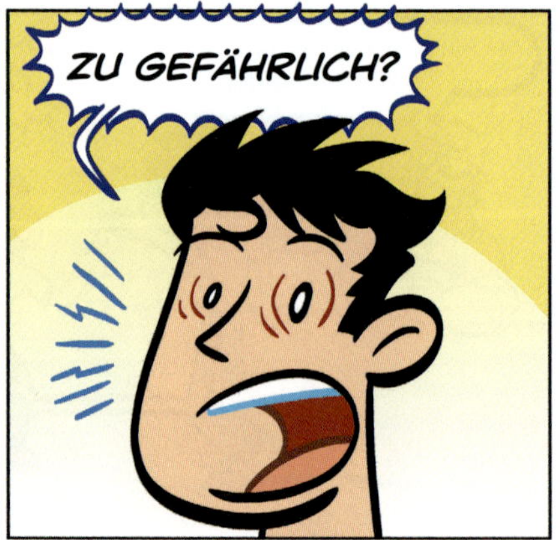
ZU GEFÄHRLICH?

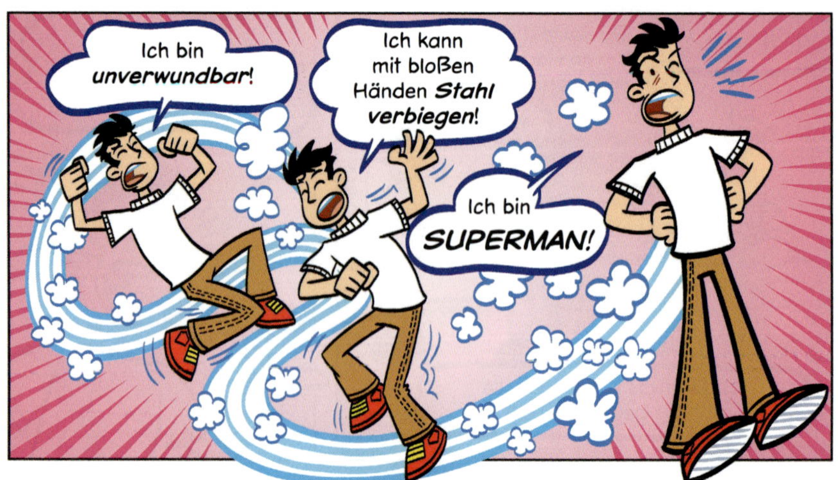
Ich bin *unverwundbar*!
Ich kann mit bloßen Händen *Stahl verbiegen*!
Ich bin SUPERMAN!

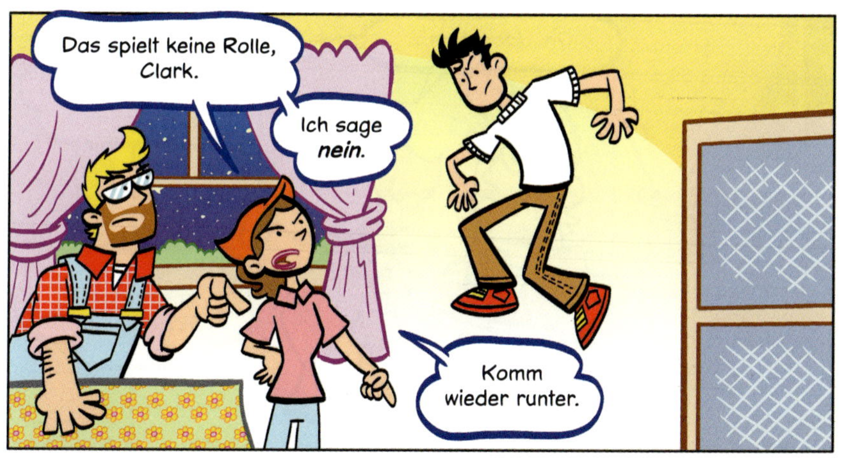
Das spielt keine Rolle, Clark.
Ich sage *nein*.
Komm wieder runter.

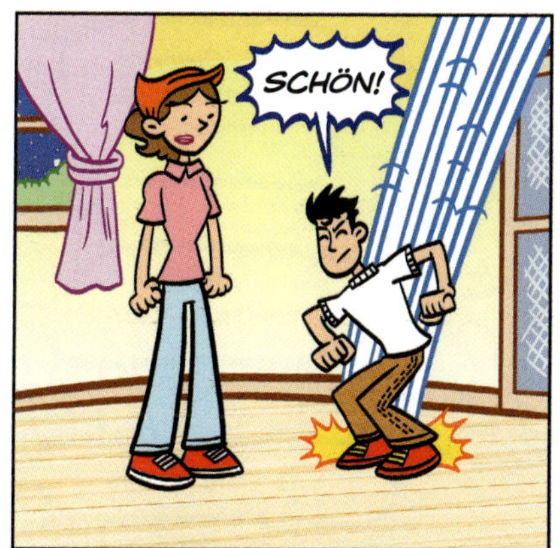
SCHÖN!

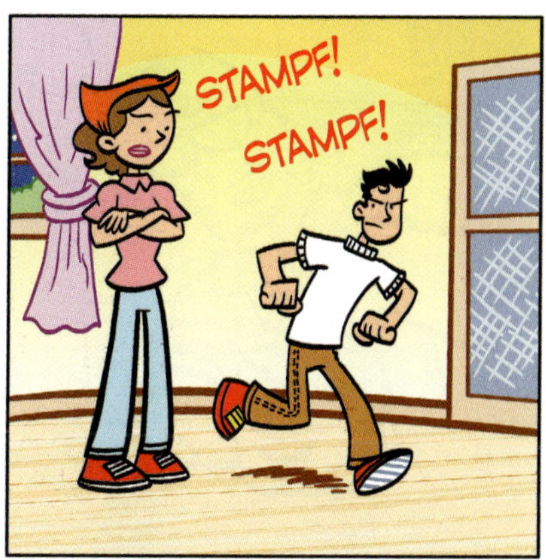
STAMPF!
STAMPF!

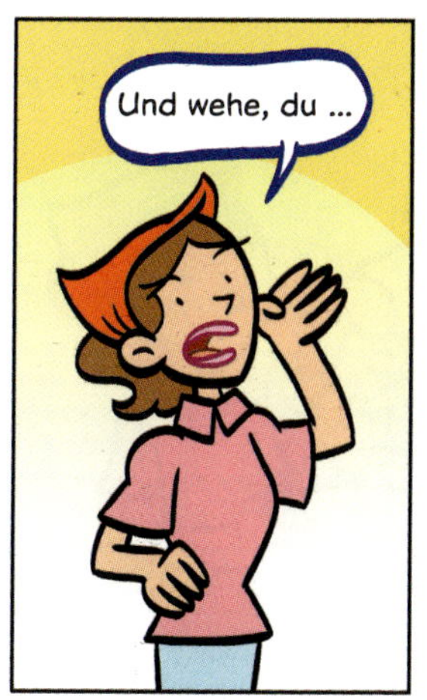
Und wehe, du ...

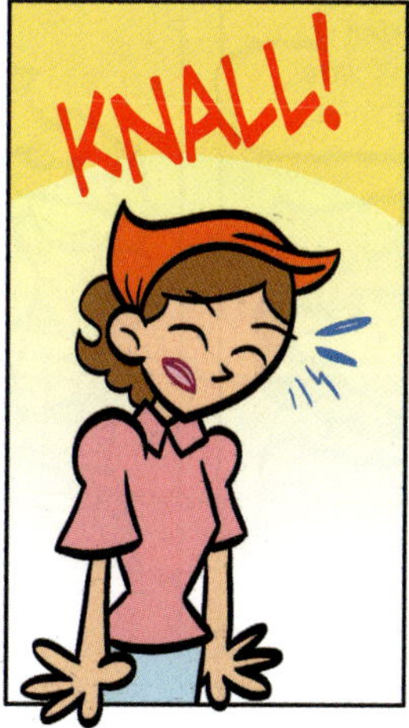
KNALL!

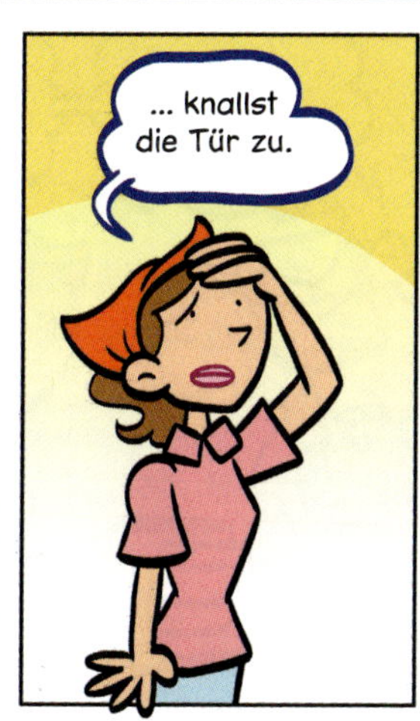
... knallst die Tür zu.

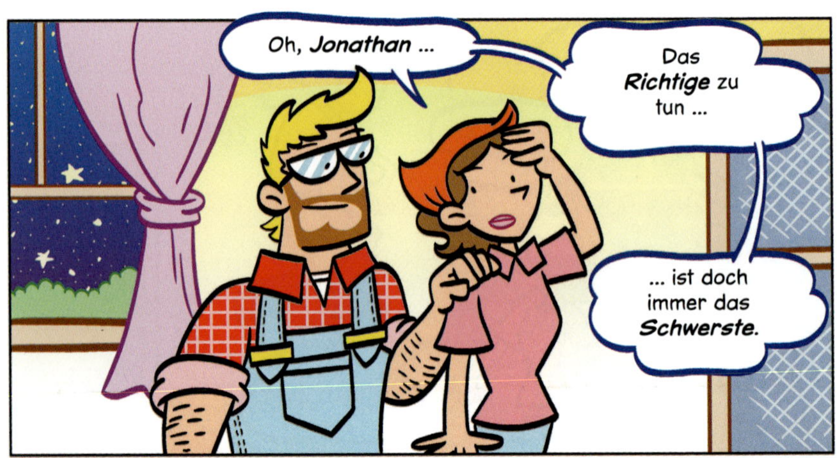
Oh, *Jonathan* ...
Das *Richtige* zu tun ...
... ist doch immer das *Schwerste*.

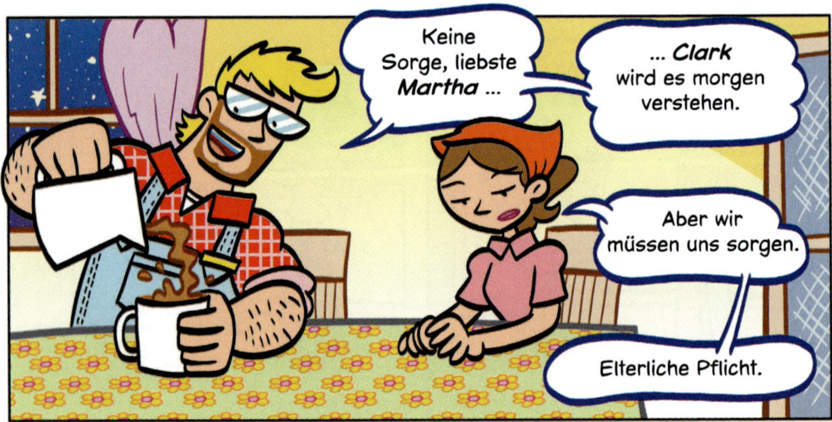
Keine Sorge, liebste *Martha* ...
... *Clark* wird es morgen verstehen.
Aber wir müssen uns sorgen.
Elterliche Pflicht.

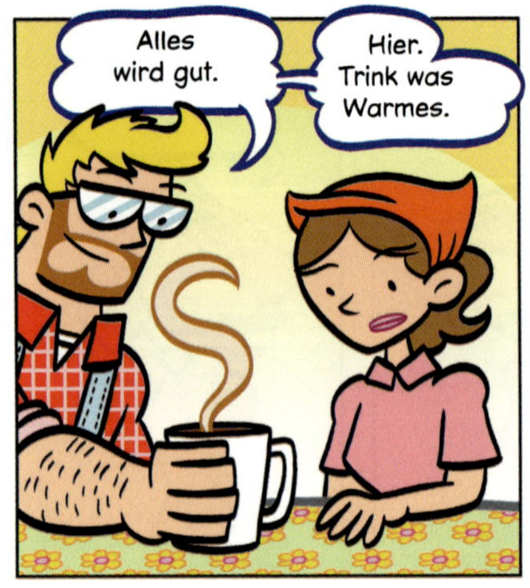
Alles wird gut.
Hier. Trink was Warmes.

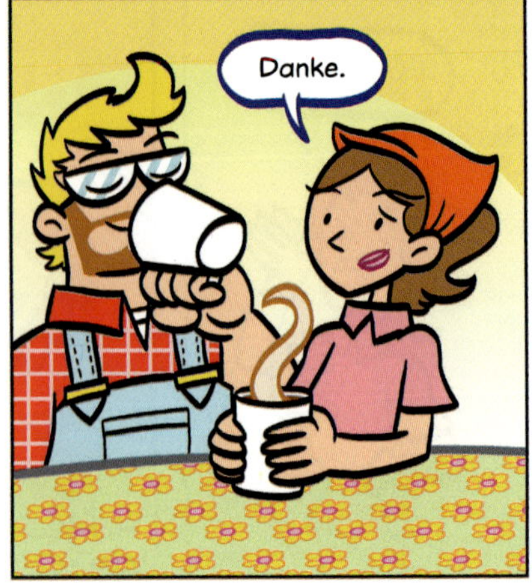
Danke.

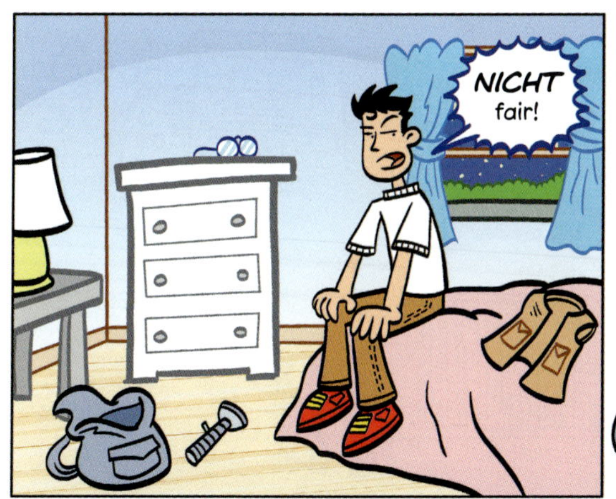
NICHT
fair!

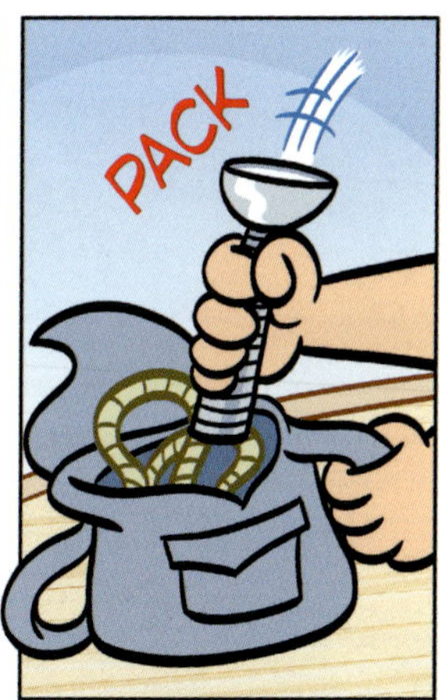
PACK

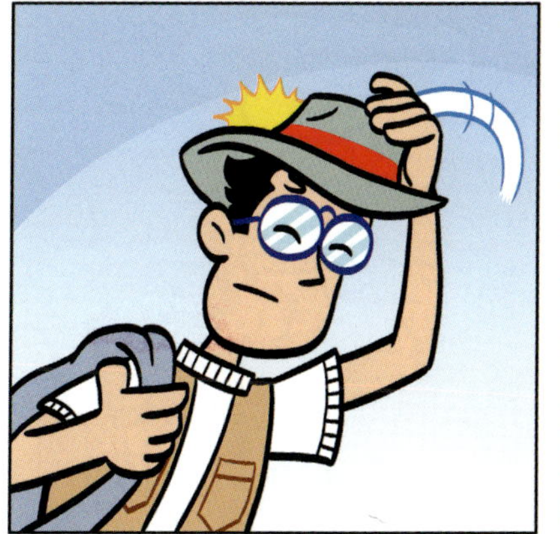

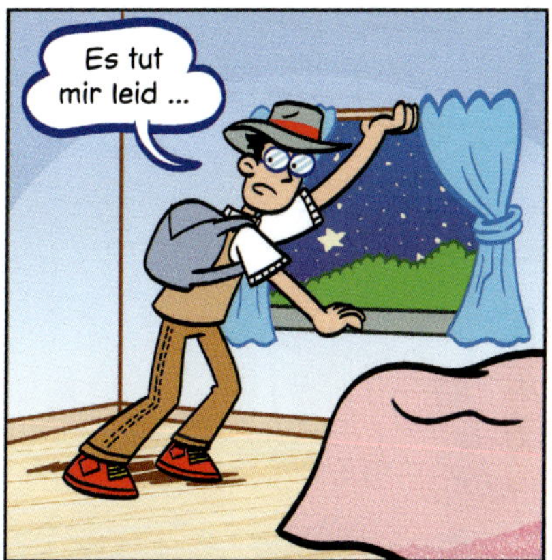
Es tut
mir leid ...

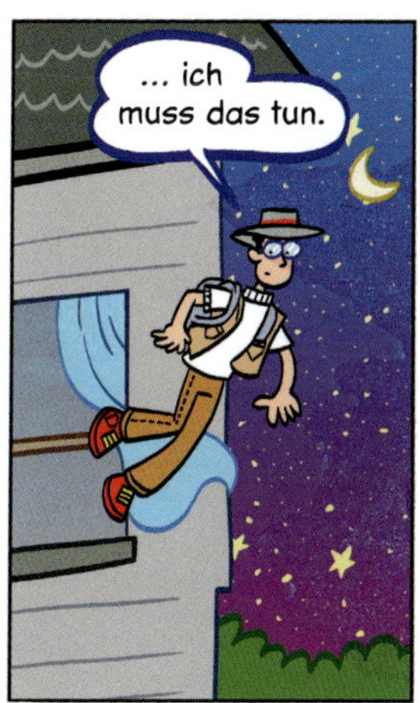
... ich
muss das tun.

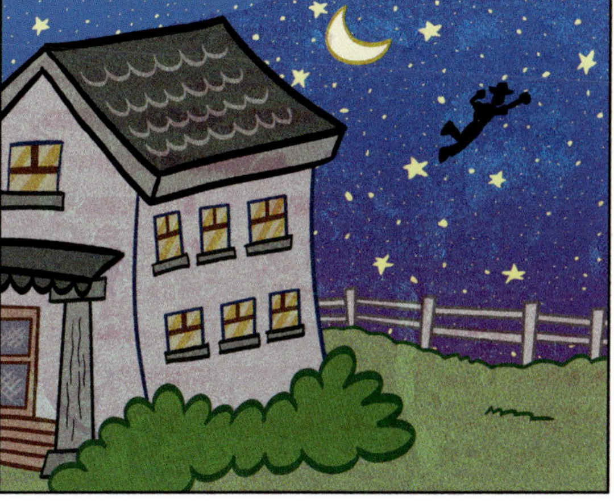

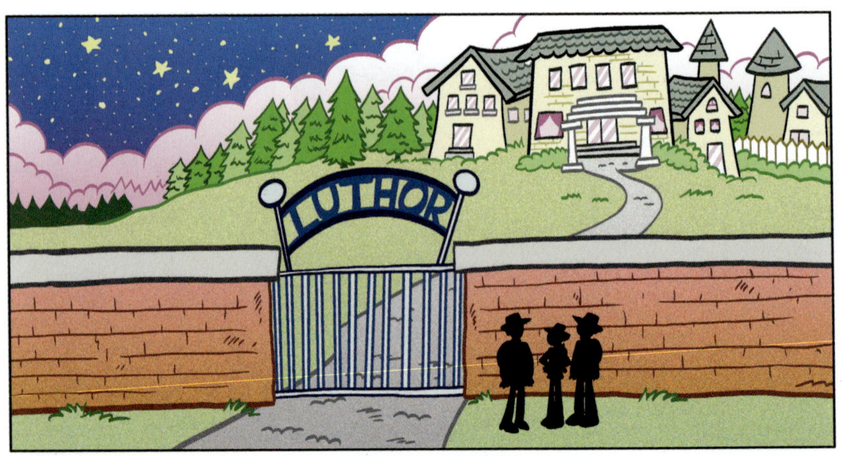
LUTHOR

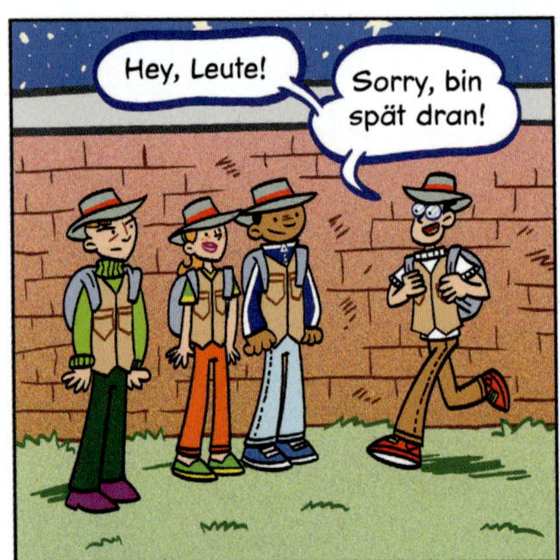
Hey, Leute!
Sorry, bin spät dran!

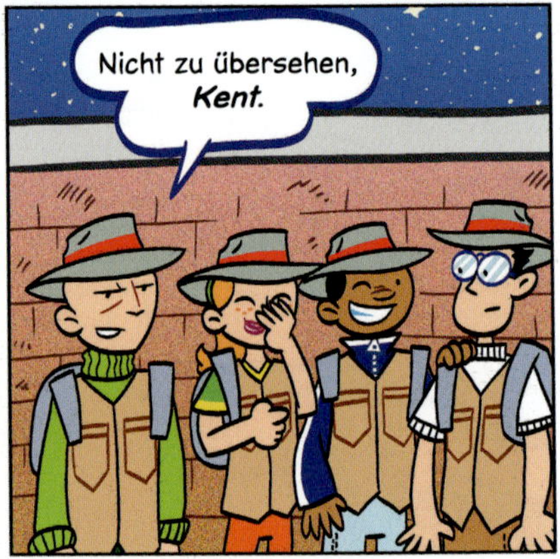
Nicht zu übersehen, *Kent*.

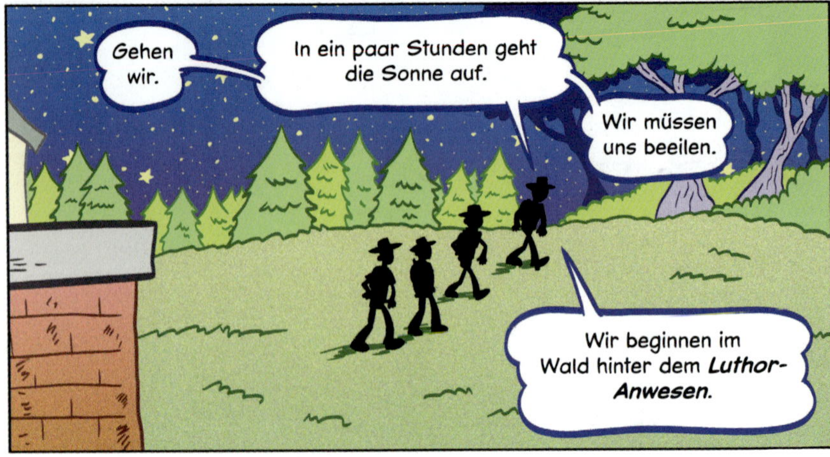
Gehen wir.
In ein paar Stunden geht die Sonne auf.
Wir müssen uns beeilen.
Wir beginnen im Wald hinter dem *Luthor-Anwesen*.

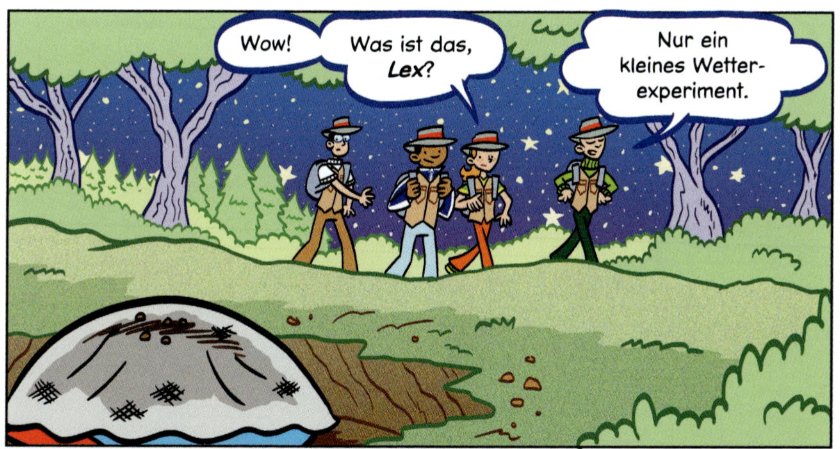
Wow!
Was ist das, *Lex*?
Nur ein kleines Wetter-experiment.

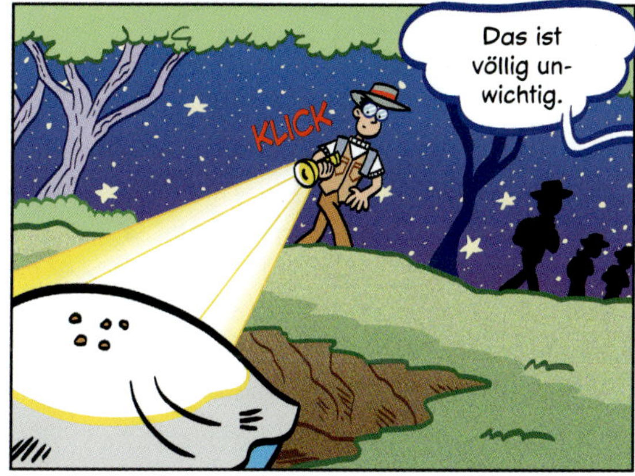
Das ist völlig un-wichtig.
KLICK

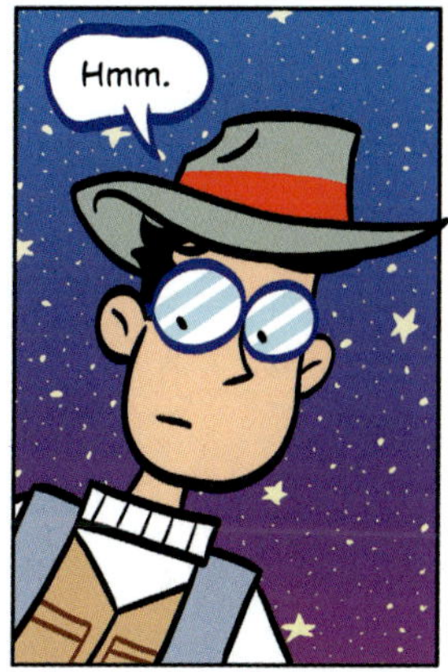
Hmm.

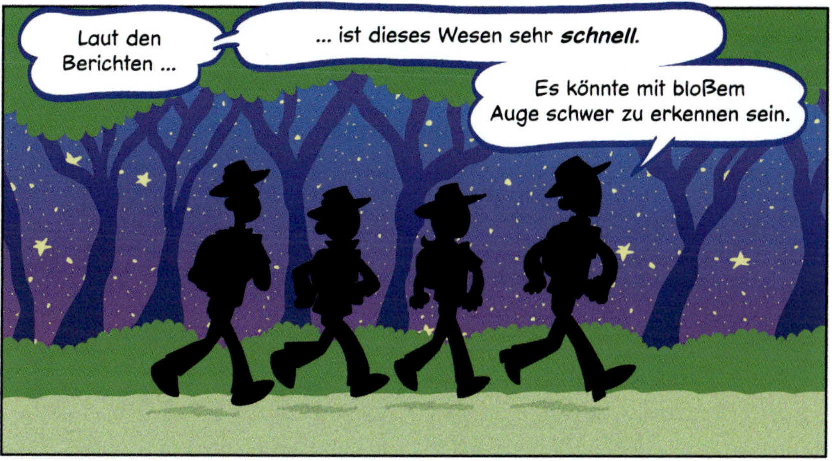
Laut den Berichten …
… ist dieses Wesen sehr *schnell*.
Es könnte mit bloßem Auge schwer zu erkennen sein.

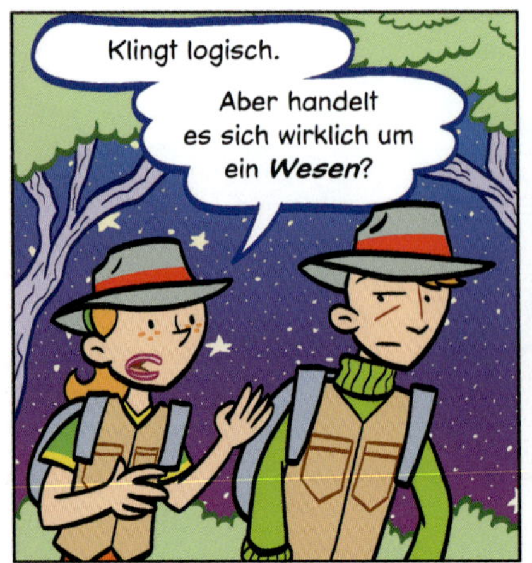
Klingt logisch.
Aber handelt es sich wirklich um ein **Wesen**?

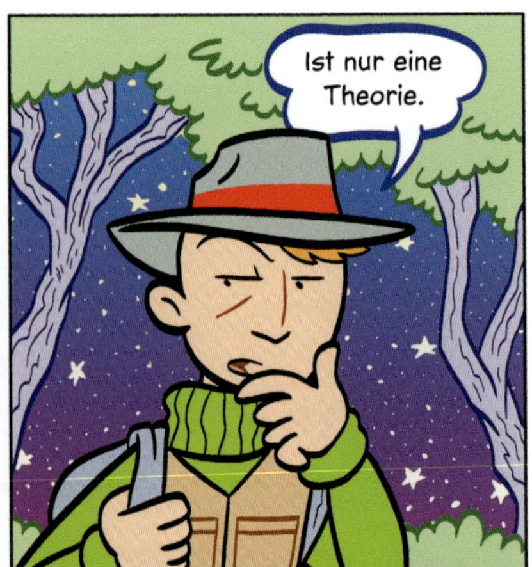
Ist nur eine Theorie.

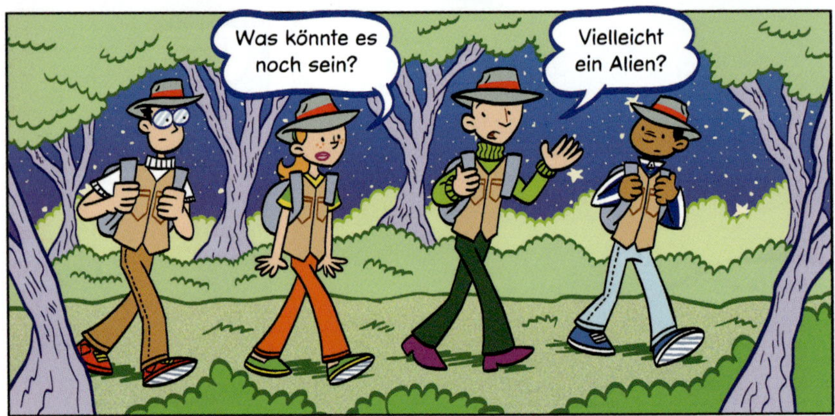
Was könnte es noch sein?
Vielleicht ein Alien?

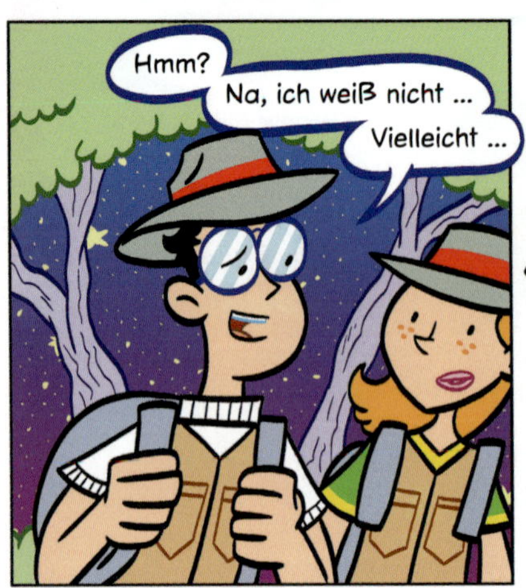
Hmm?
Na, ich weiß nicht ...
Vielleicht ...

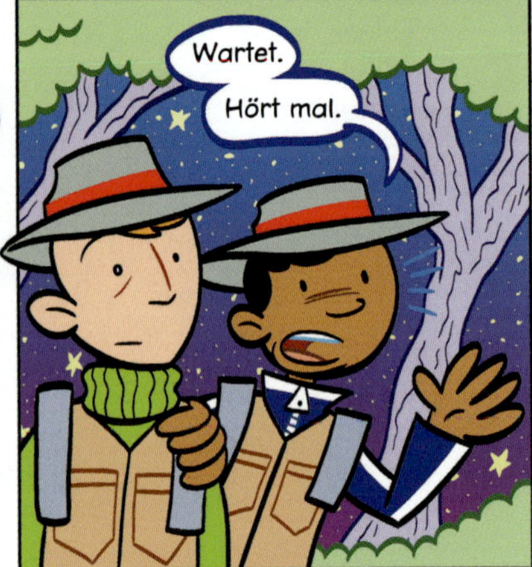
Wartet.
Hört mal.

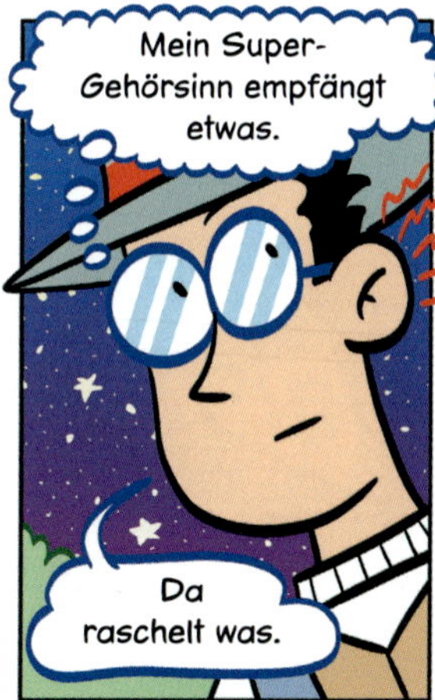
Mein Super-Gehörsinn empfängt etwas.
Da raschelt was.

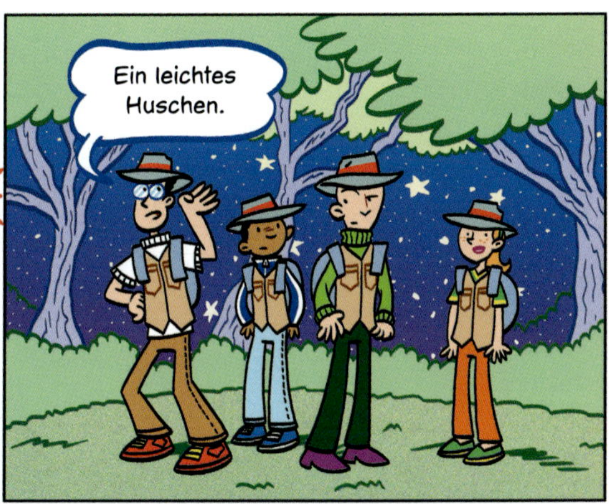
Ein leichtes Huschen.

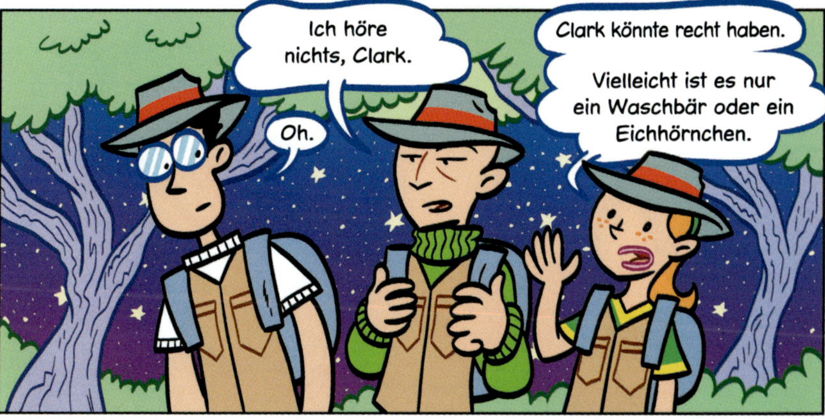
Ich höre nichts, Clark.
Oh.
Clark könnte recht haben.
Vielleicht ist es nur ein Waschbär oder ein Eichhörnchen.

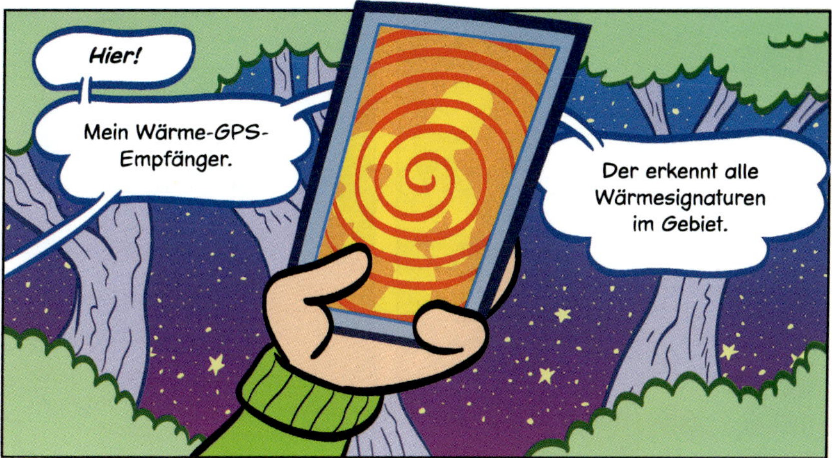
Hier!
Mein Wärme-GPS-Empfänger.
Der erkennt alle Wärmesignaturen im Gebiet.

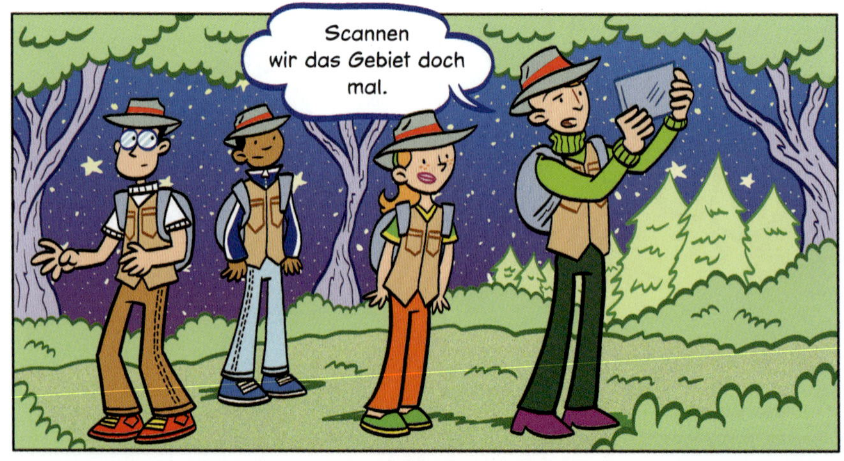
Scannen wir das Gebiet doch mal.

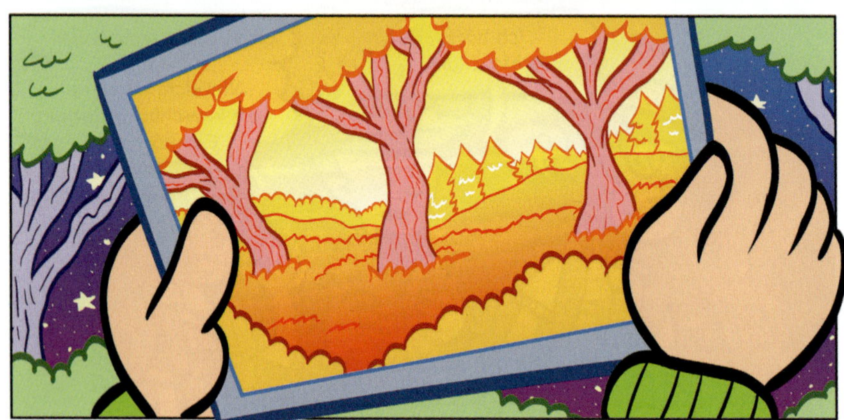

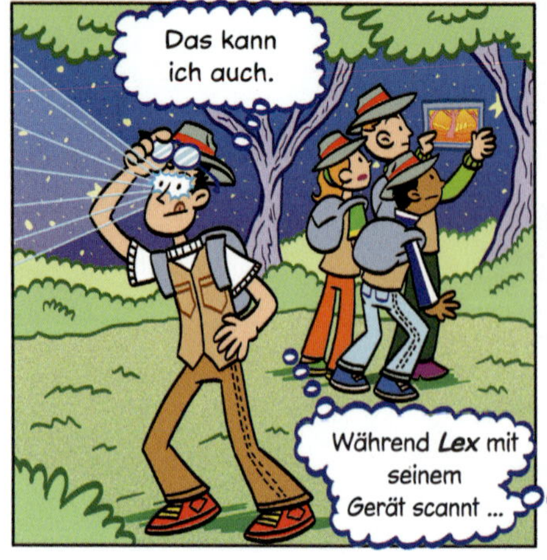
Das kann ich auch.
Während **Lex** mit seinem Gerät scannt ...

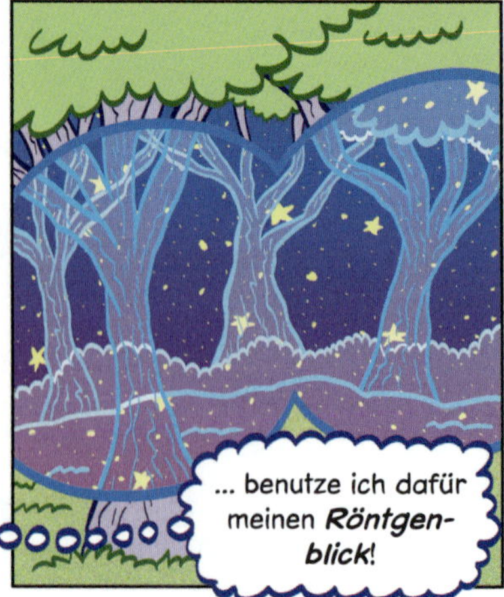
... benutze ich dafür meinen **Röntgenblick**!

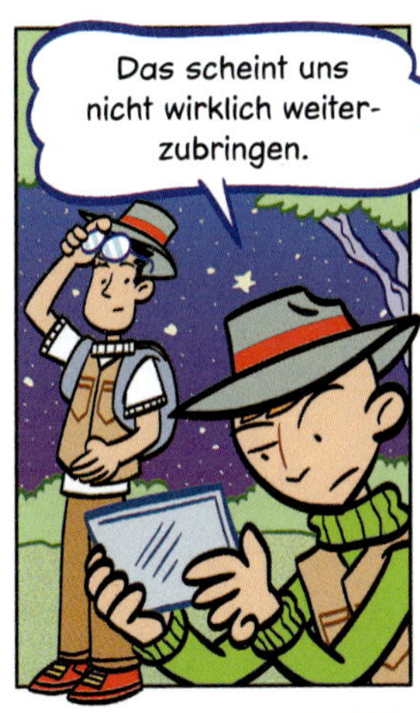
Das scheint uns nicht wirklich weiter-zubringen.

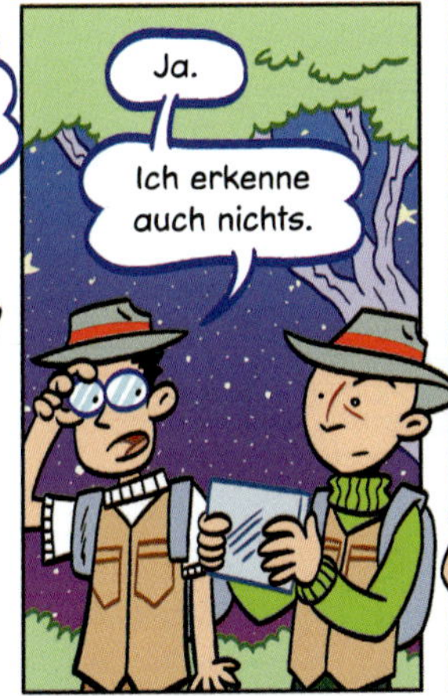
Ja.
Ich erkenne auch nichts.

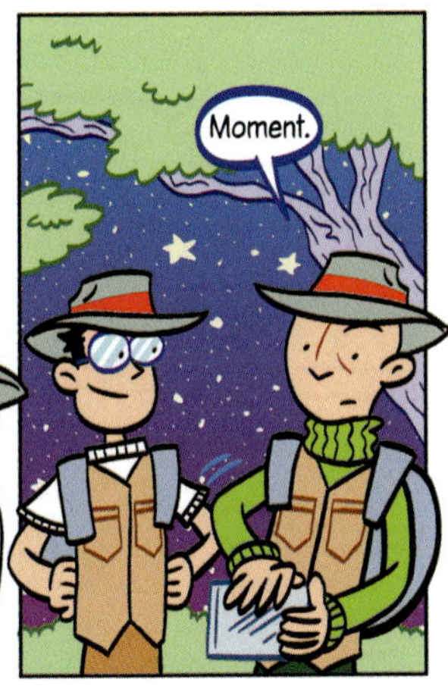
Moment.

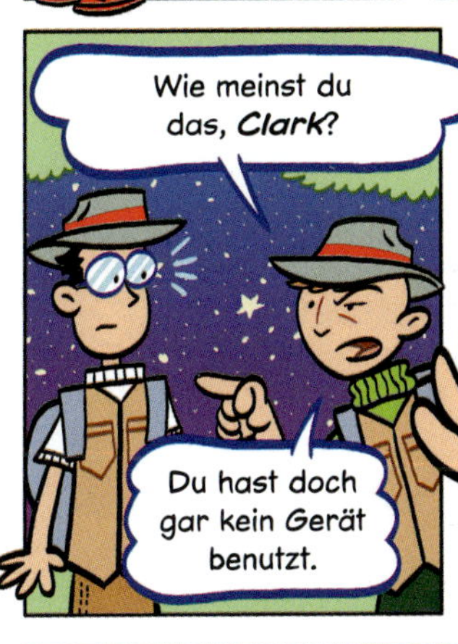
Wie meinst du das, **Clark**?
Du hast doch gar kein Gerät benutzt.

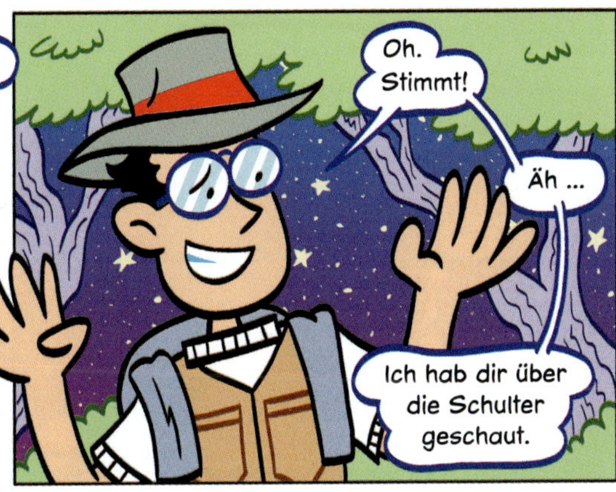
Oh. Stimmt!
Äh ...
Ich hab dir über die Schulter geschaut.

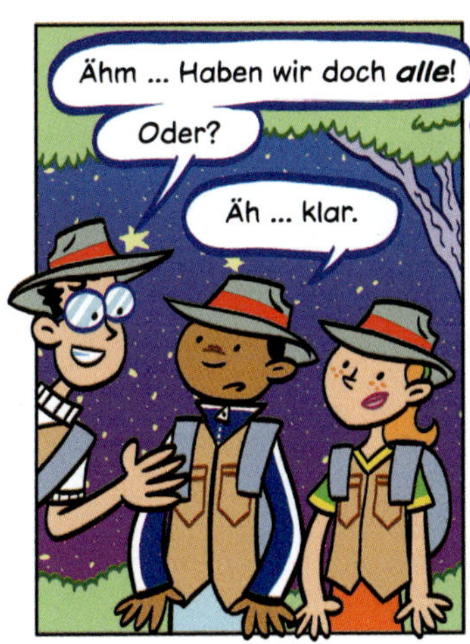
Ähm ... Haben wir doch **alle**!
Oder?
Äh ... klar.

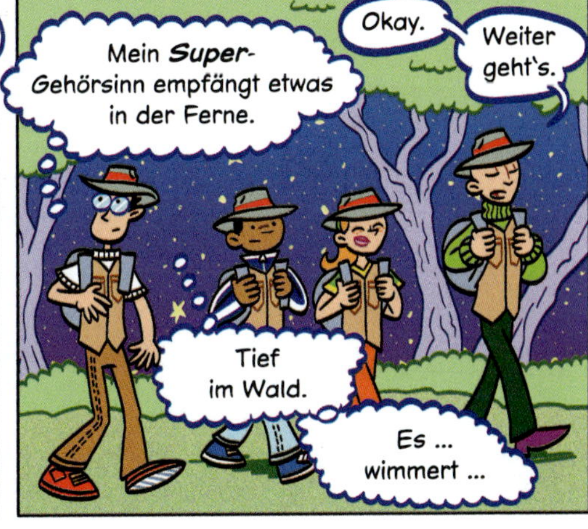
Mein **Super**-Gehörsinn empfängt etwas in der Ferne.
Okay.
Weiter geht's.
Tief im Wald.
Es ... wimmert ...

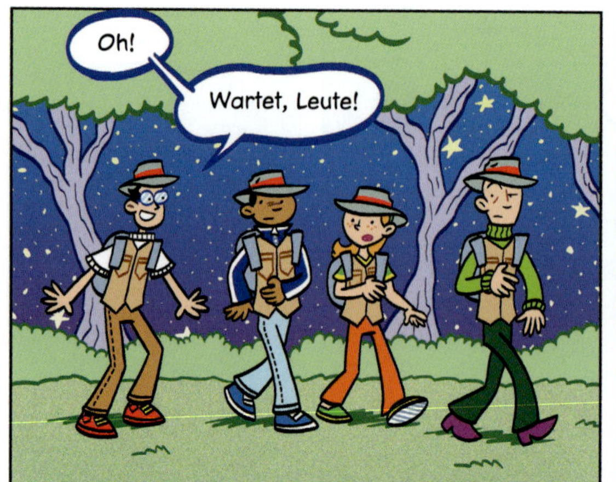
Oh!
Wartet, Leute!

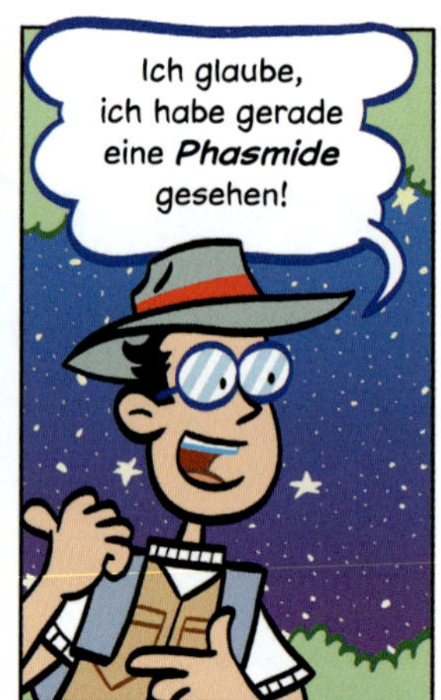
Ich glaube, ich habe gerade eine *Phasmide* gesehen!

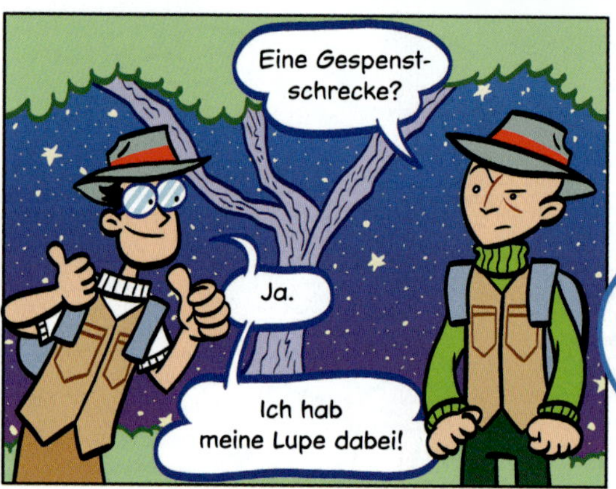
Eine Gespenst-schrecke?
Ja.
Ich hab meine Lupe dabei!

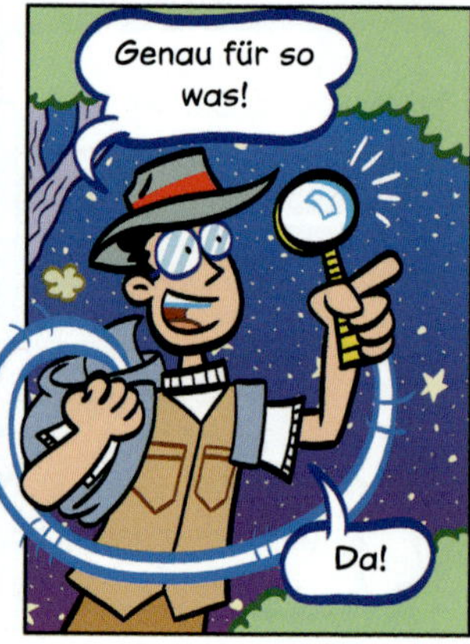
Genau für so was!
Da!

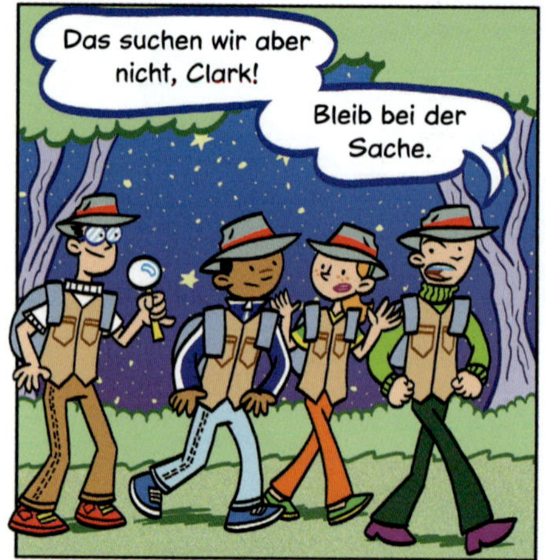
Das suchen wir aber nicht, Clark!
Bleib bei der Sache.

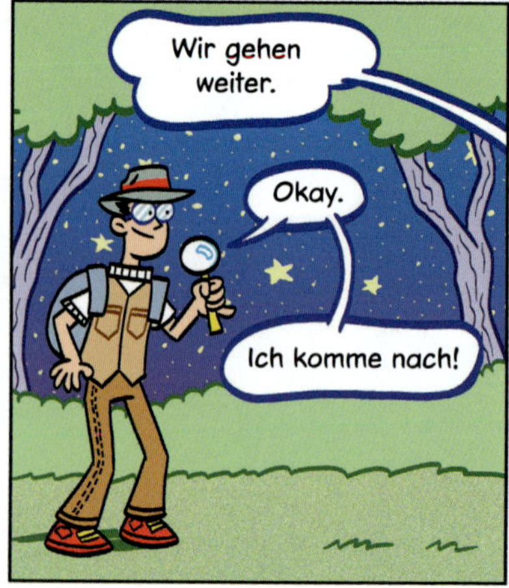
Wir gehen weiter.
Okay.
Ich komme nach!

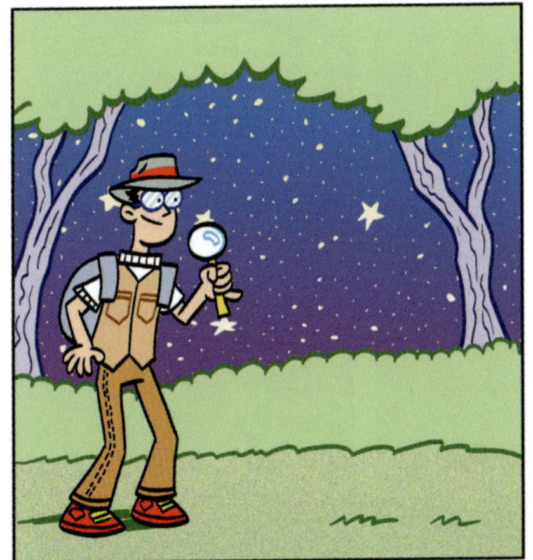

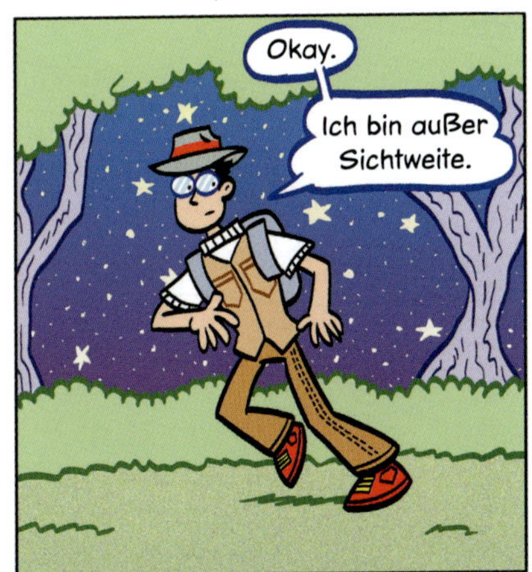
Okay.
Ich bin außer Sichtweite.

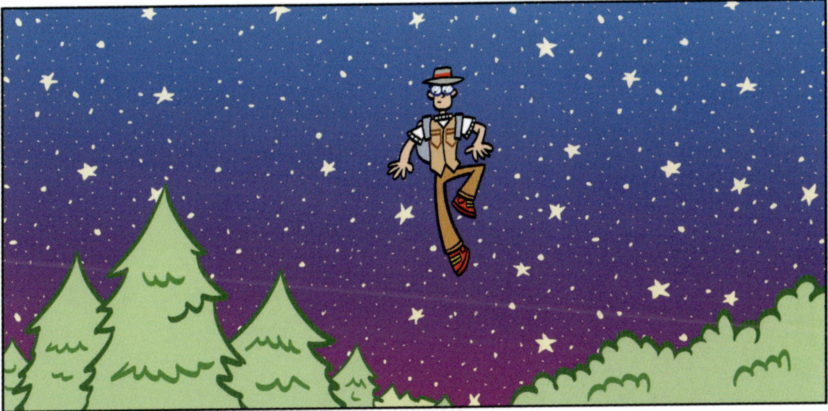

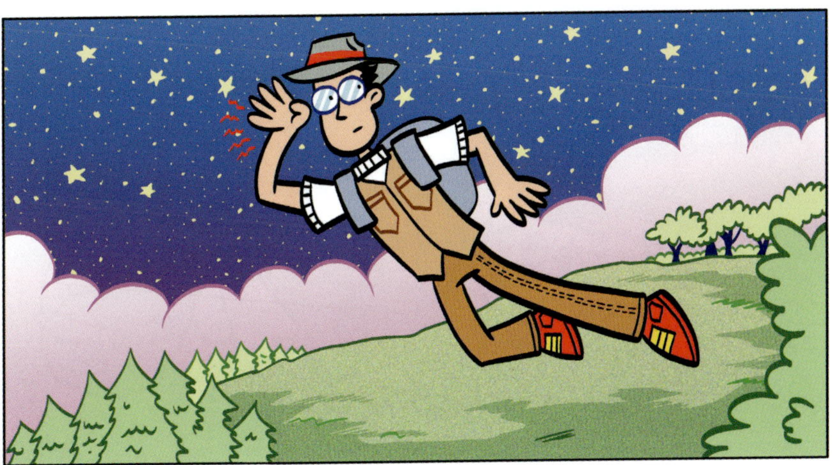

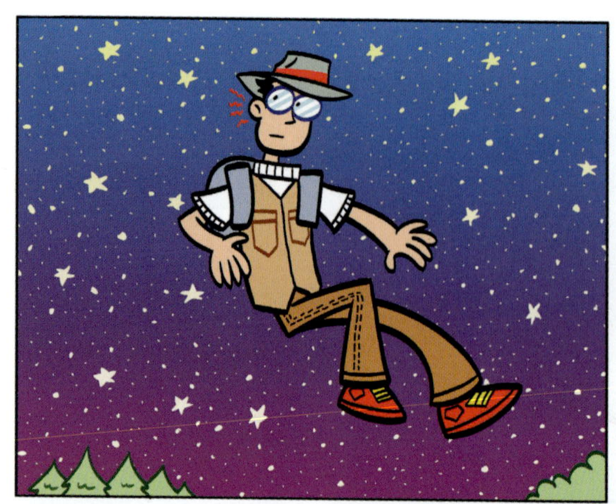

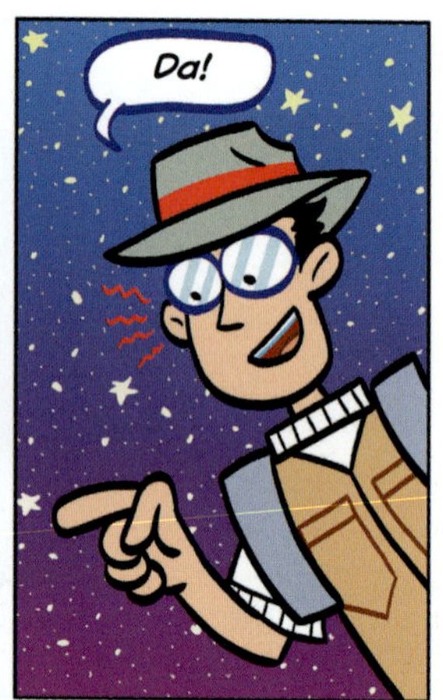
Da!

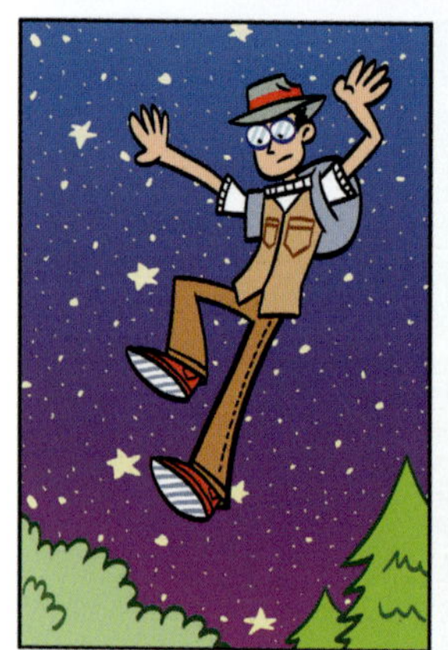

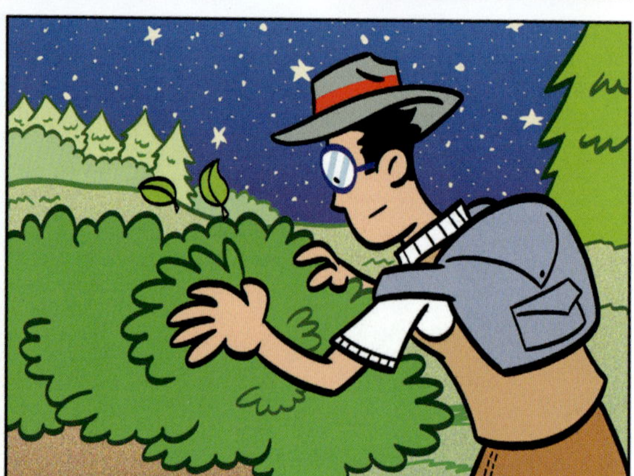

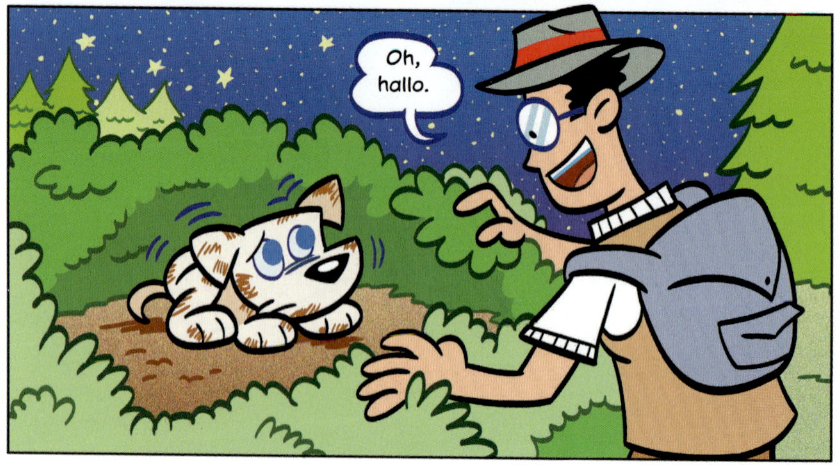
Oh, hallo.

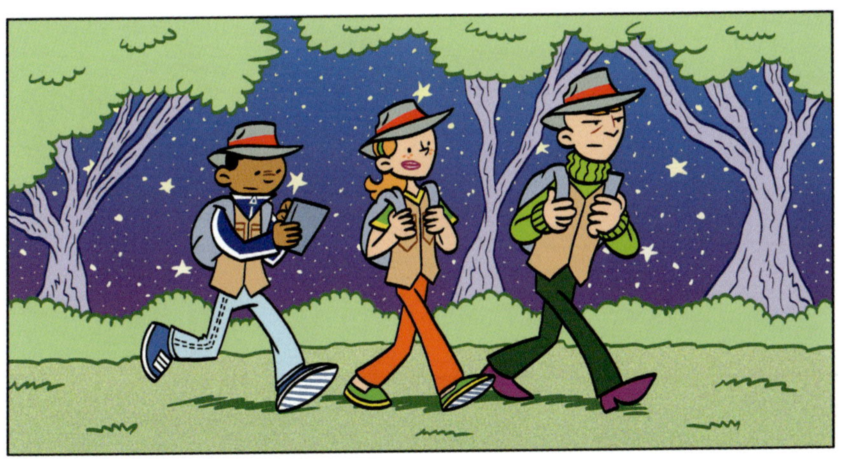

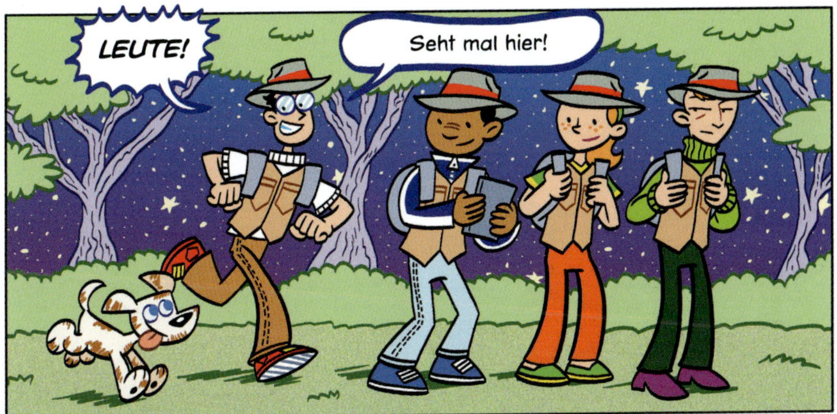
LEUTE!
Seht mal hier!

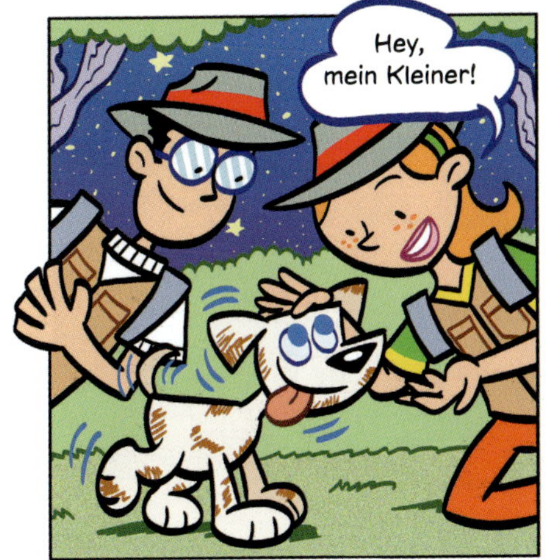
Hey,
mein Kleiner!

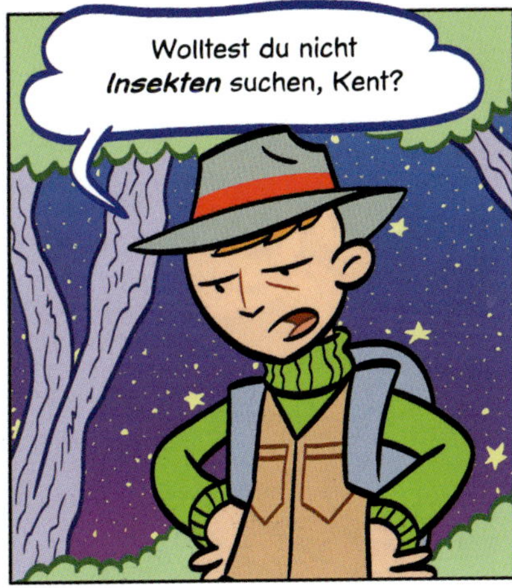
Wolltest du nicht
Insekten suchen, Kent?

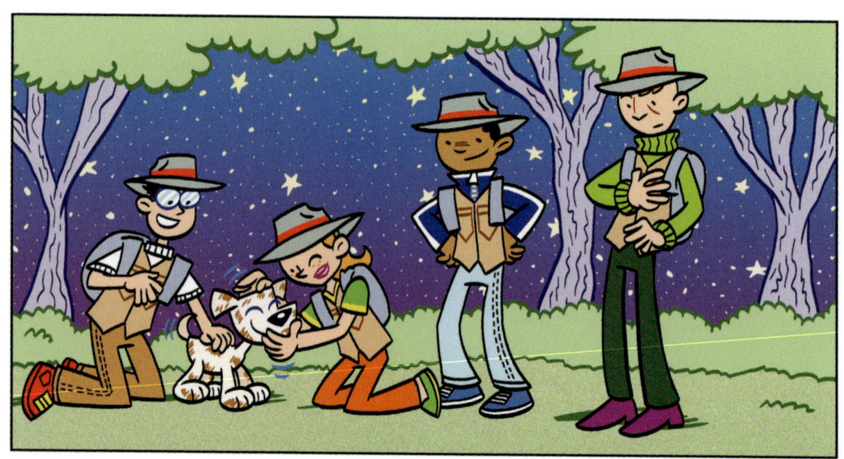

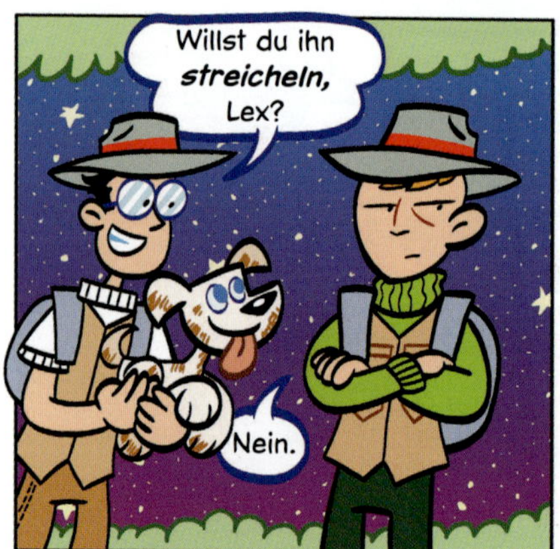

Willst du ihn *streicheln,* Lex?
Nein.

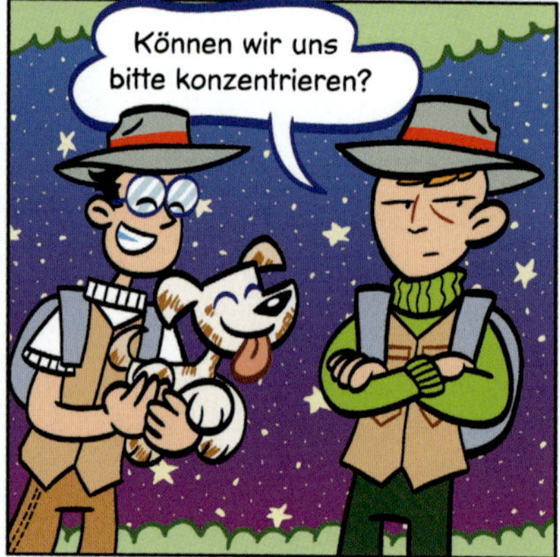

Können wir uns bitte konzentrieren?

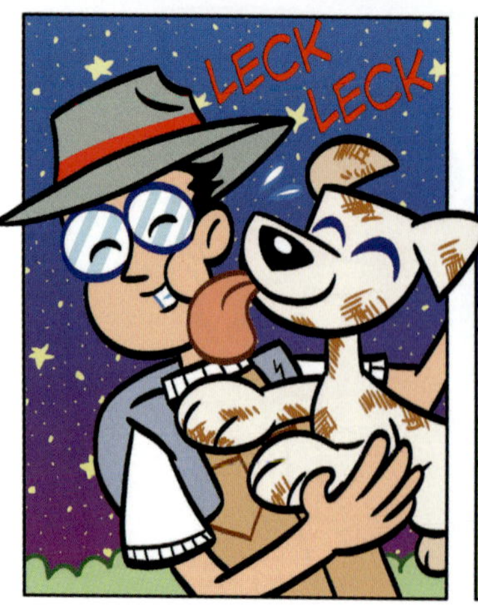

LECK LECK

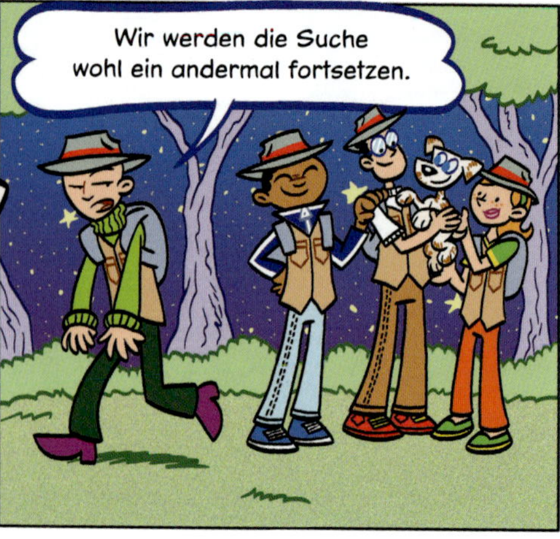

Wir werden die Suche wohl ein andermal fortsetzen.

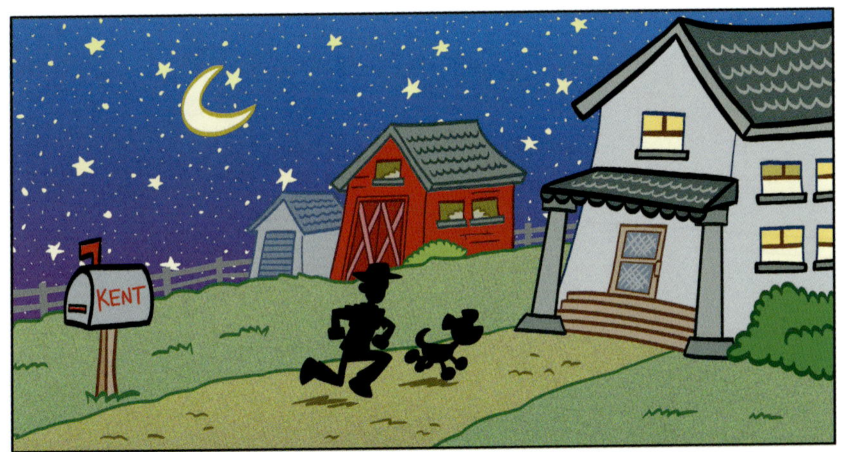
KENT

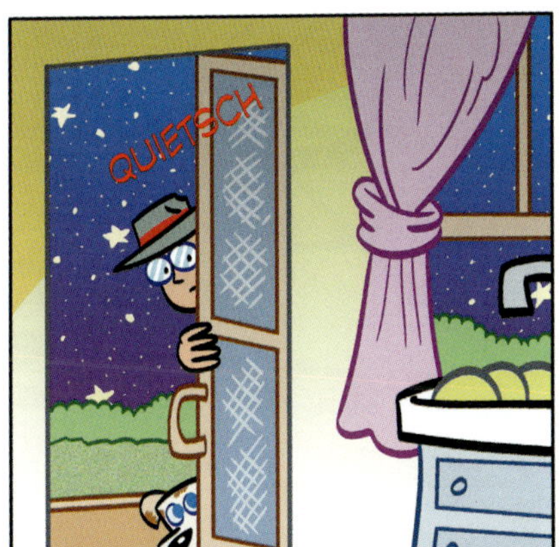
QUIETSCH

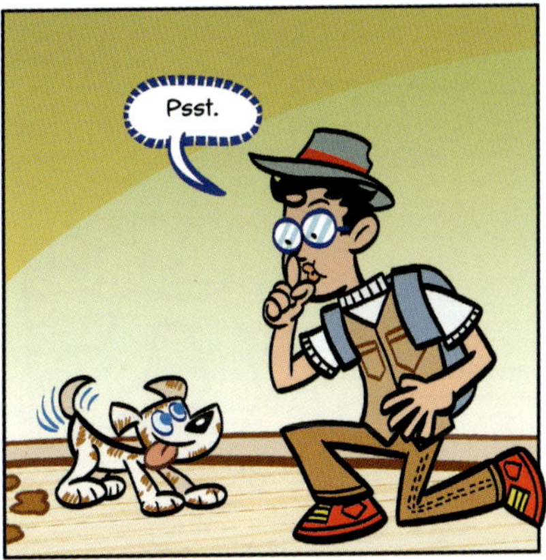
Psst.

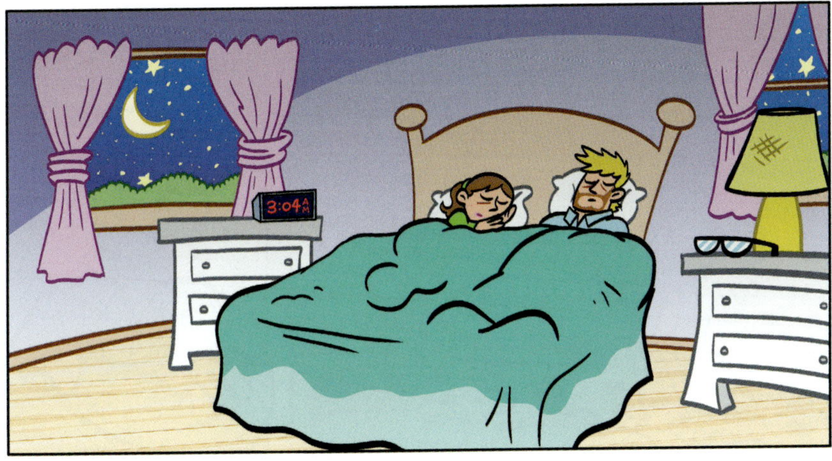
3:04 AM

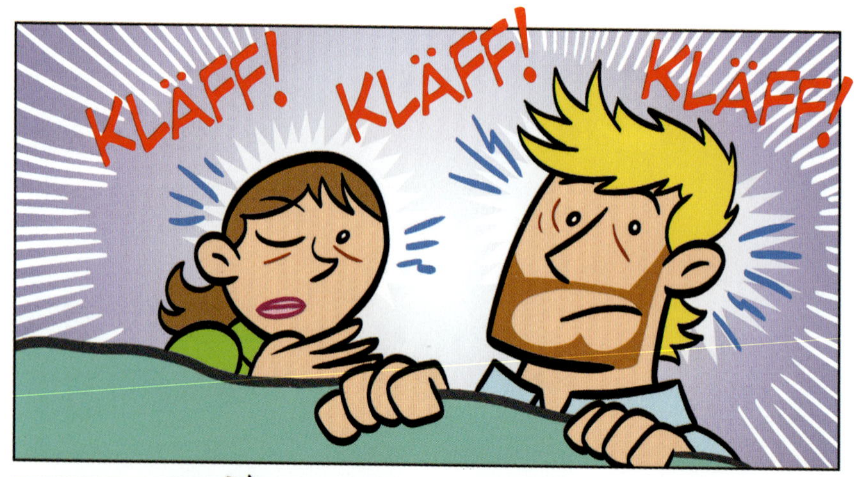
KLÄFF!
KLÄFF!
KLÄFF!
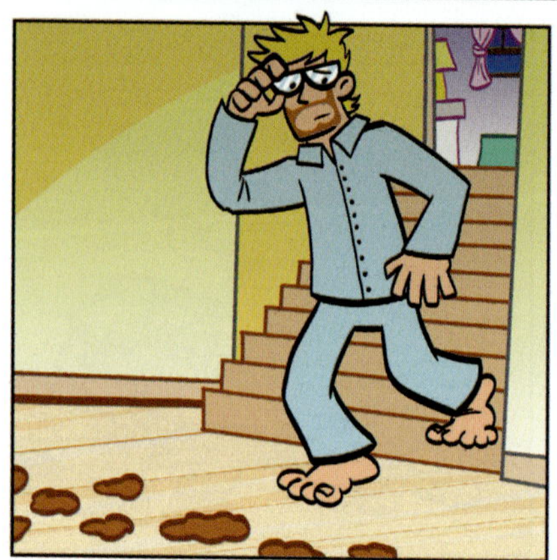
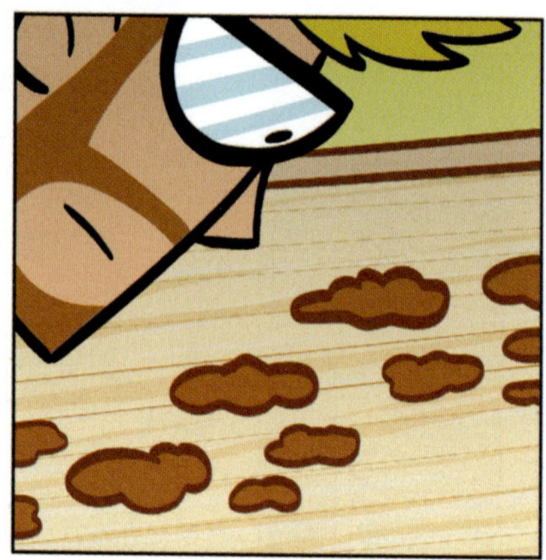
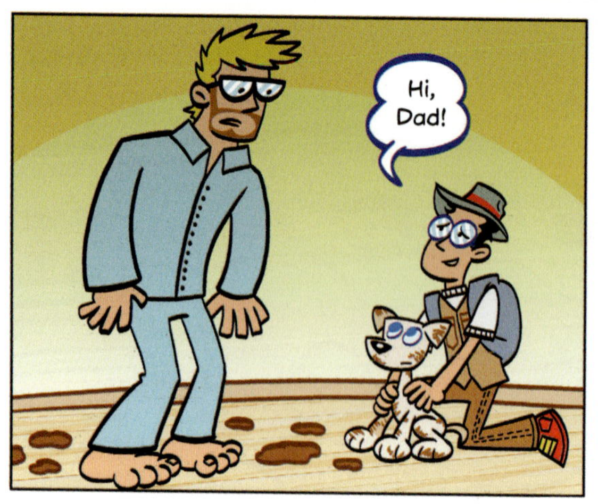
Hi, Dad!
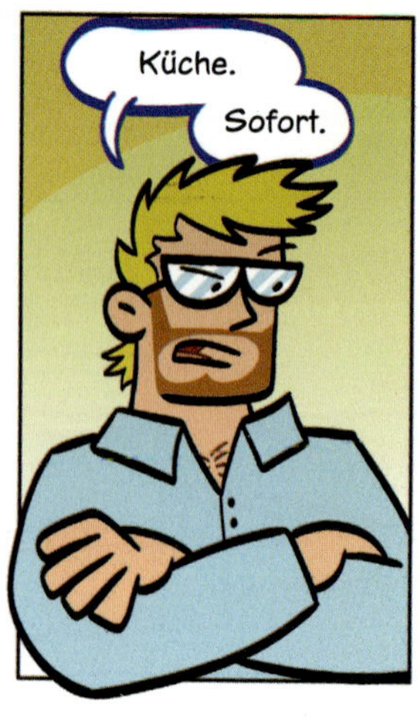
Küche. Sofort.

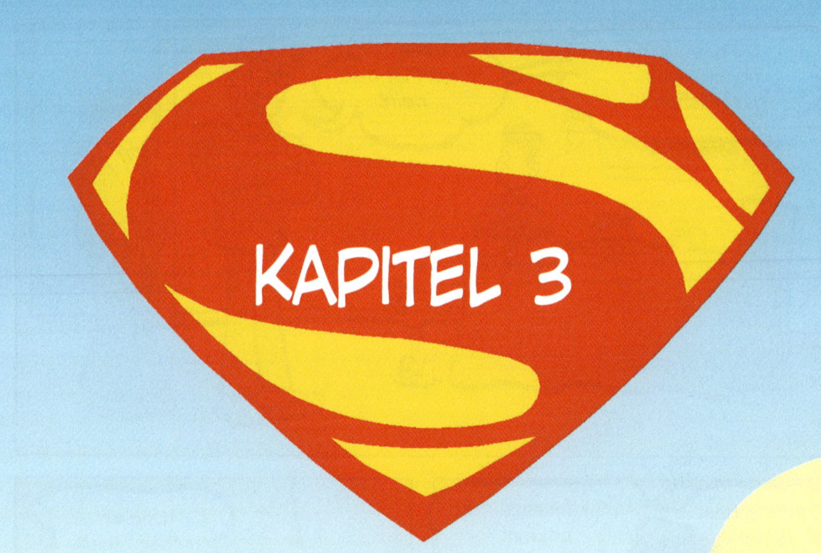

KAPITEL 3

SUPER-HAUSARREST

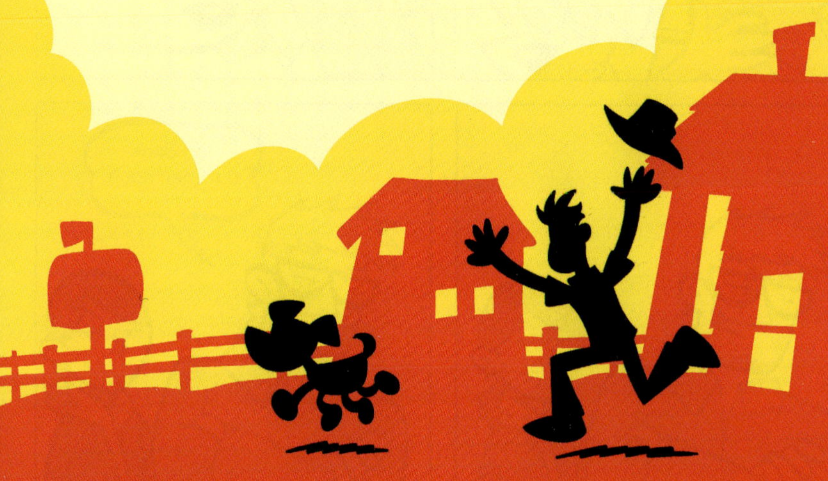

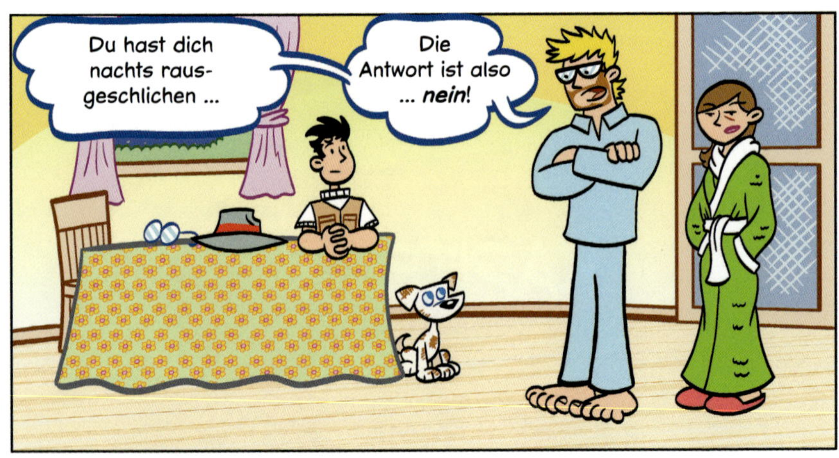
Du hast dich nachts raus-geschlichen ...
Die Antwort ist also ... ***nein***!

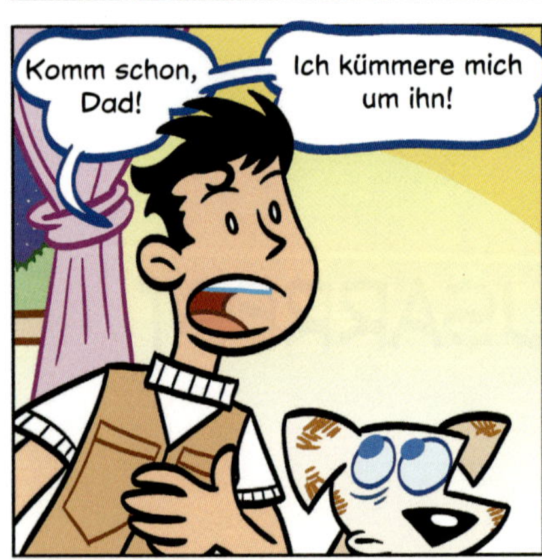
Komm schon, Dad!
Ich kümmere mich um ihn!

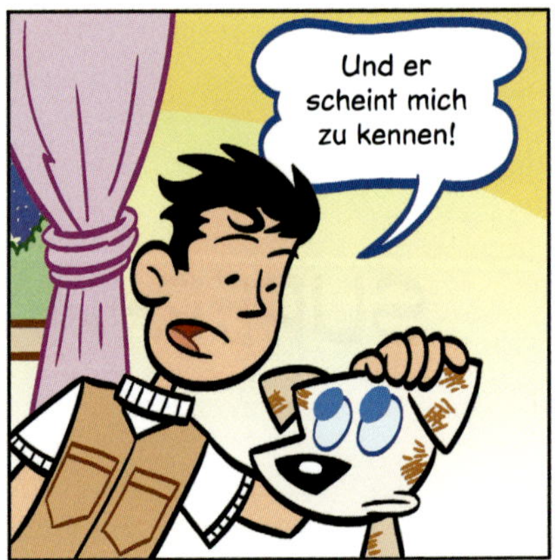
Und er scheint mich zu kennen!

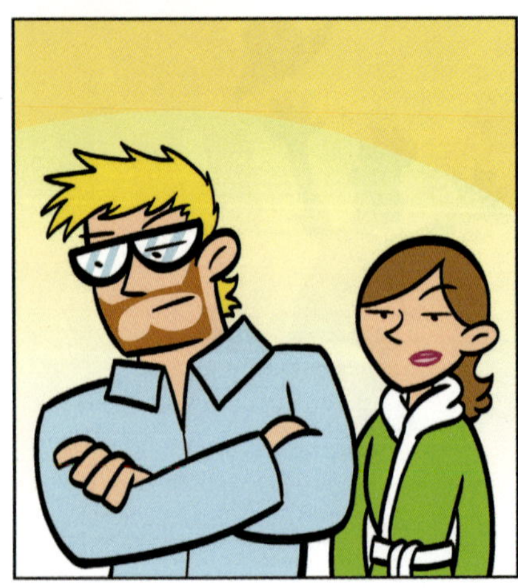

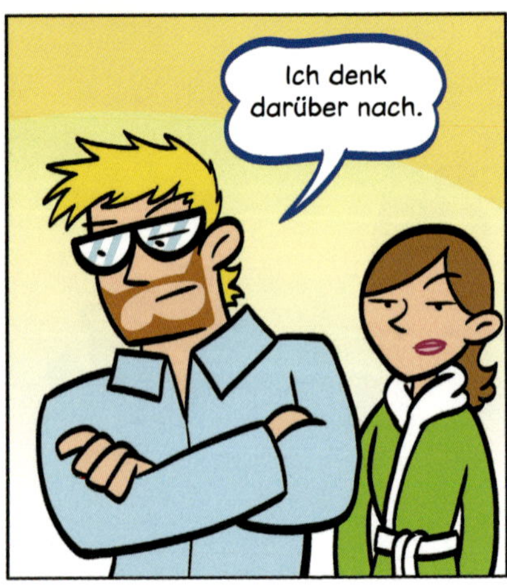
Ich denk darüber nach.

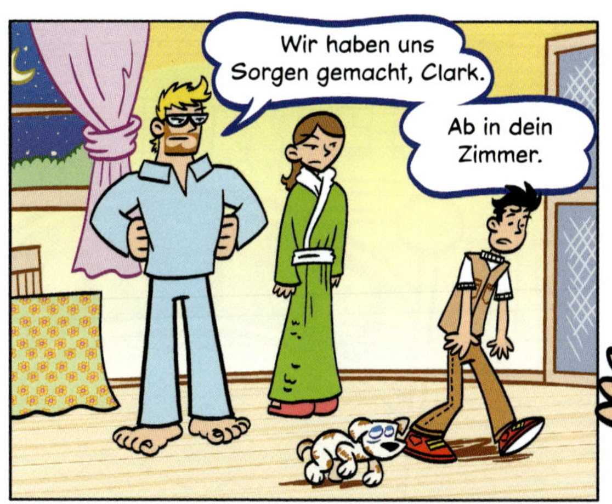
Wir haben uns Sorgen gemacht, Clark.
Ab in dein Zimmer.

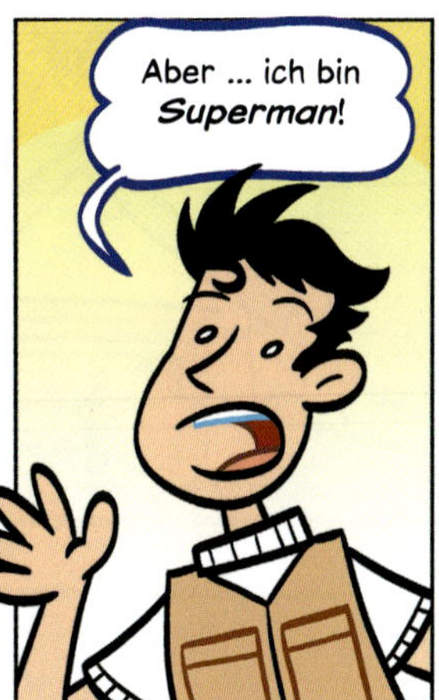
Aber ... ich bin *Superman*!

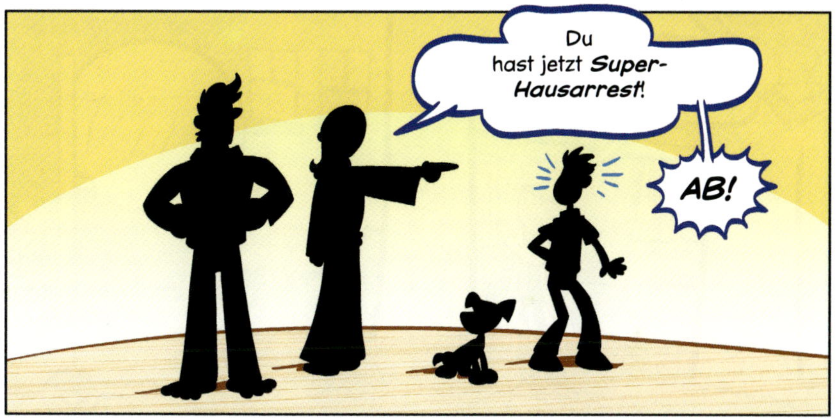
Du hast jetzt *Super-Hausarrest*!
AB!

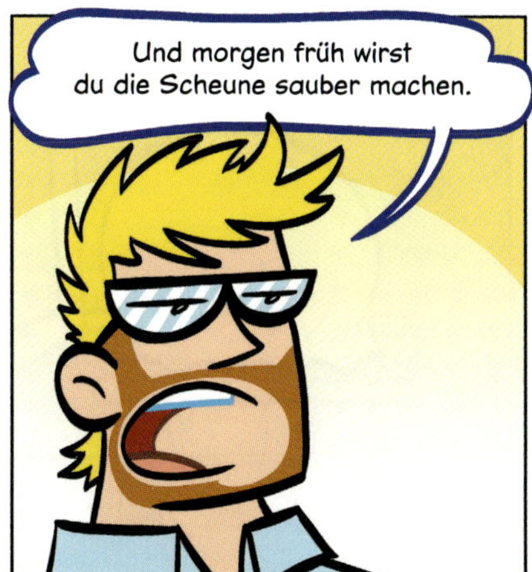
Und morgen früh wirst du die Scheune sauber machen.

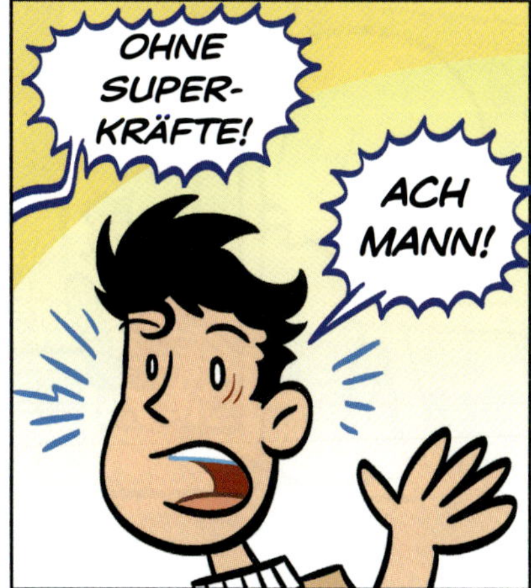
OHNE SUPER-KRÄFTE!
ACH MANN!

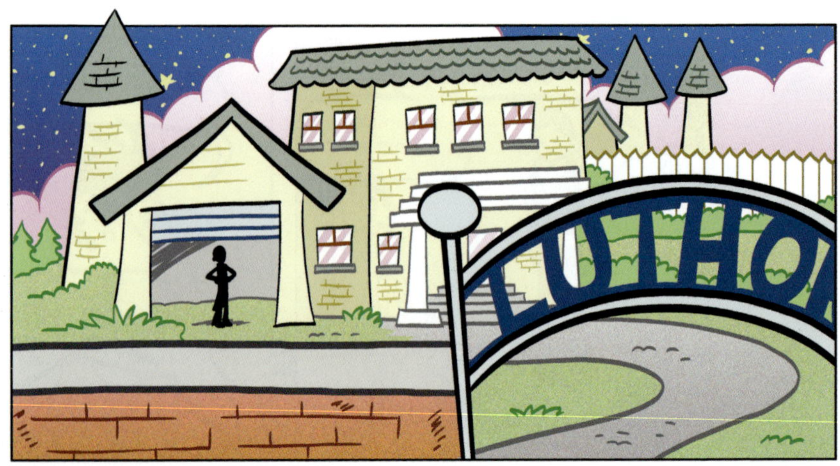
LUTHO

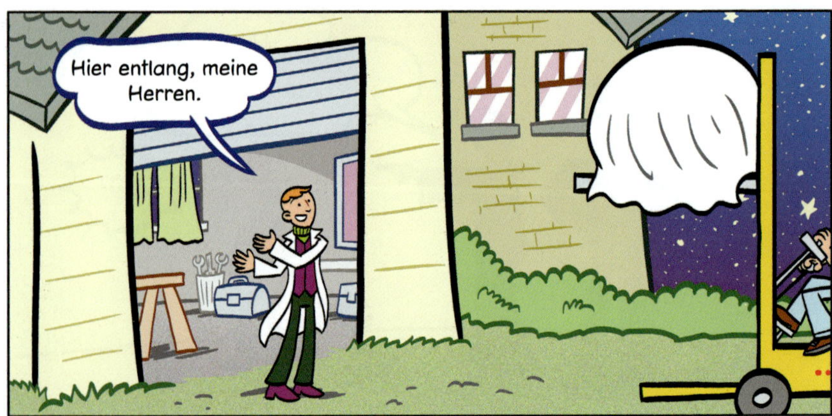
Hier entlang, meine Herren.

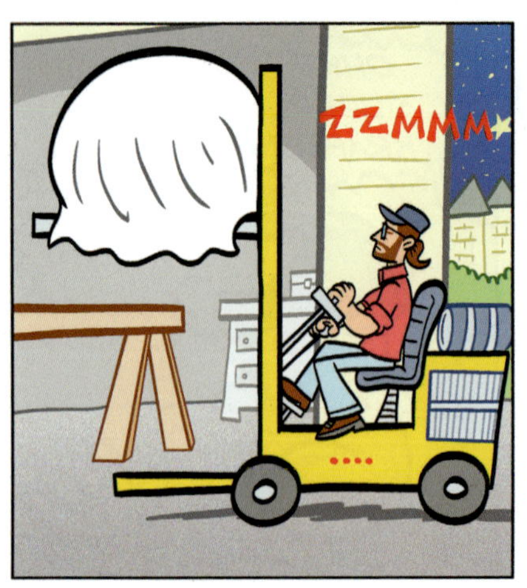
ZZMMM

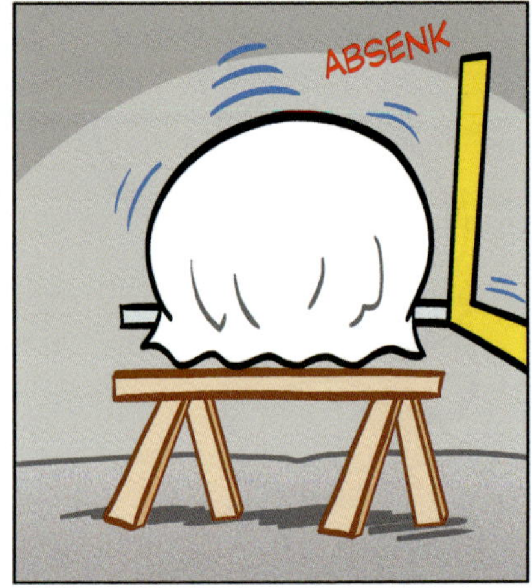
ABSENK

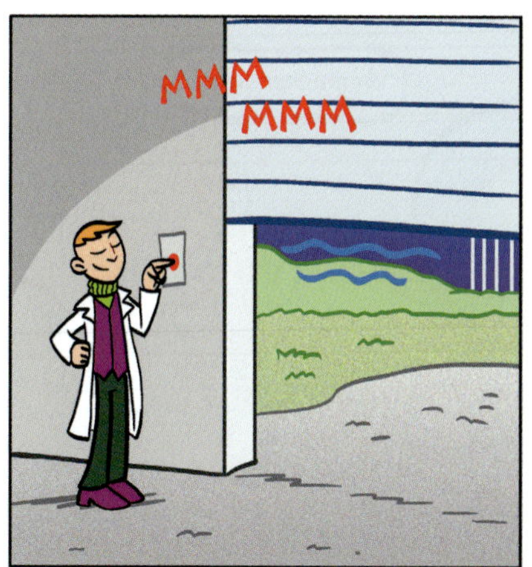
MMM
MMM

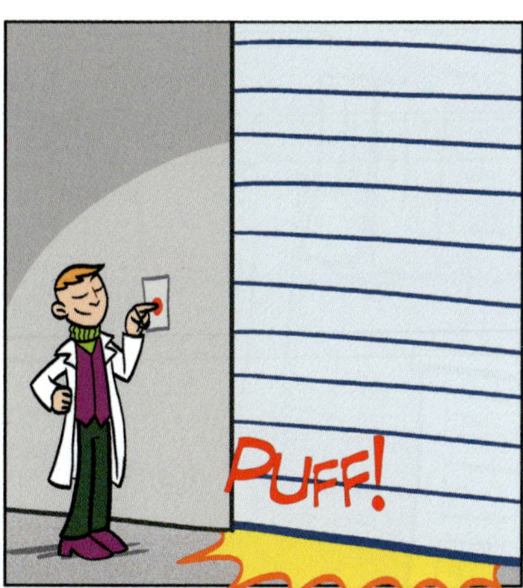
PUFF!

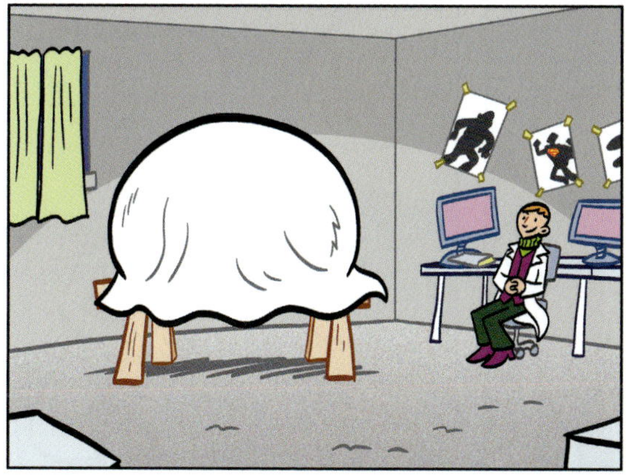

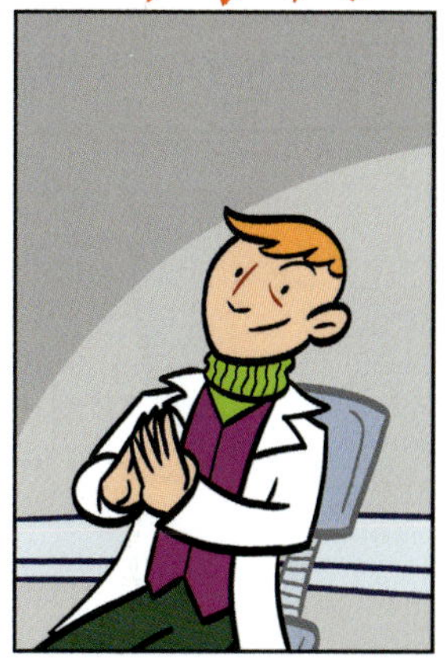

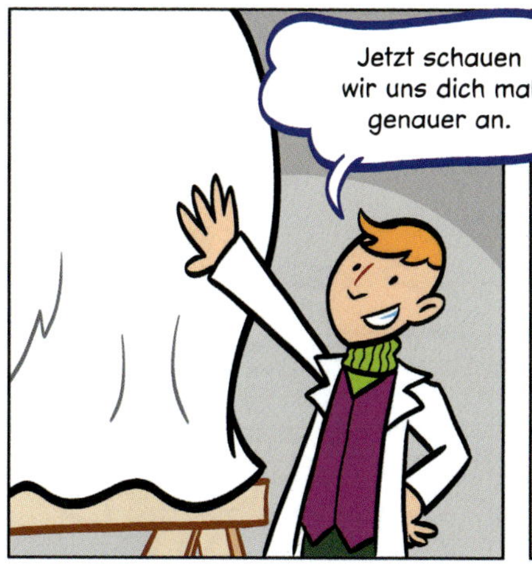
Jetzt schauen wir uns dich mal genauer an.

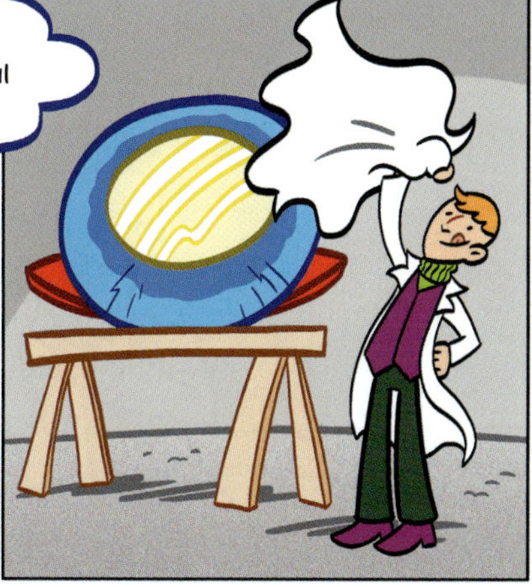

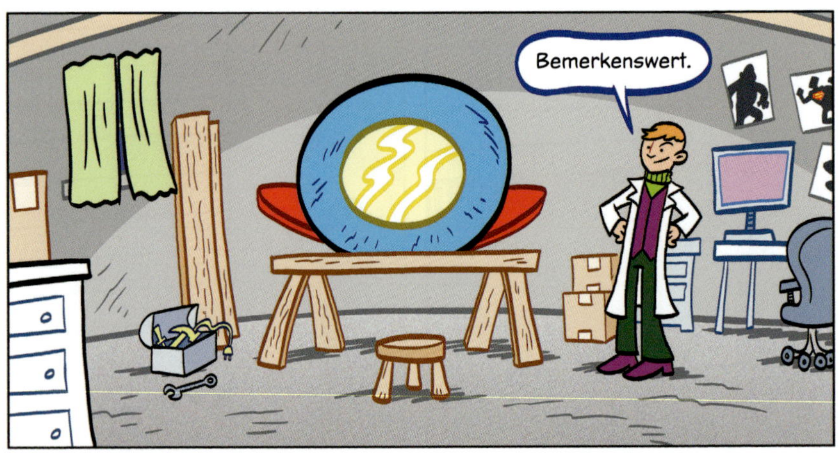
Bemerkenswert.

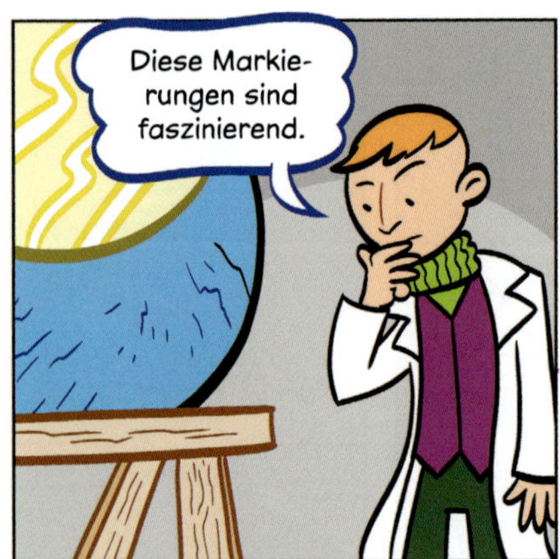
Diese Markie-
rungen sind
faszinierend.

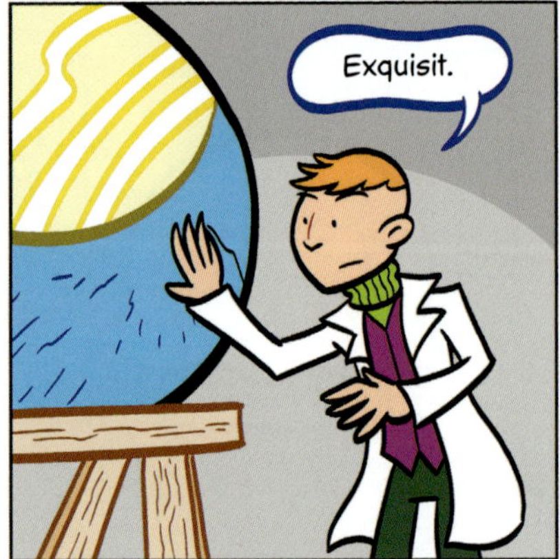
Exquisit.

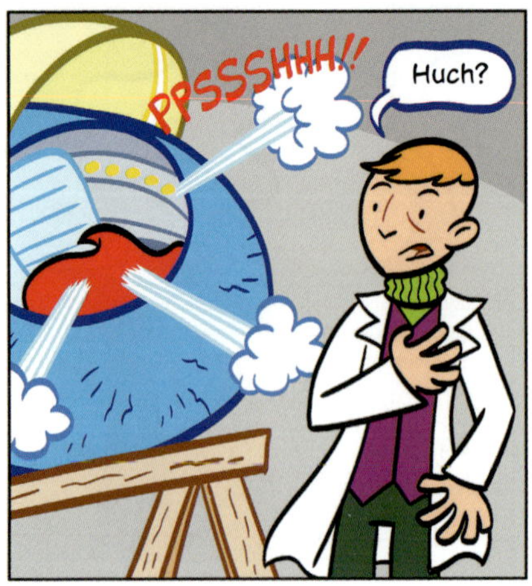
PPSSSHHH!!
Huch?

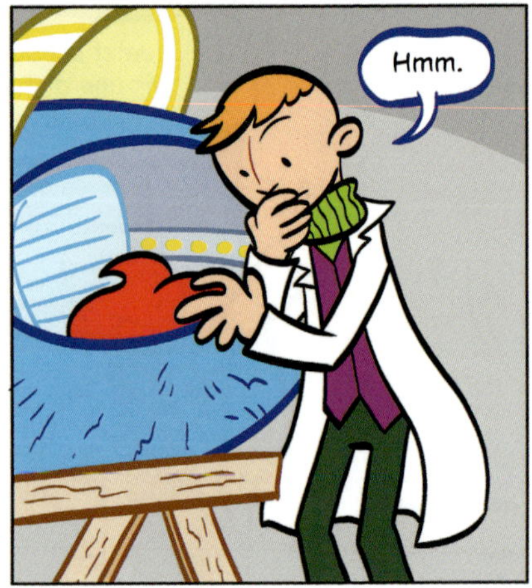
Hmm.

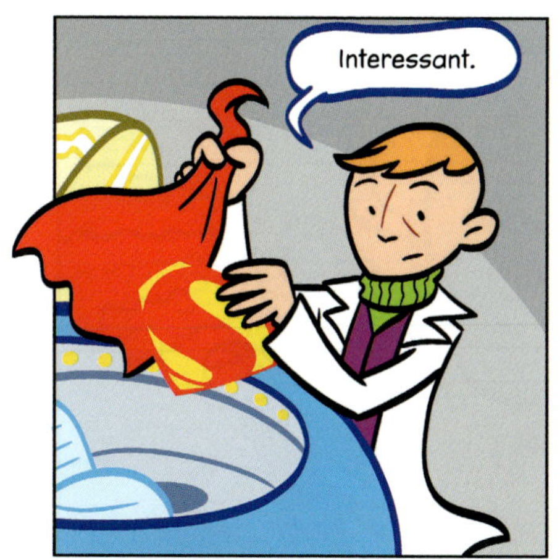
Interessant.

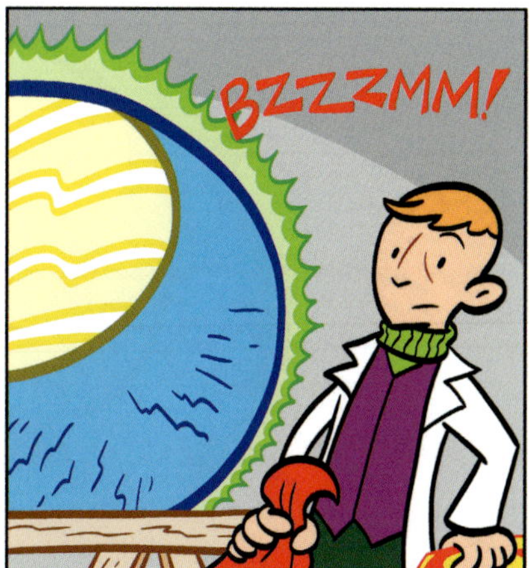
BZZZMM!

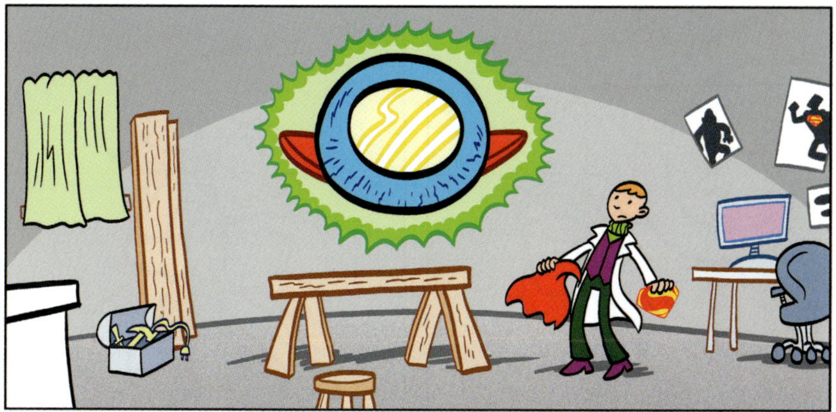

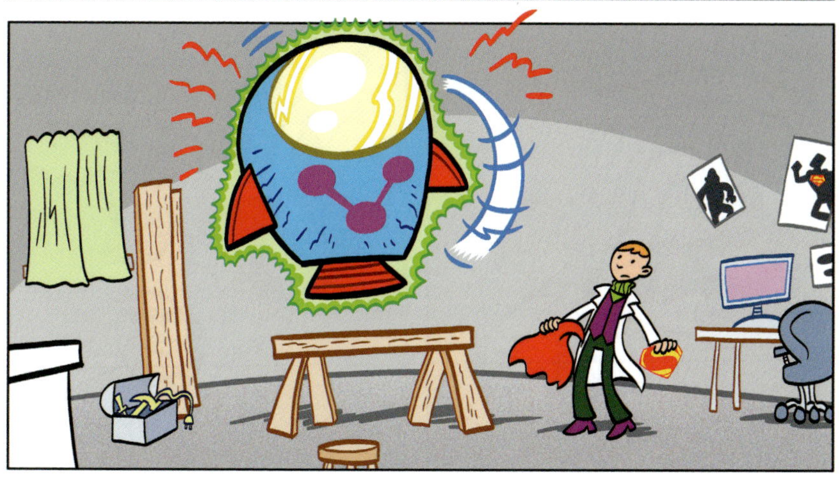

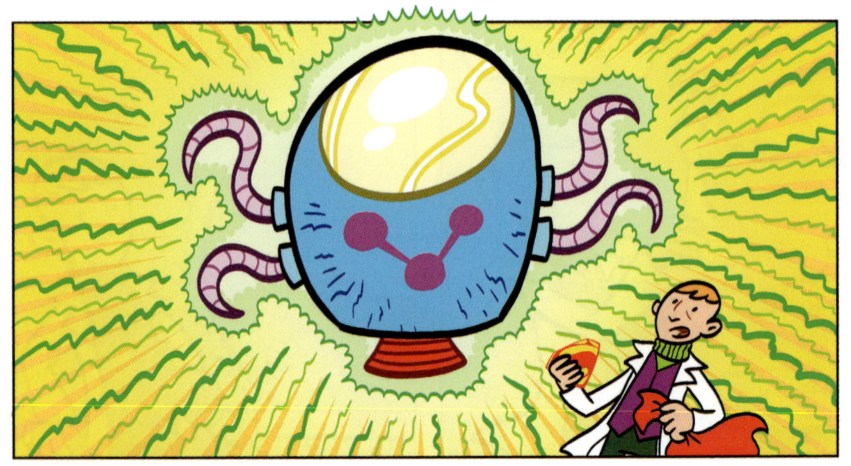

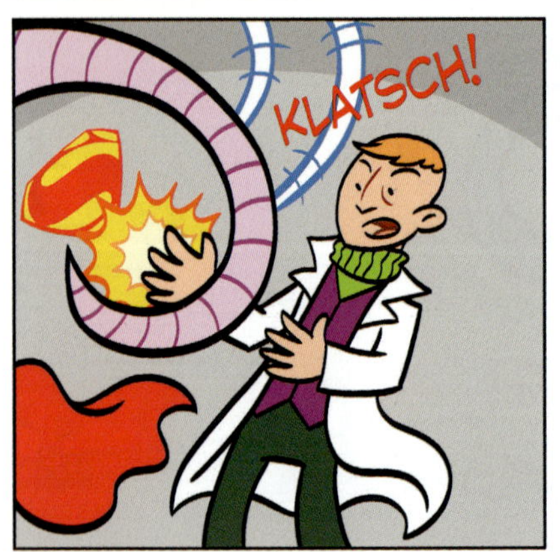
KLATSCH!

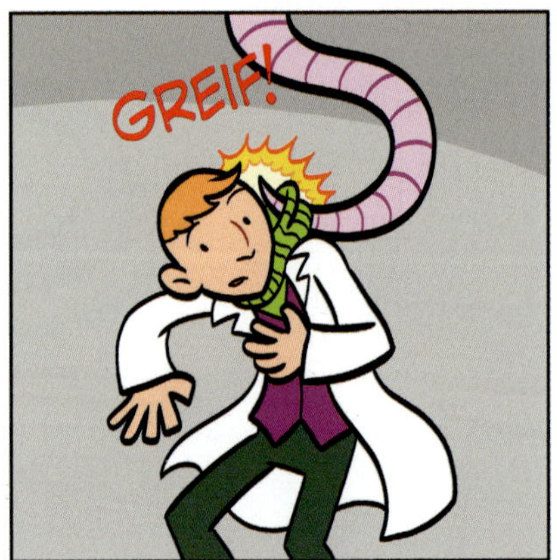
GREIF!

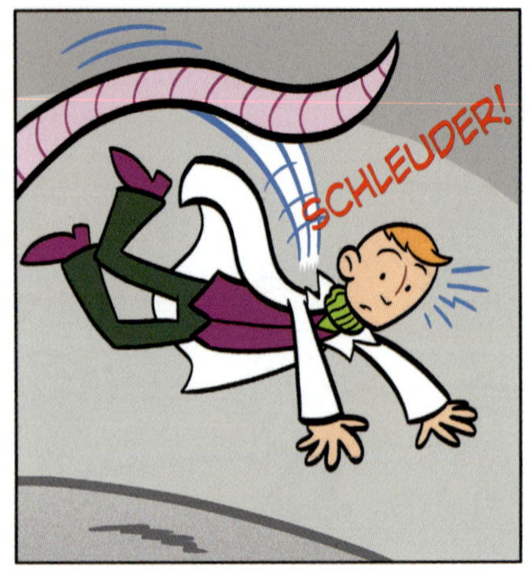
SCHLEUDER!

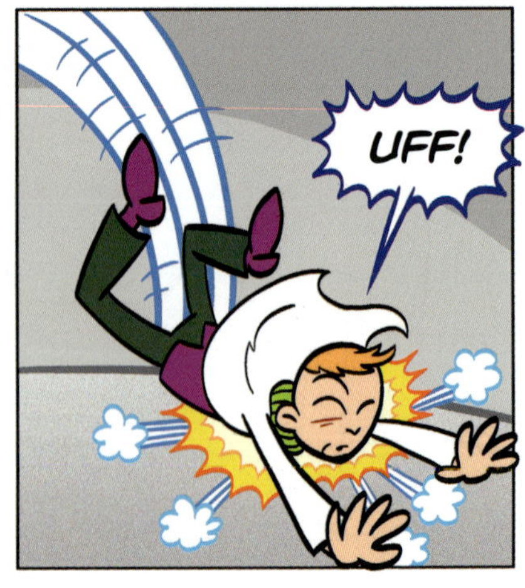
UFF!

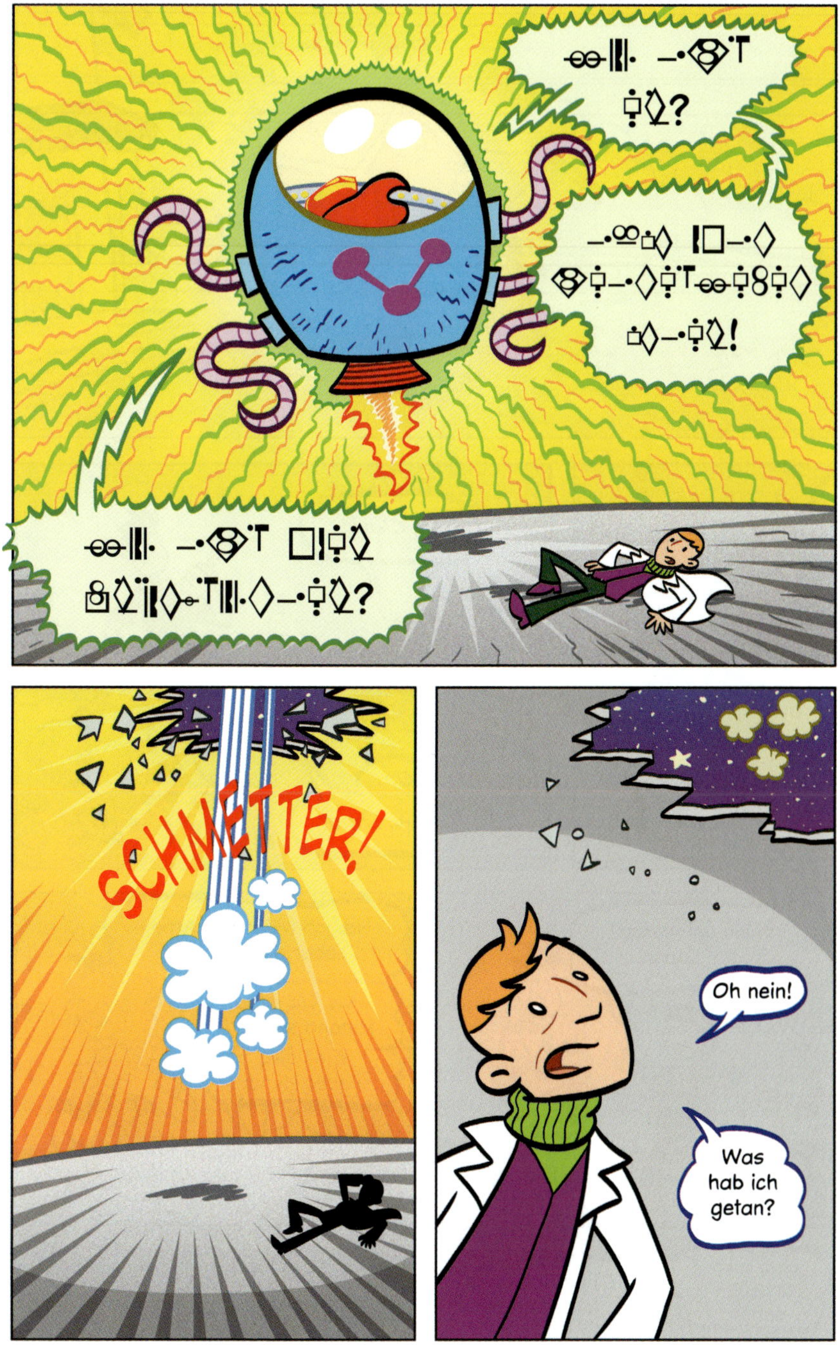

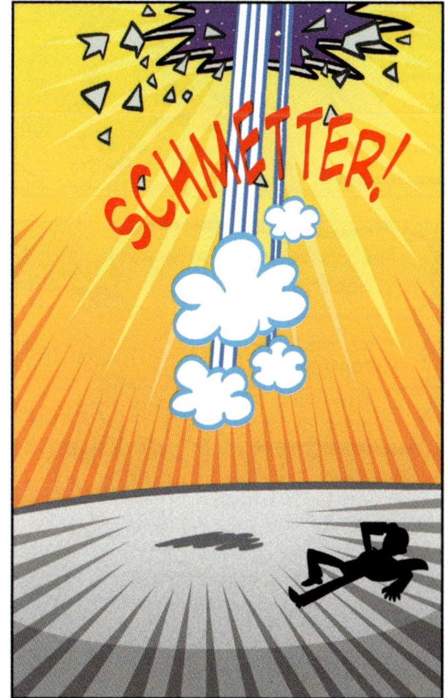
SCHMETTER!

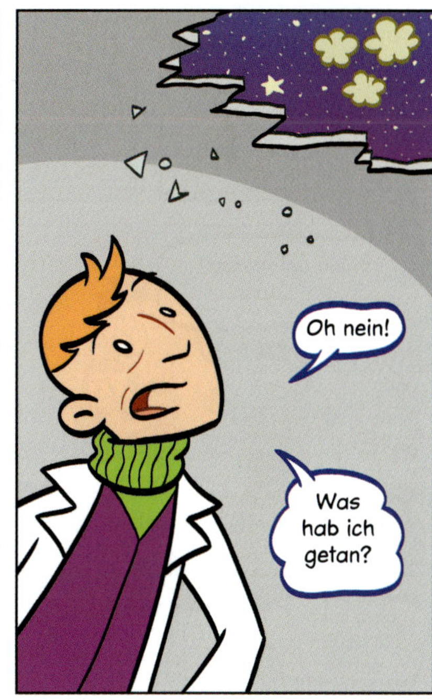
Oh nein!
Was hab ich getan?

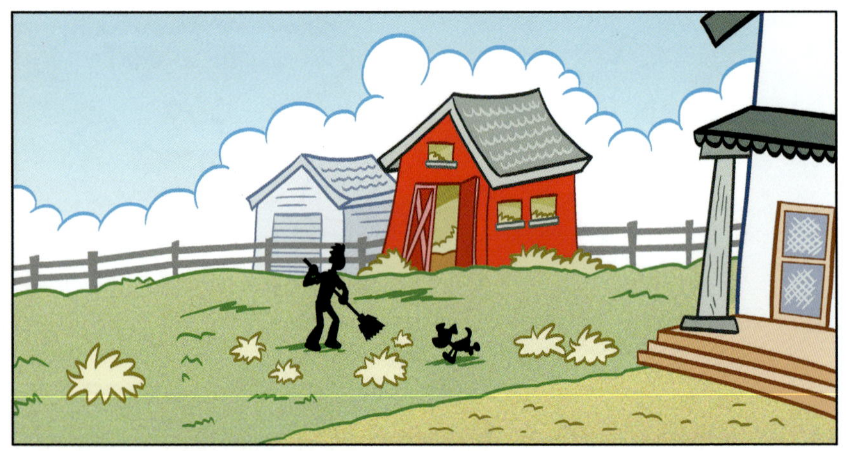

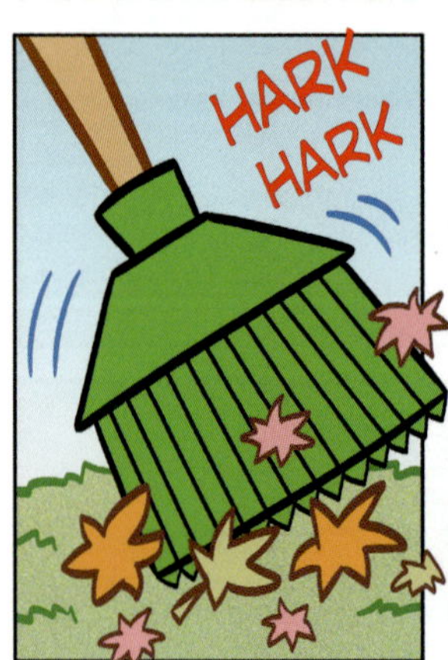

HARK
HARK

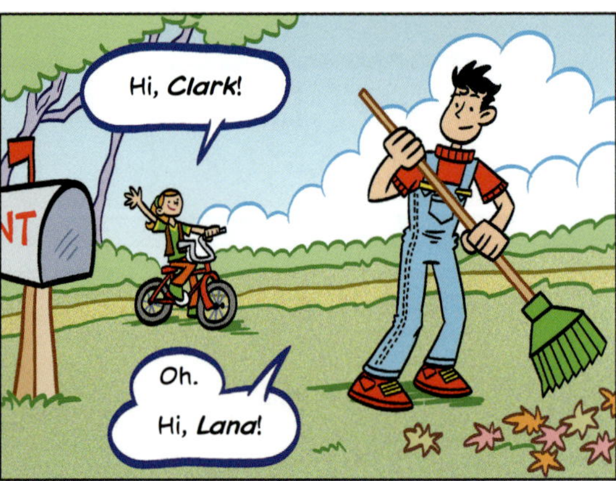

Hi, *Clark*!
Oh.
Hi, *Lana*!

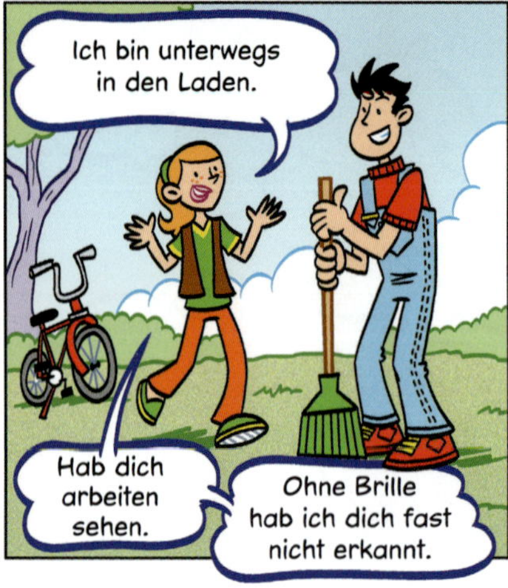

Ich bin unterwegs in den Laden.
Hab dich arbeiten sehen.
Ohne Brille hab ich dich fast nicht erkannt.

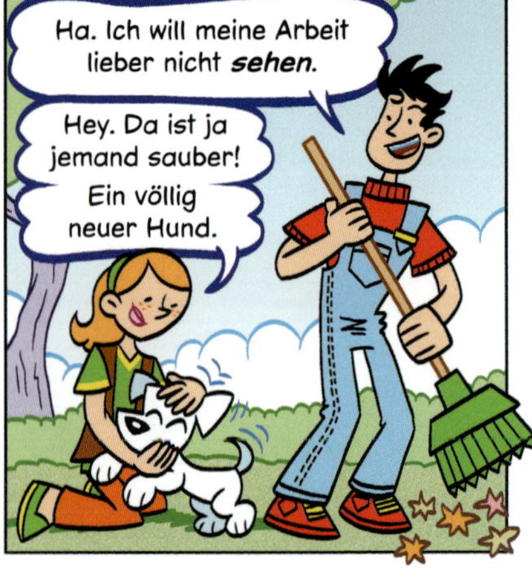

Ha. Ich will meine Arbeit lieber nicht ***sehen.***
Hey. Da ist ja jemand sauber!
Ein völlig neuer Hund.

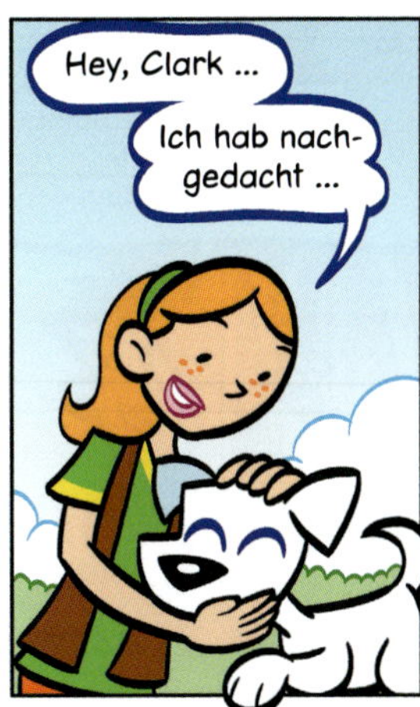
Hey, Clark ...
Ich hab nach-gedacht ...

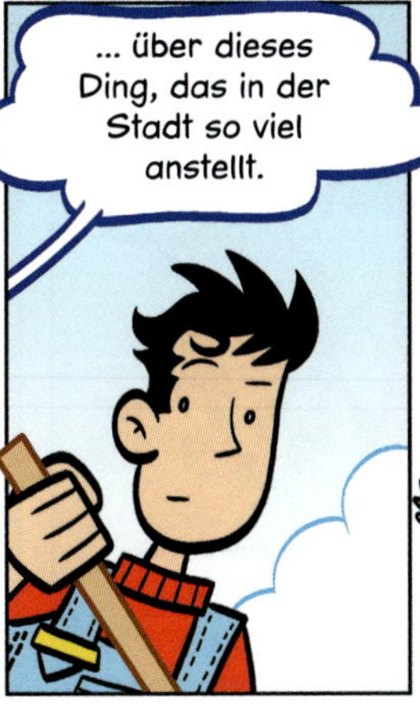
... über dieses Ding, das in der Stadt so viel anstellt.

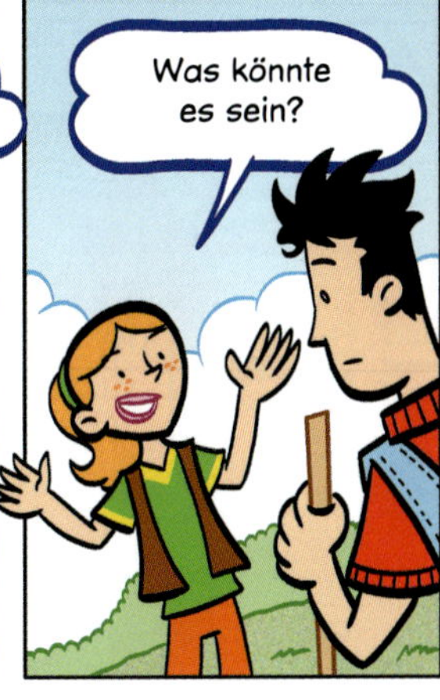
Was könnte es sein?

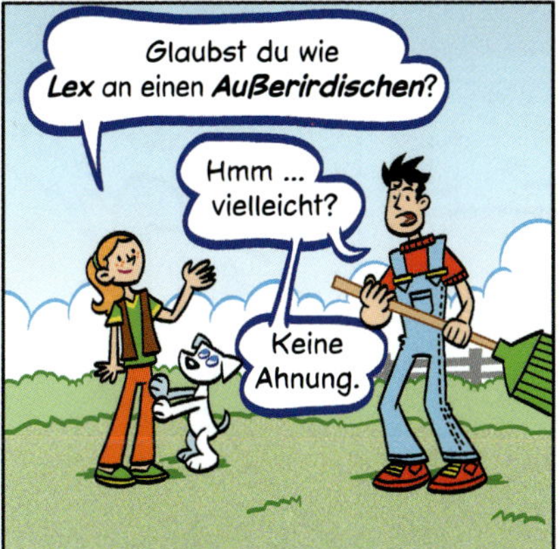
Glaubst du wie **Lex** an einen **Außerirdischen**?
Hmm ... vielleicht?
Keine Ahnung.

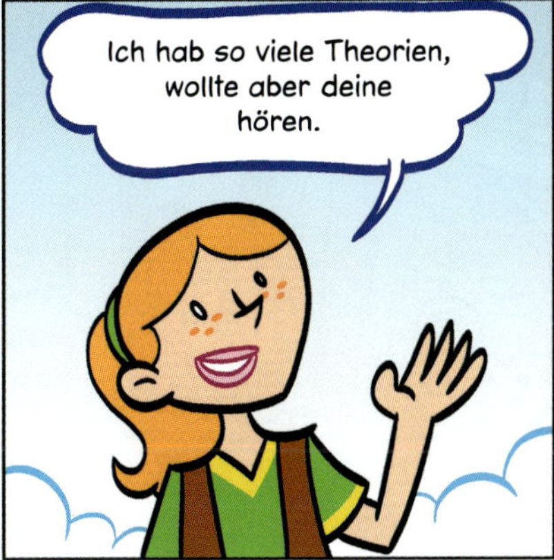
Ich hab so viele Theorien, wollte aber deine hören.

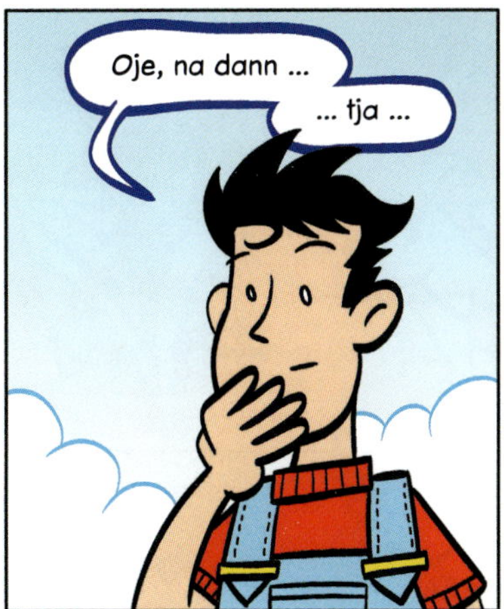
Oje, na dann ...
... tja ...

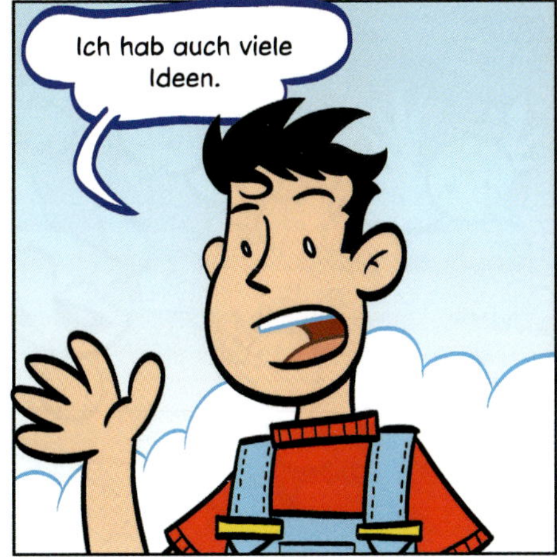
Ich hab auch viele Ideen.

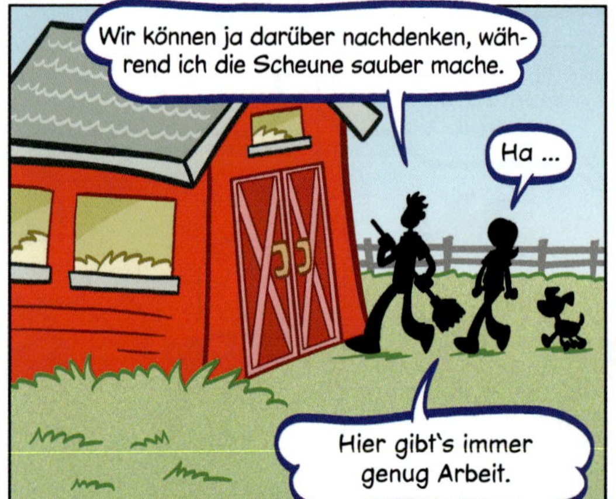
Wir können ja darüber nachdenken, während ich die Scheune sauber mache.
Ha ...
Hier gibt's immer genug Arbeit.

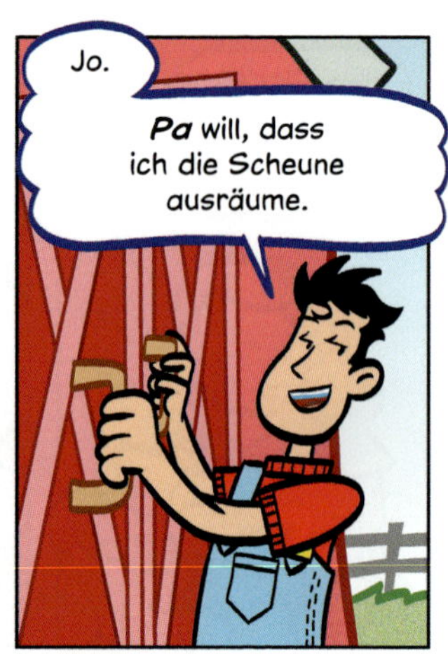
Jo.
Pa will, dass ich die Scheune ausräume.

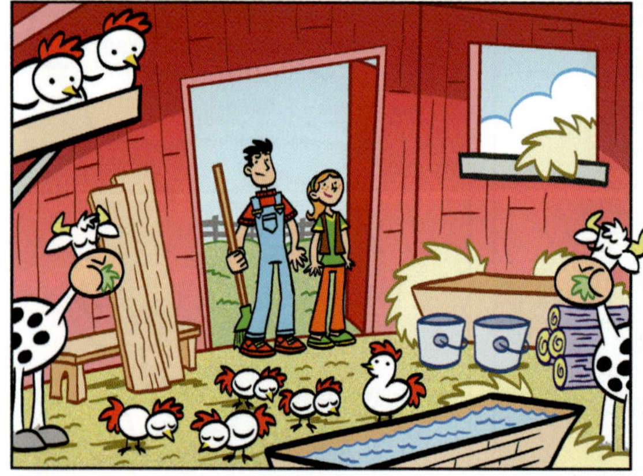

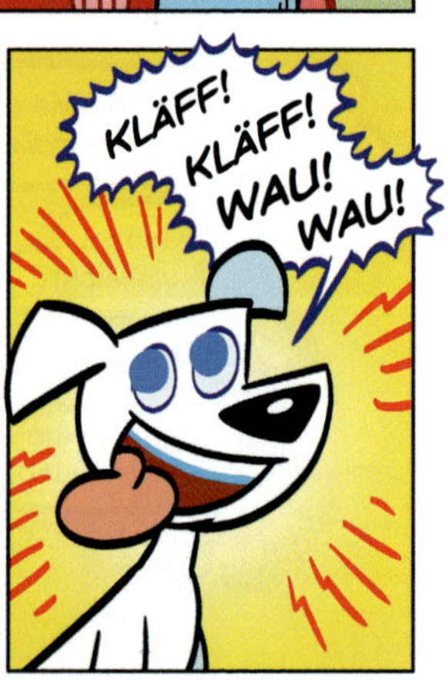
KLÄFF! KLÄFF! WAU! WAU!

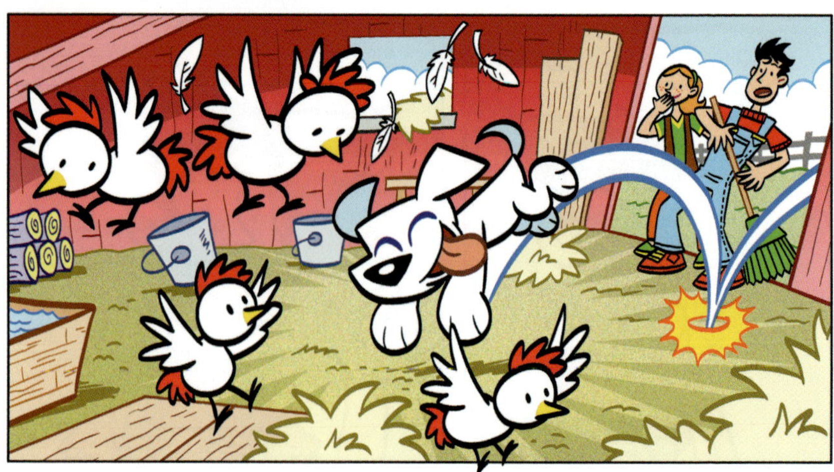

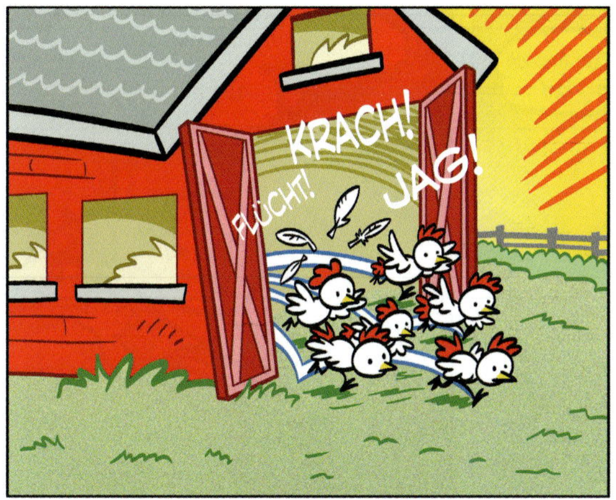
KRACH!
FLÜCHT!
JAG!

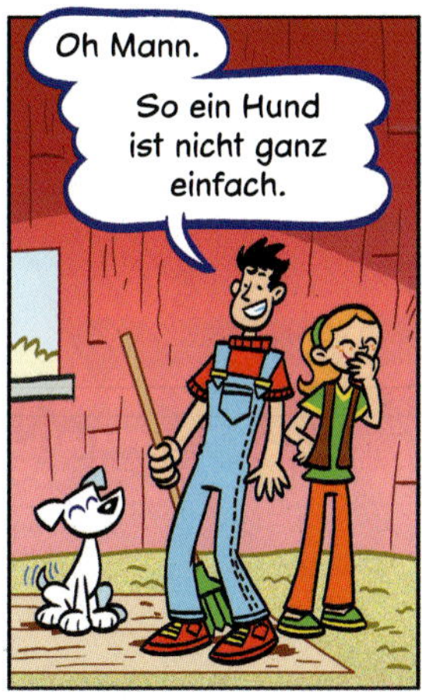
Oh Mann.
So ein Hund ist nicht ganz einfach.

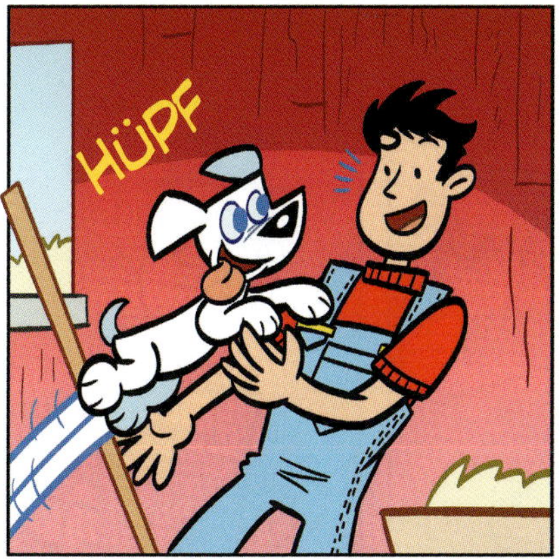
HÜPF

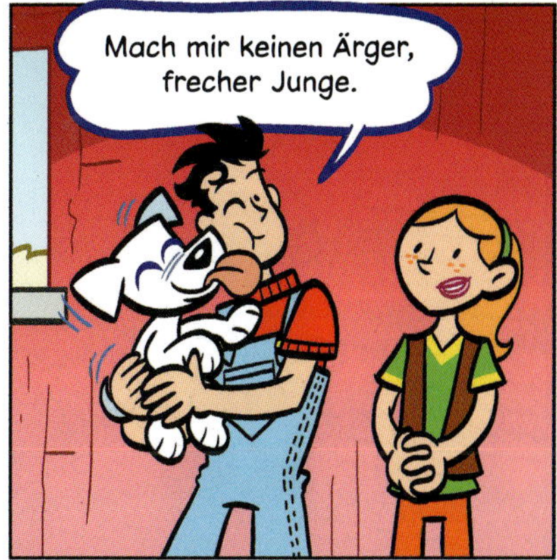
Mach mir keinen Ärger, frecher Junge.

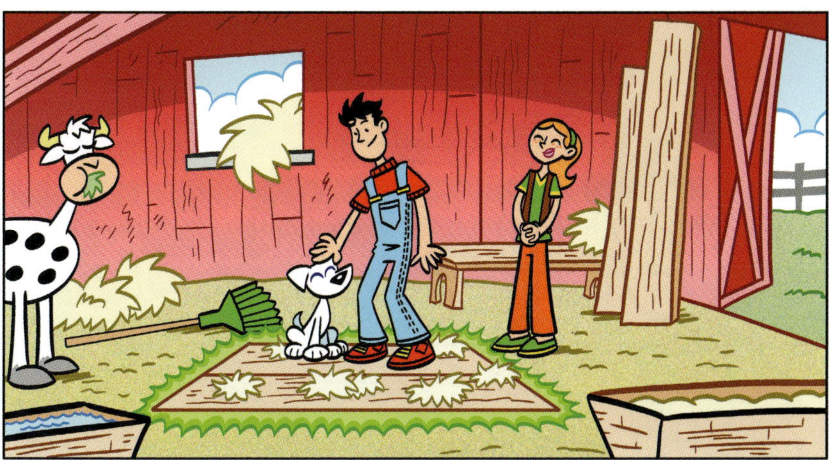

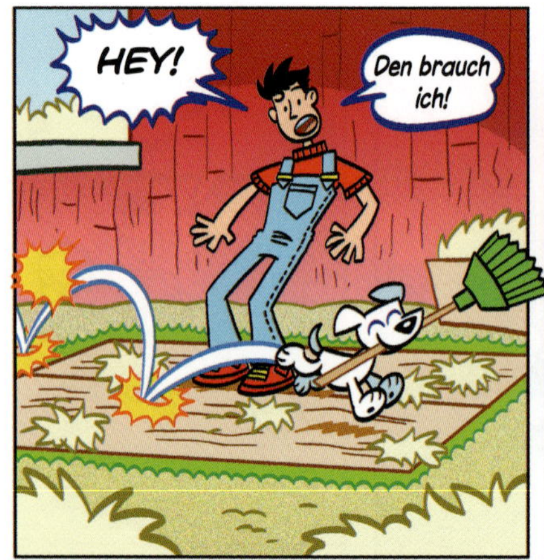
HEY!
Den brauch ich!

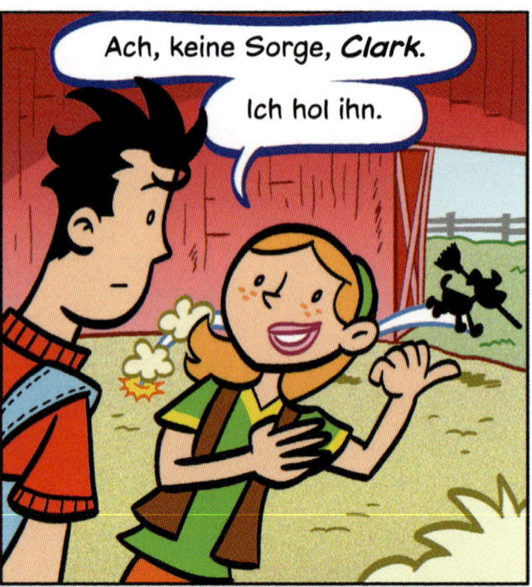
Ach, keine Sorge, **Clark**.
Ich hol ihn.

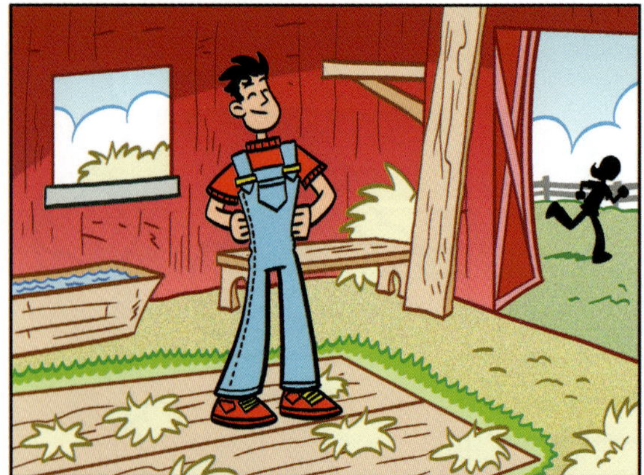

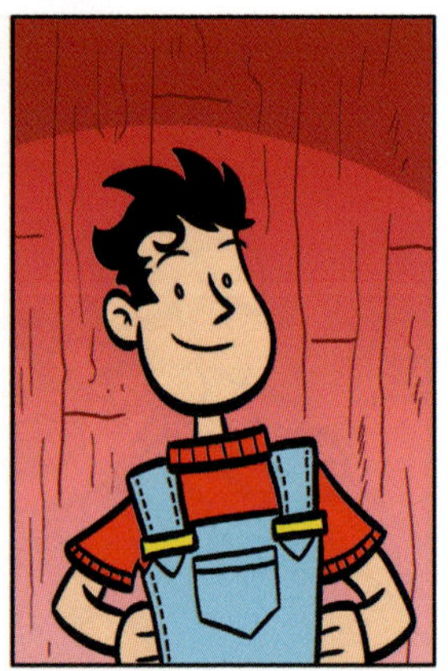

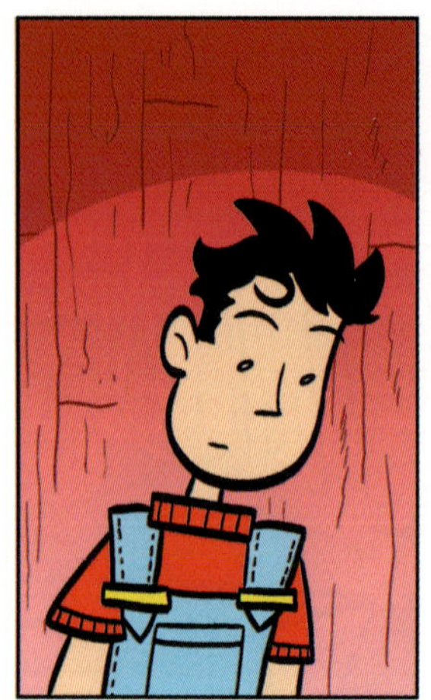

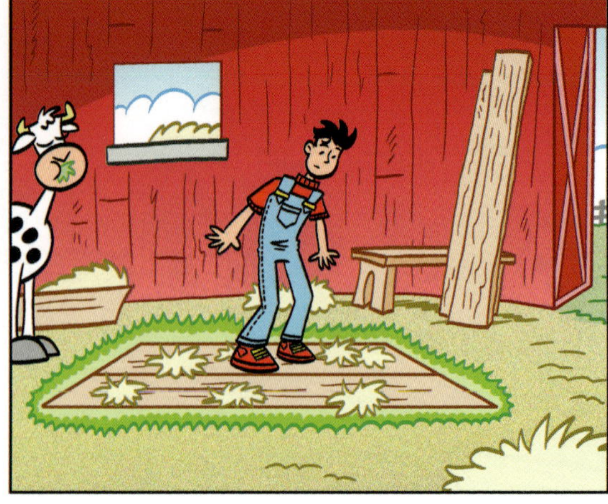

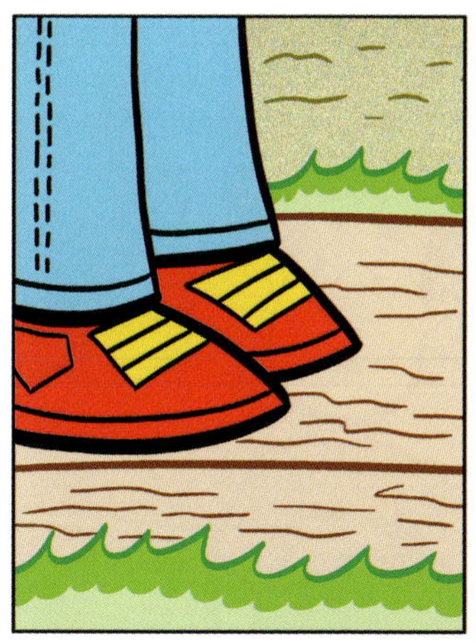

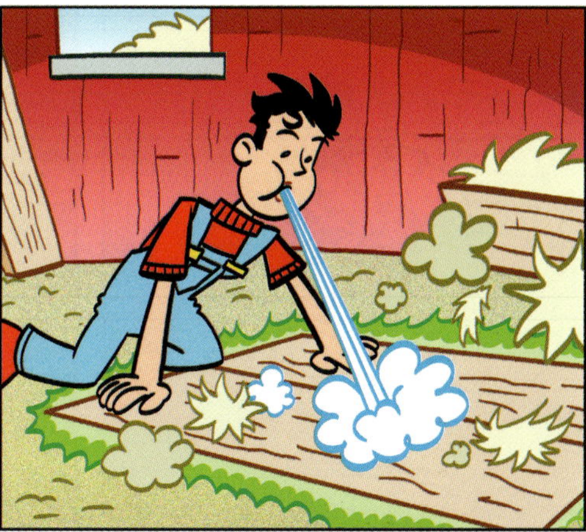

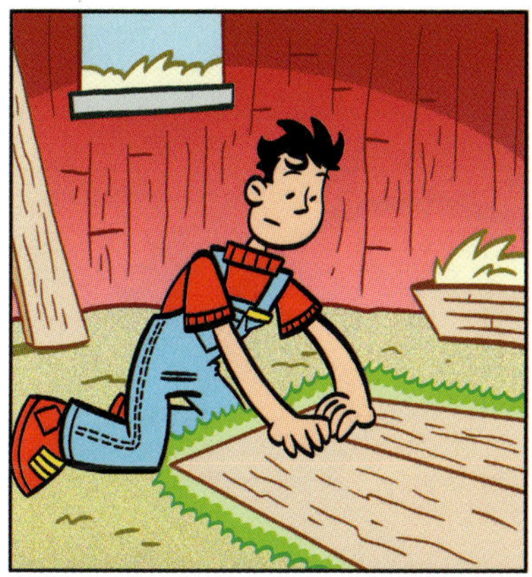

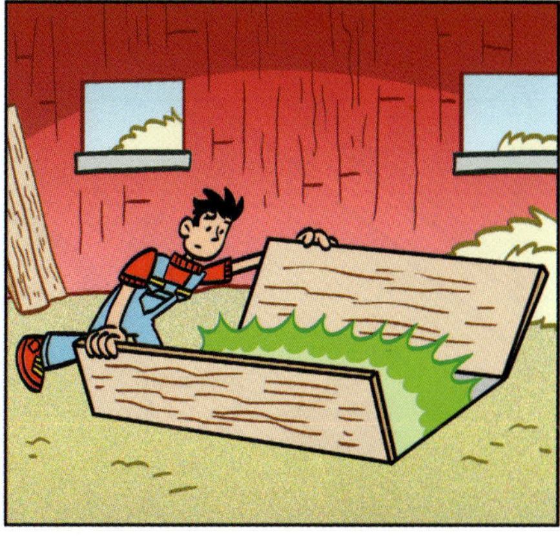

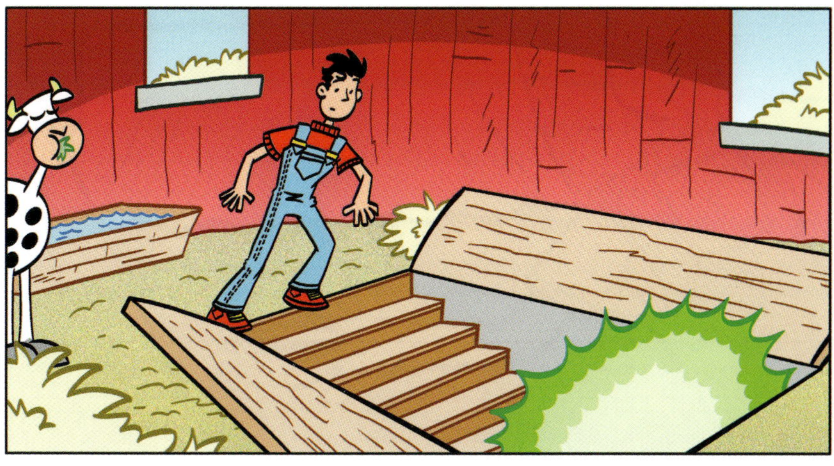

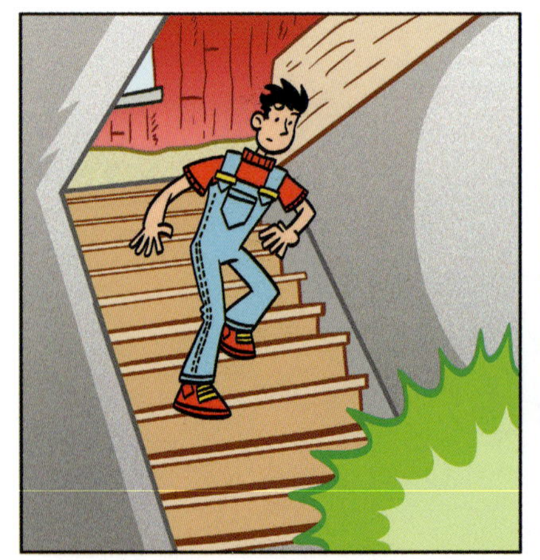

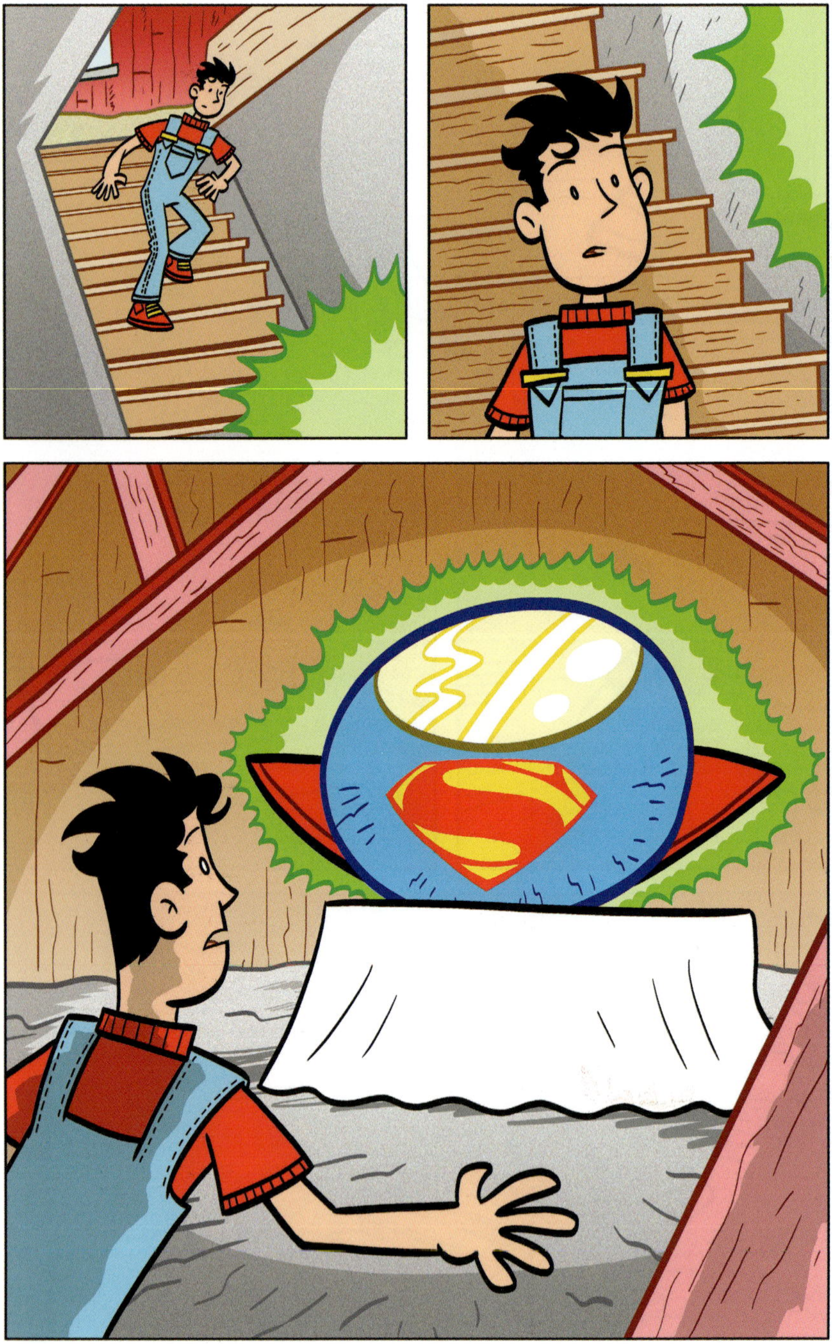

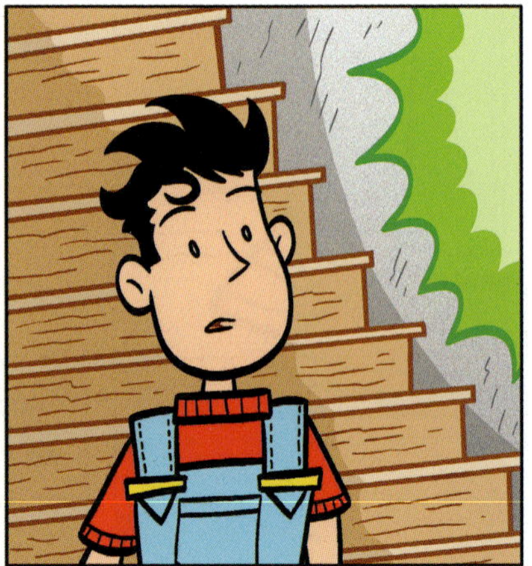

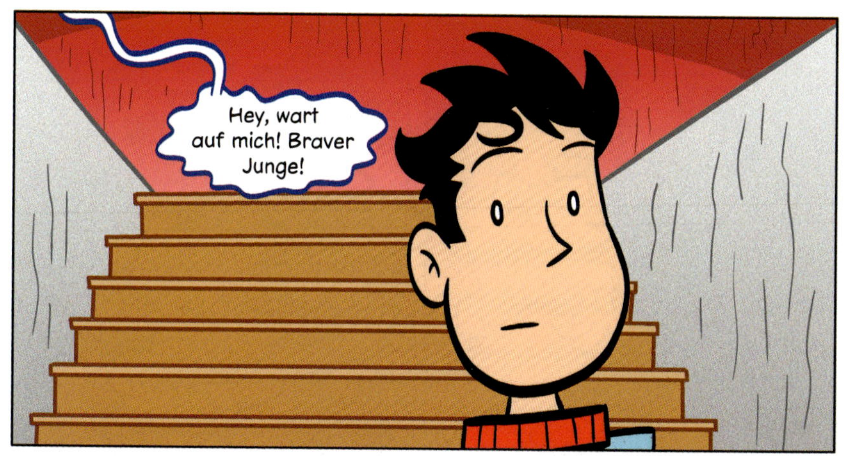
Hey, wart
auf mich! Braver
Junge!

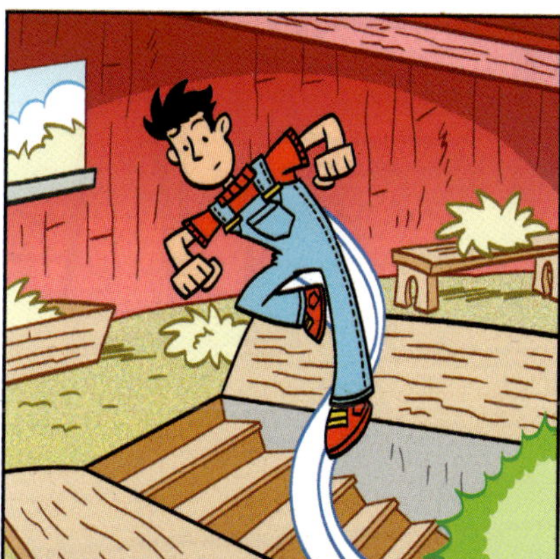

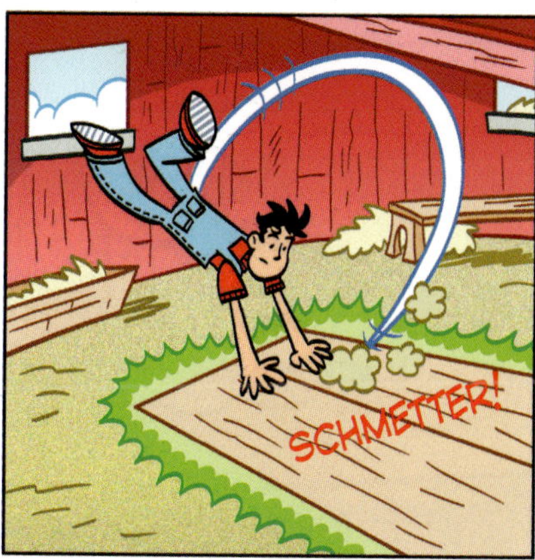
SCHMETTER!

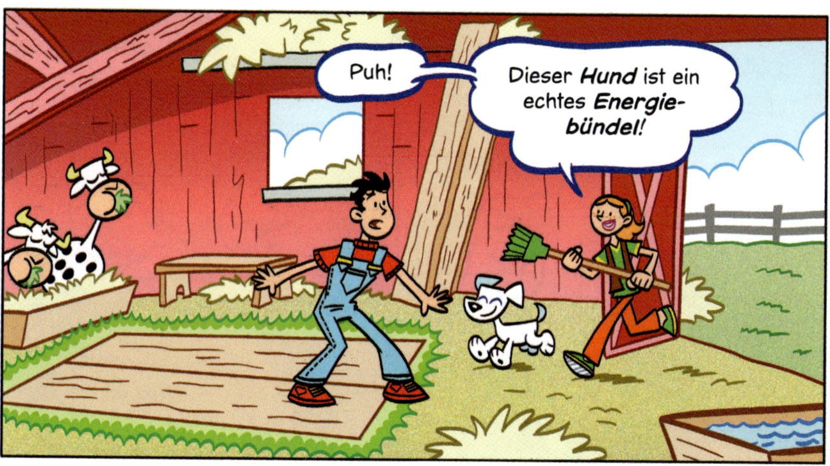
Puh!
Dieser **Hund** ist ein echtes **Energiebündel!**

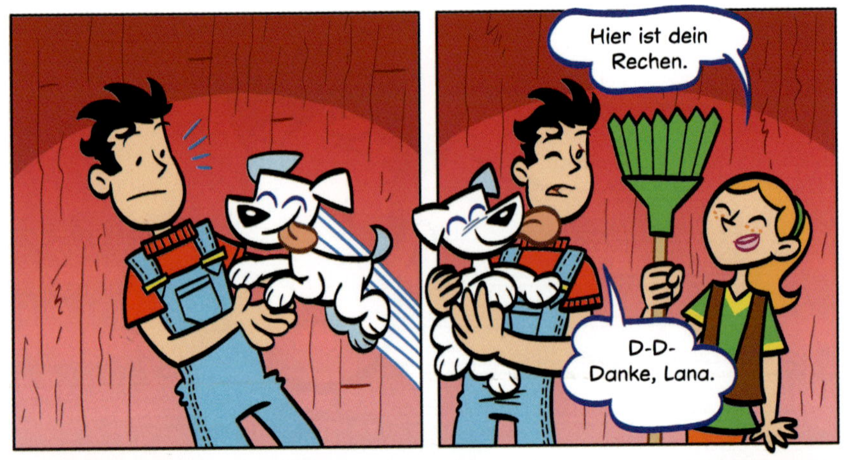
Hier ist dein Rechen.
D-D-Danke, Lana.

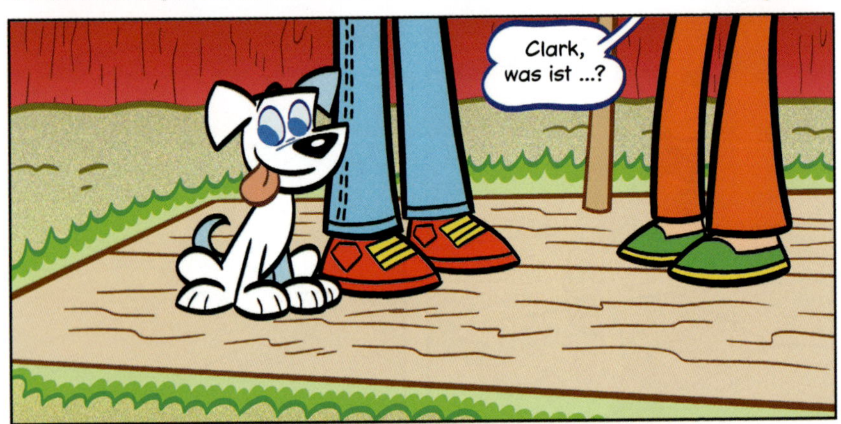
Clark, was ist …?

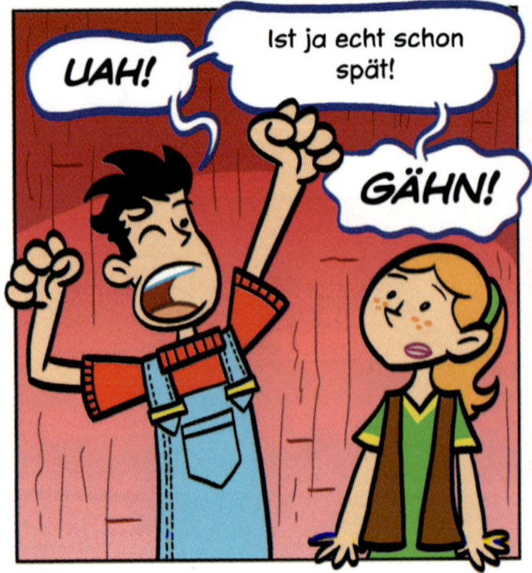
UAH!
Ist ja echt schon spät!
GÄHN!

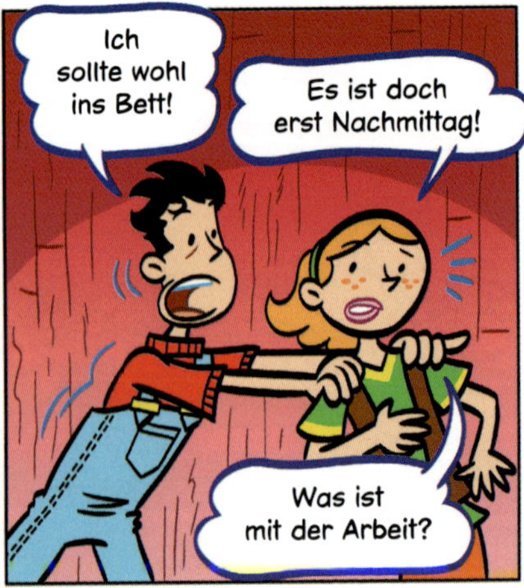
Ich sollte wohl ins Bett!
Es ist doch erst Nachmittag!
Was ist mit der Arbeit?

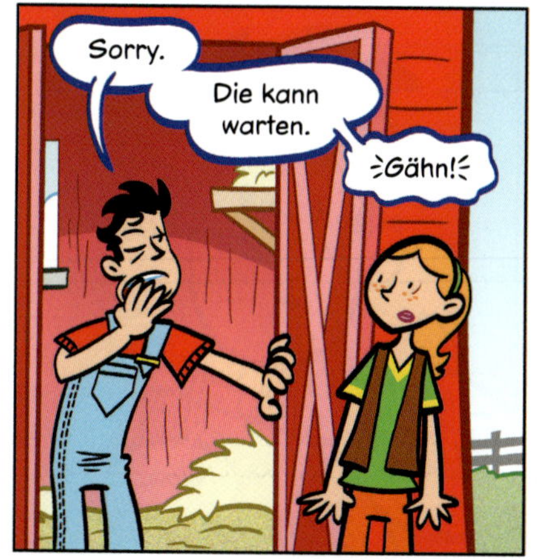
Sorry.
Die kann warten.
Gähn!

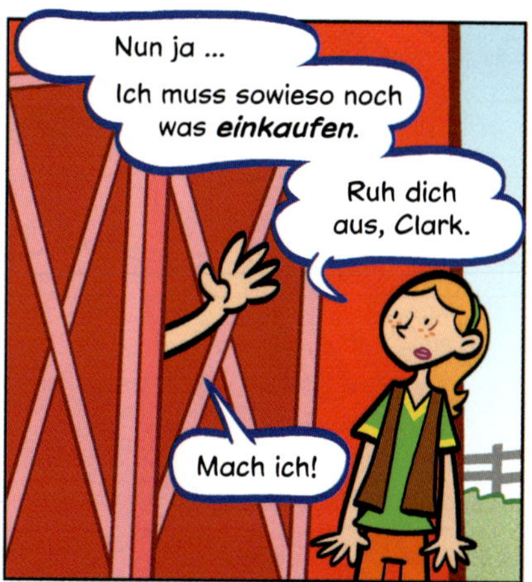
Nun ja ...
Ich muss sowieso noch was **einkaufen**.
Ruh dich aus, Clark.
Mach ich!

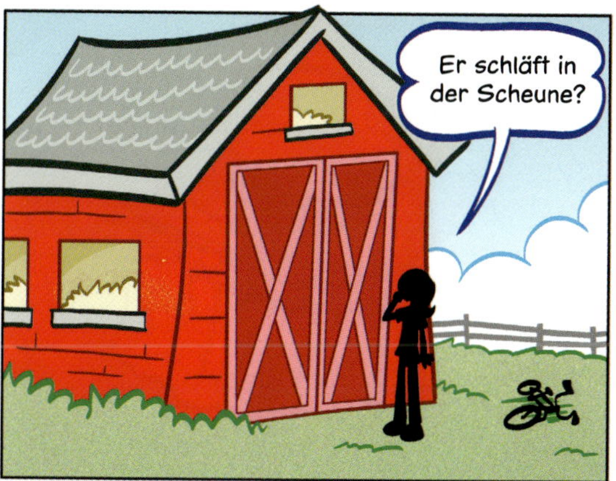
Er schläft in der Scheune?

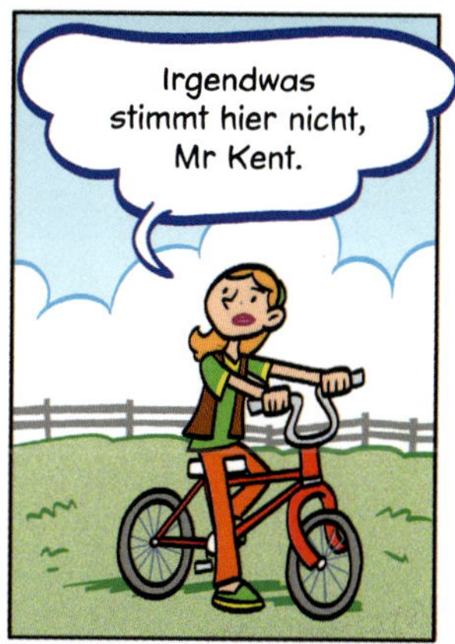
Irgendwas stimmt hier nicht, Mr Kent.

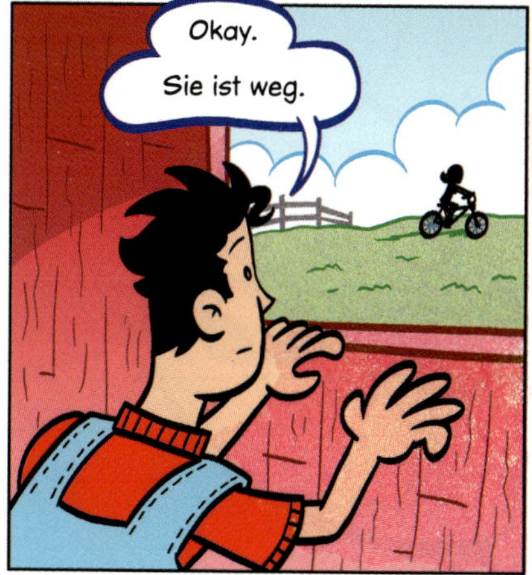
Okay.
Sie ist weg.

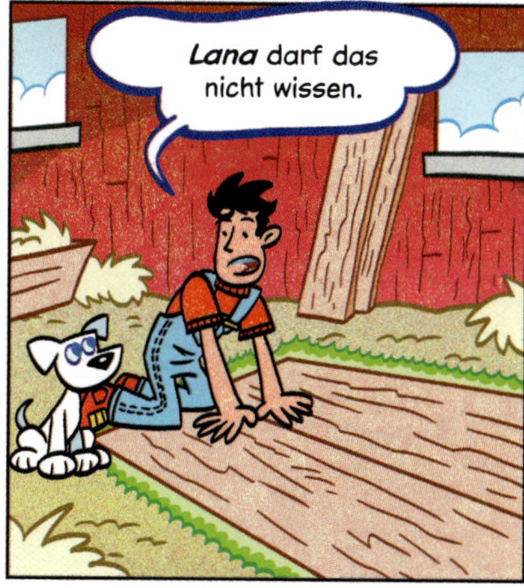
Lana darf das nicht wissen.

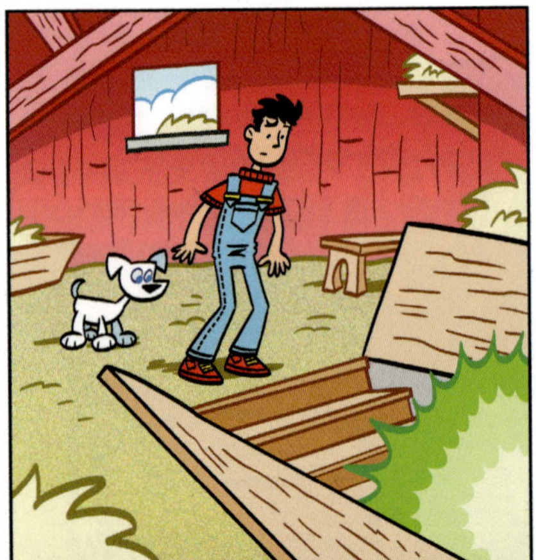

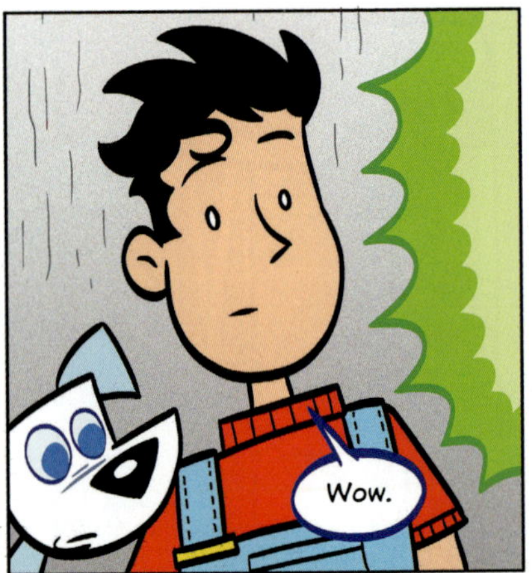
Wow.

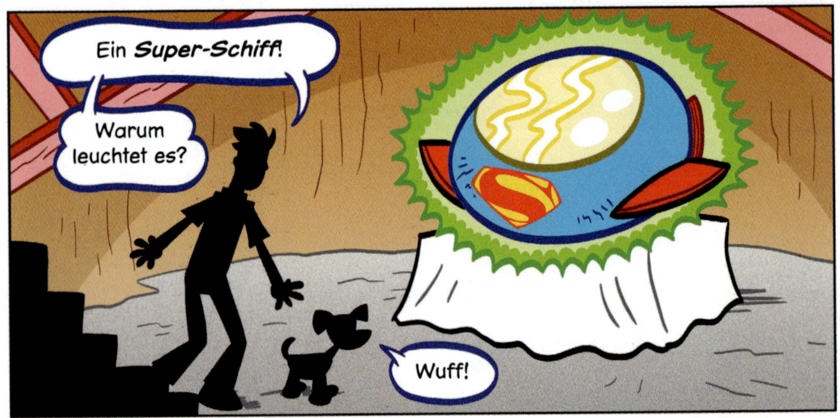
Ein *Super-Schiff*!
Warum leuchtet es?
Wuff!

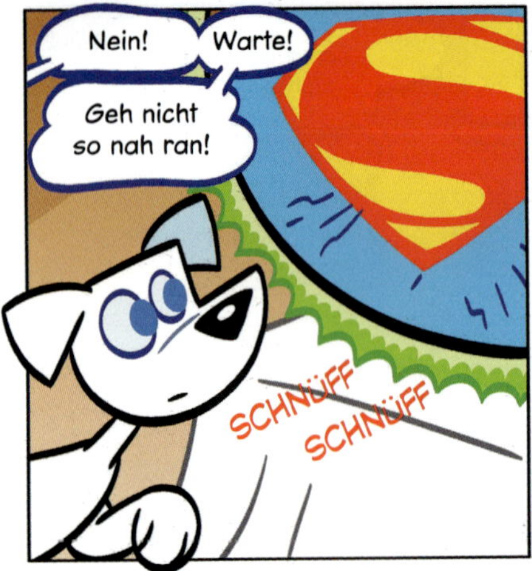
Nein!
Warte!
Geh nicht so nah ran!
SCHNÜFF
SCHNÜFF

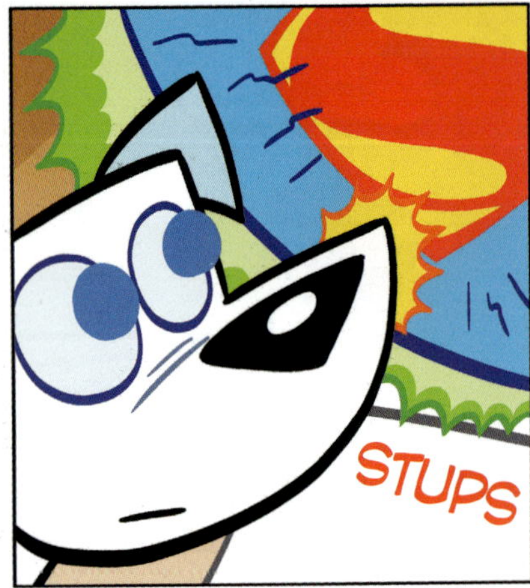
STUPS

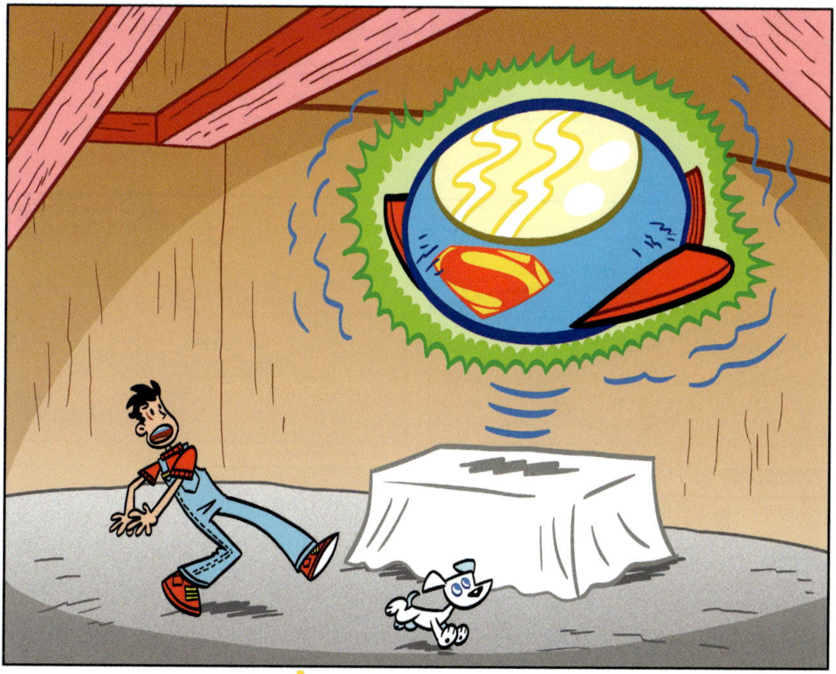

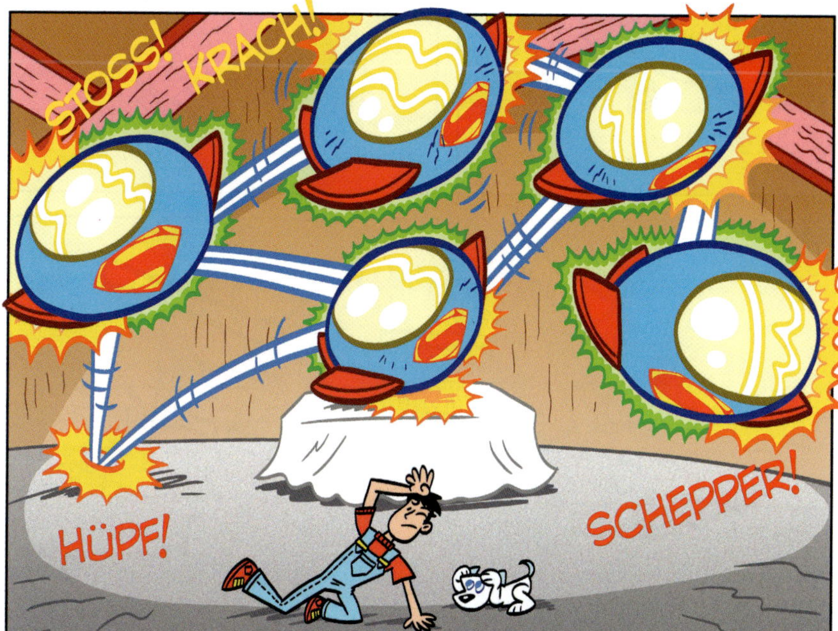

STOSS!
KRACH!
HÜPF!
SCHEPPER!

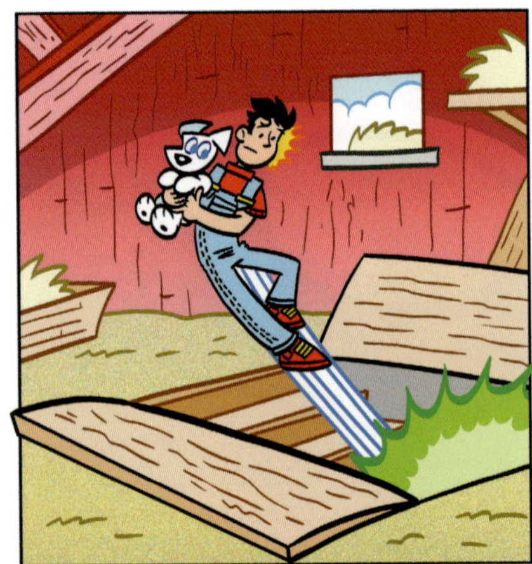

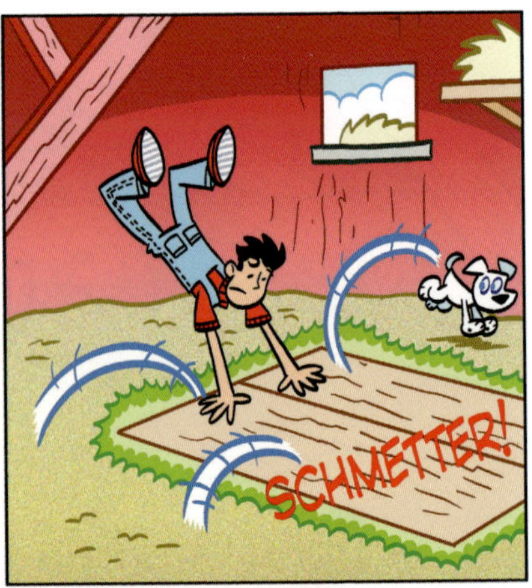
SCHMETTER!

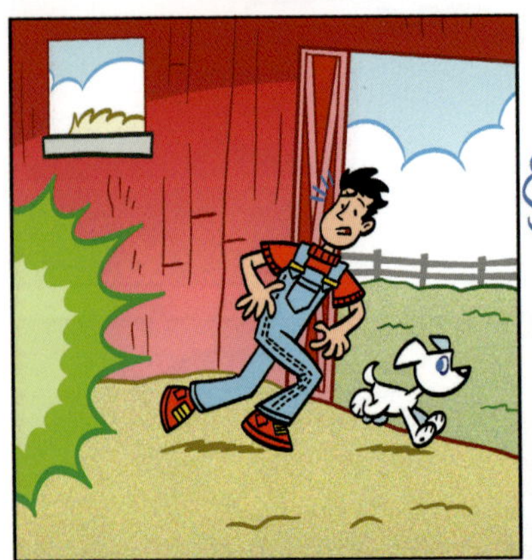

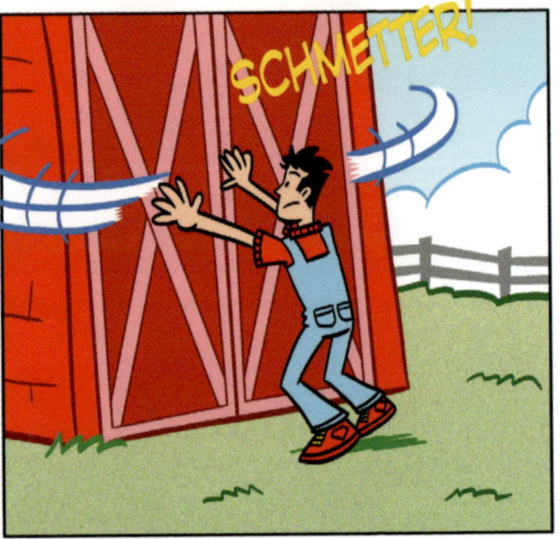
SCHMETTER!

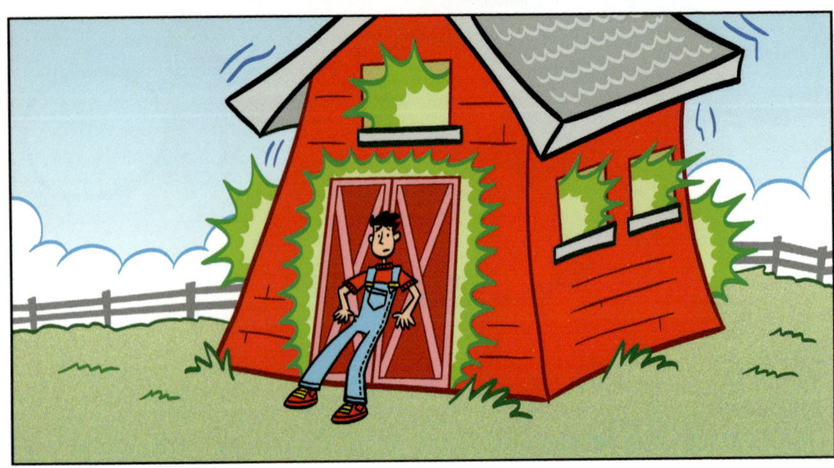

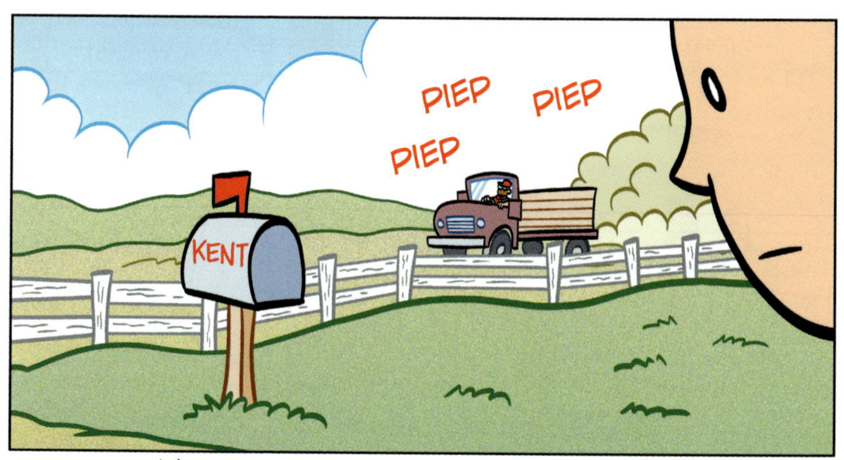
PIEP
PIEP
PIEP
KENT
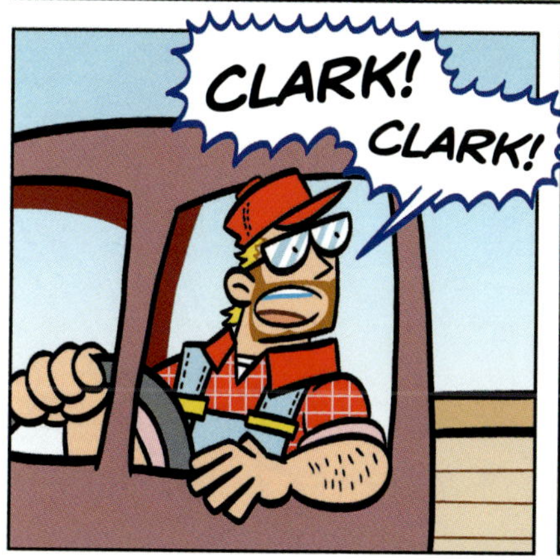
CLARK!
CLARK!
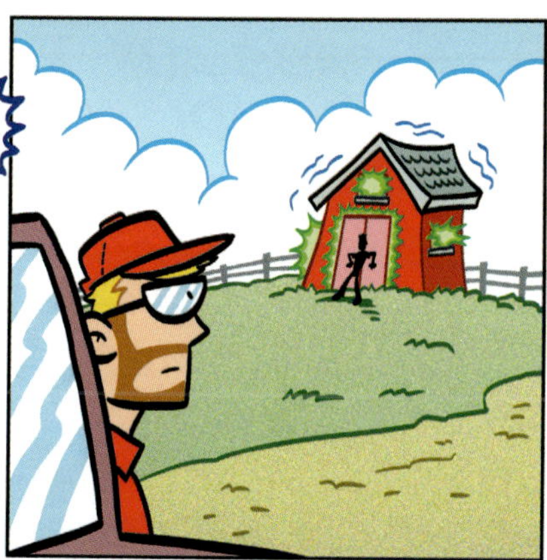
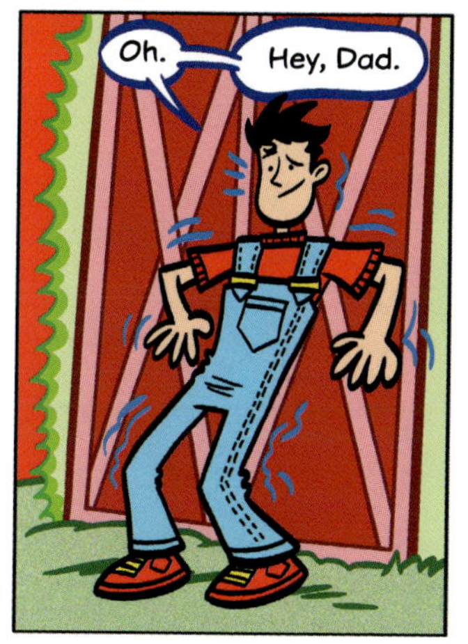
Oh.
Hey, Dad.
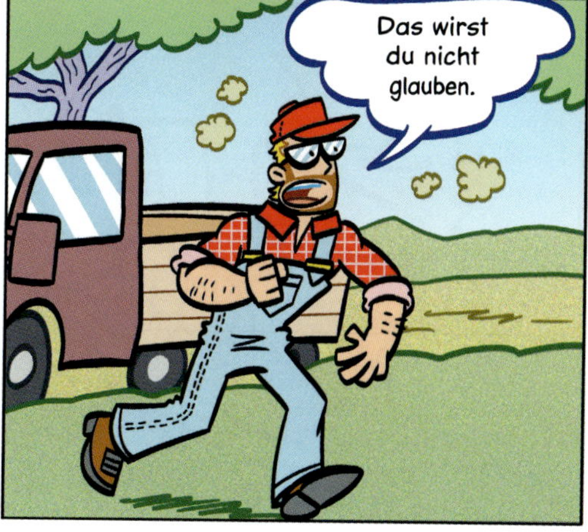
Das wirst du nicht glauben.

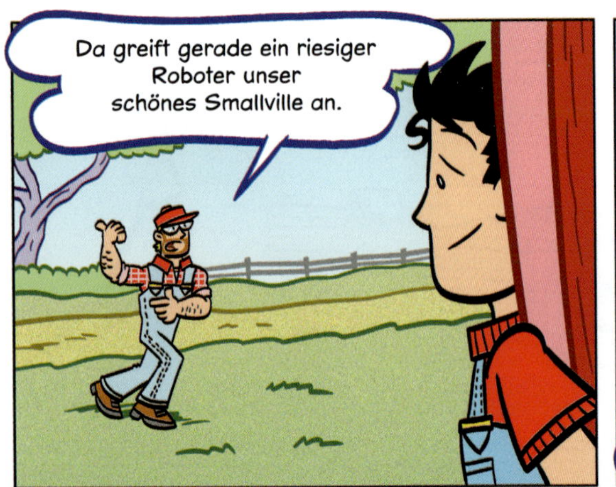
Da greift gerade ein riesiger Roboter unser schönes Smallville an.

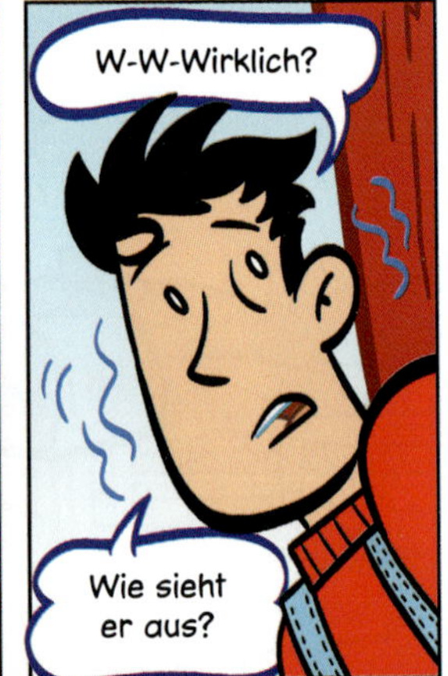
W-W-Wirklich?
Wie sieht er aus?

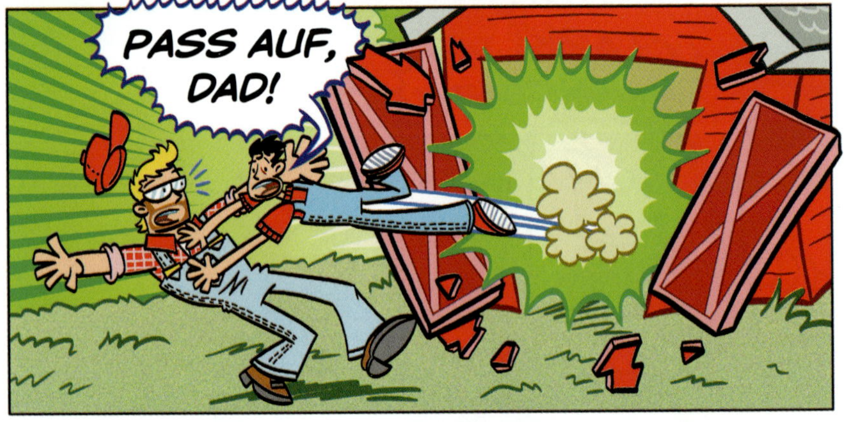
PASS AUF, DAD!

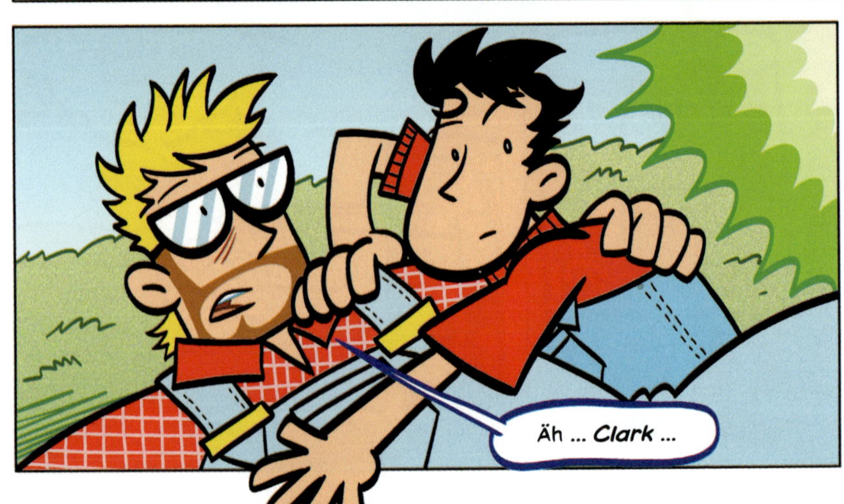
Äh ... *Clark* ...

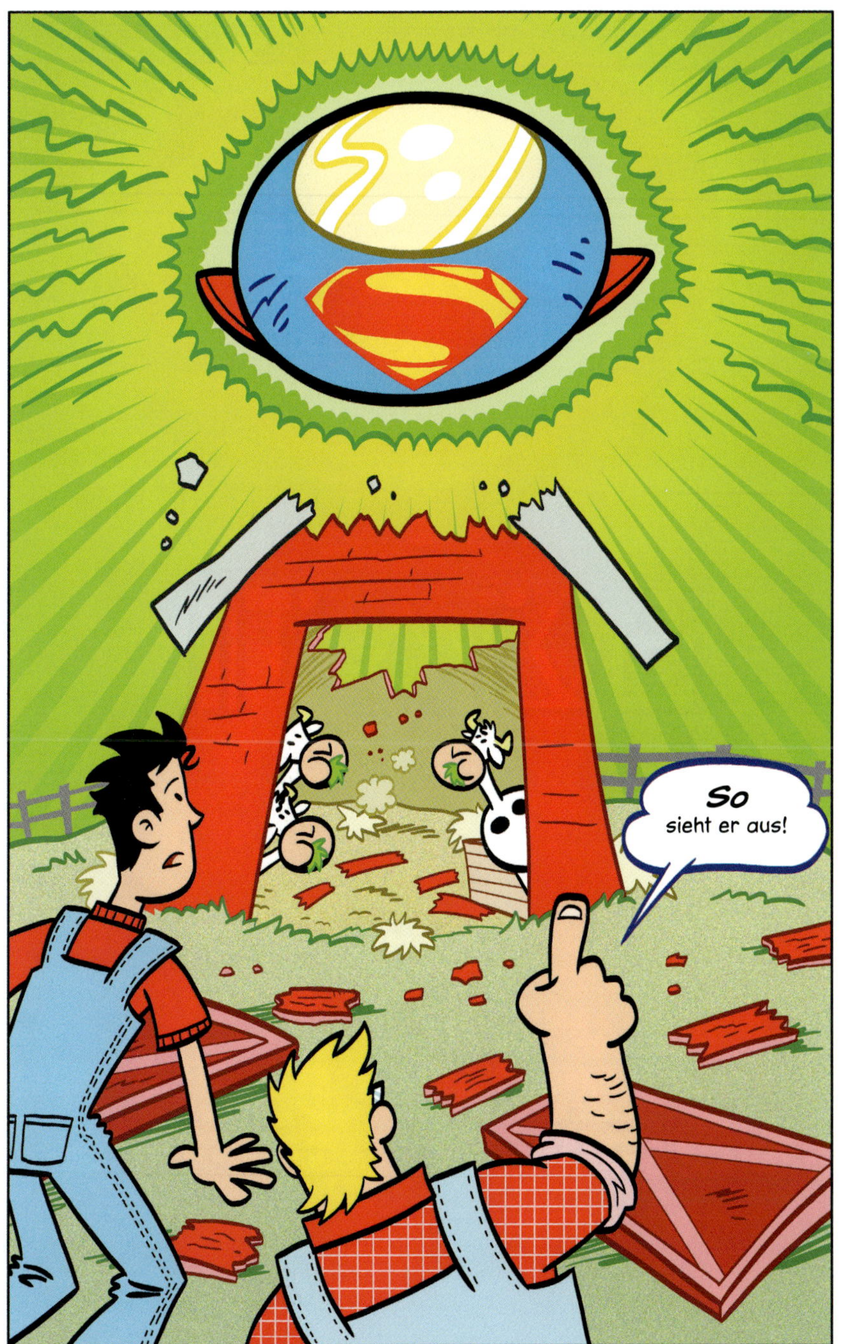
So
sieht er aus!

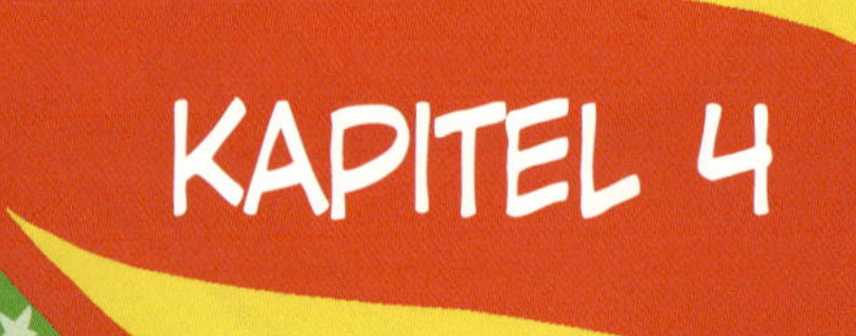
KAPITEL 4

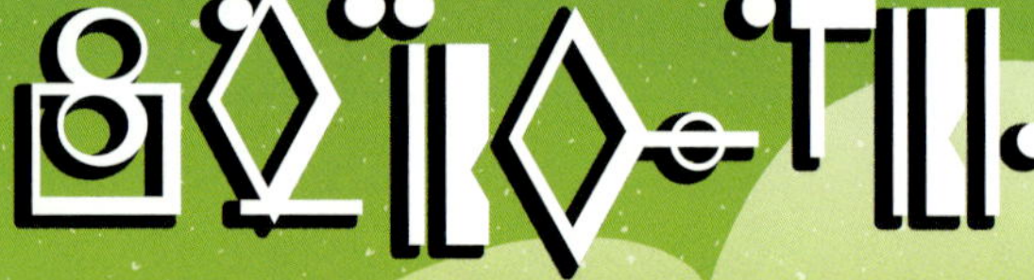

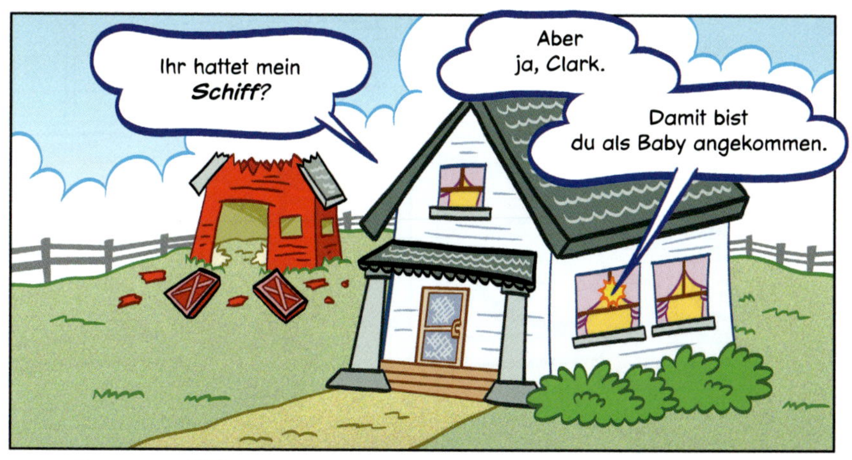
Ihr hattet mein
Schiff?
Aber
ja, Clark.
Damit bist
du als Baby angekommen.

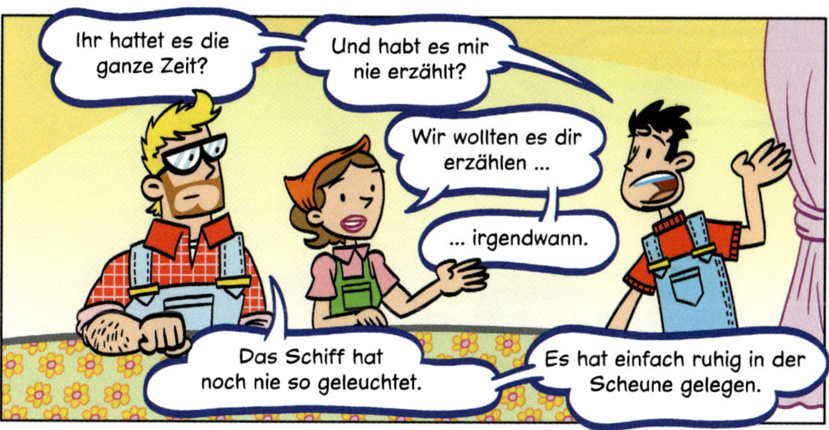
Ihr hattet es die
ganze Zeit?
Und habt es mir
nie erzählt?
Wir wollten es dir
erzählen ...
... irgendwann.
Das Schiff hat
noch nie so geleuchtet.
Es hat einfach ruhig in der
Scheune gelegen.

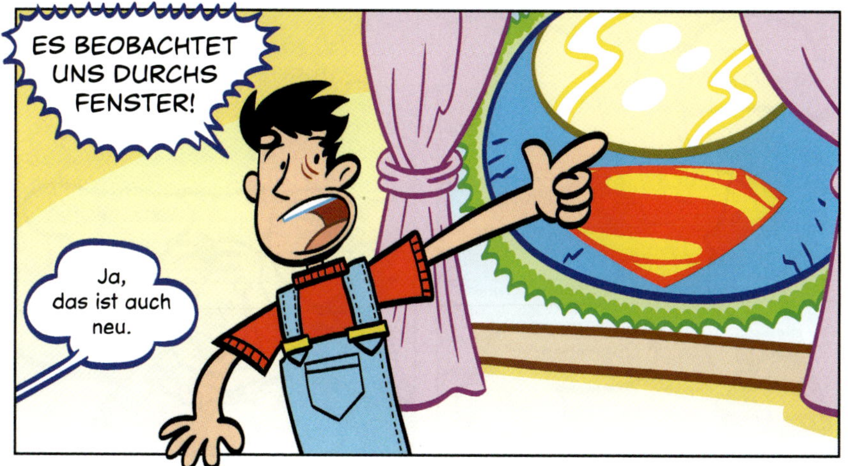
ES BEOBACHTET
UNS DURCHS
FENSTER!
Ja,
das ist auch
neu.

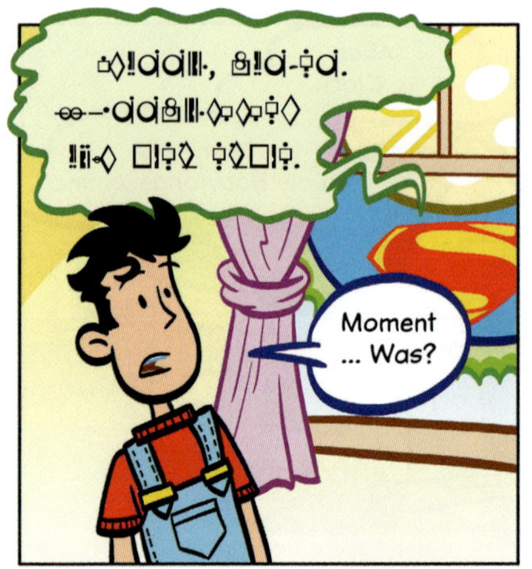
Moment ... Was?

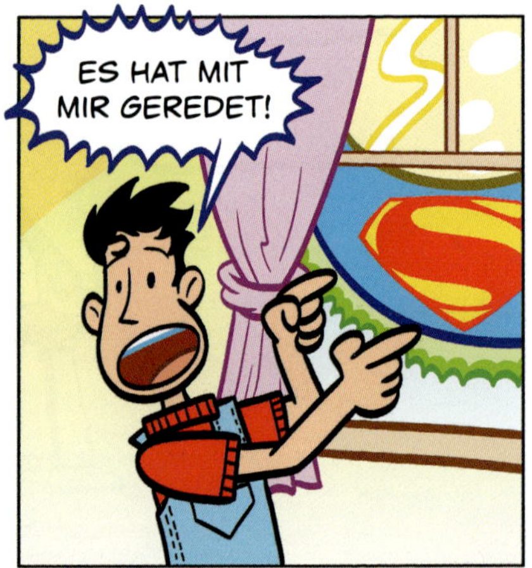
ES HAT MIT MIR GEREDET!

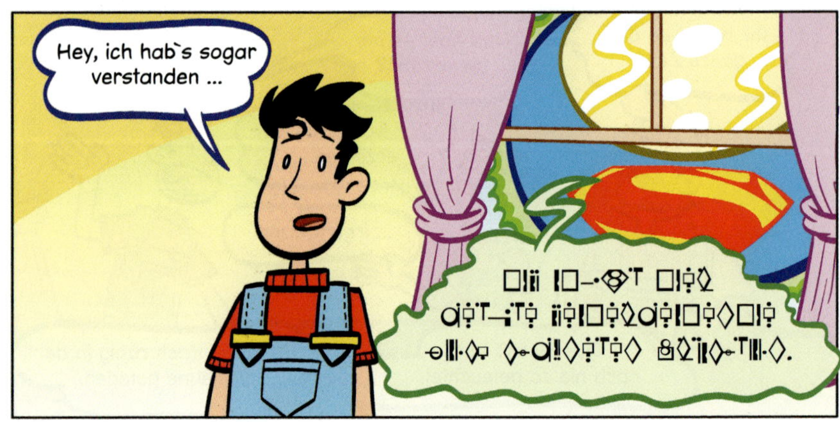
Hey, ich hab`s sogar verstanden ...

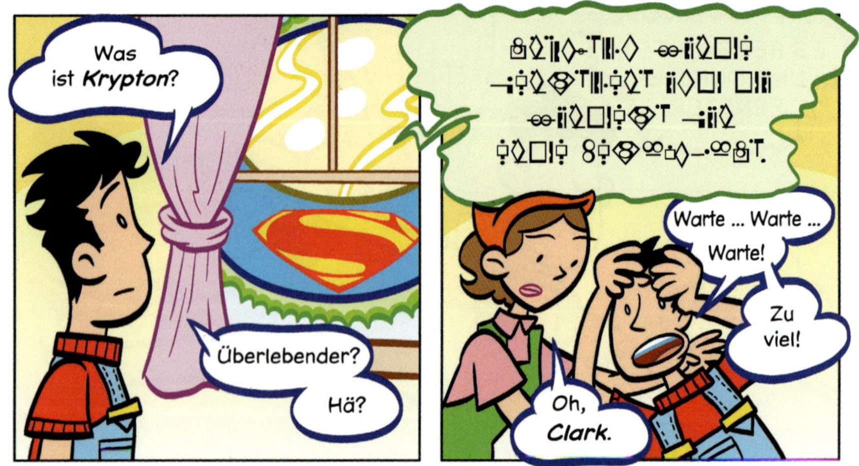
Was ist *Krypton*?
Überlebender?
Hä?
Warte ... Warte ...
Warte!
Zu viel!
Oh, *Clark.*

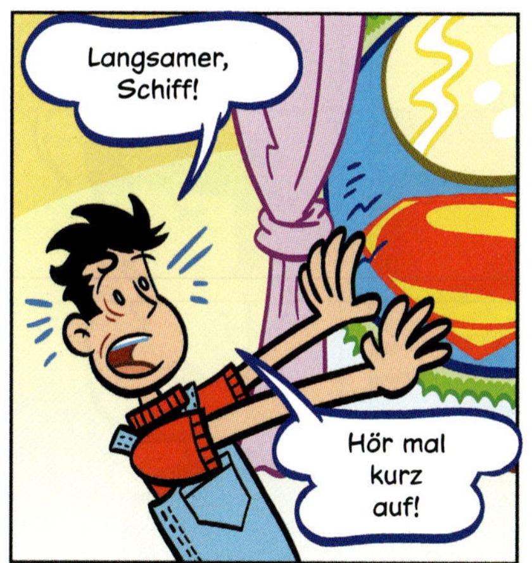
Langsamer, Schiff!
Hör mal kurz auf!

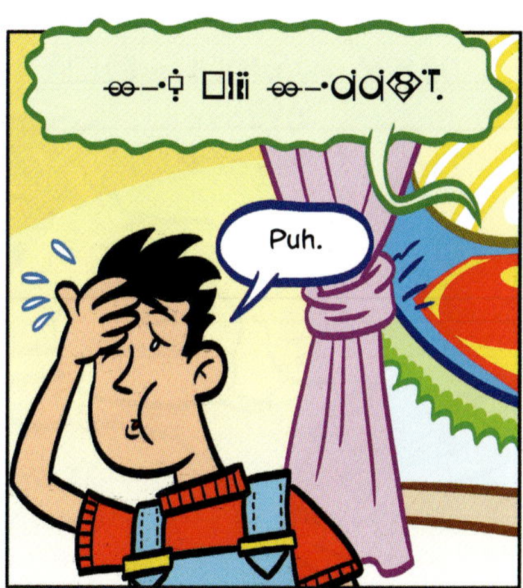
Puh.

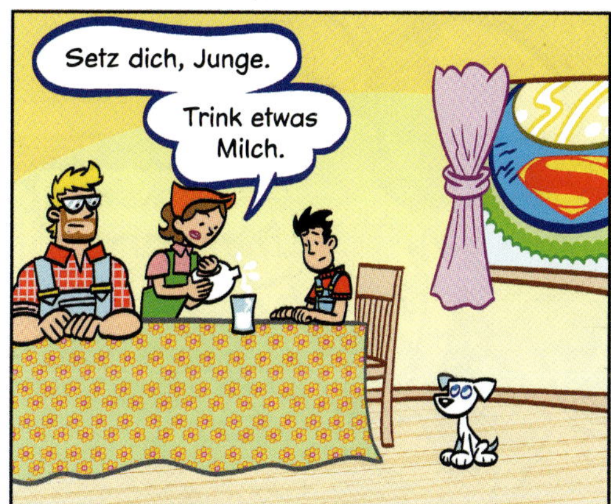
Setz dich, Junge.
Trink etwas Milch.

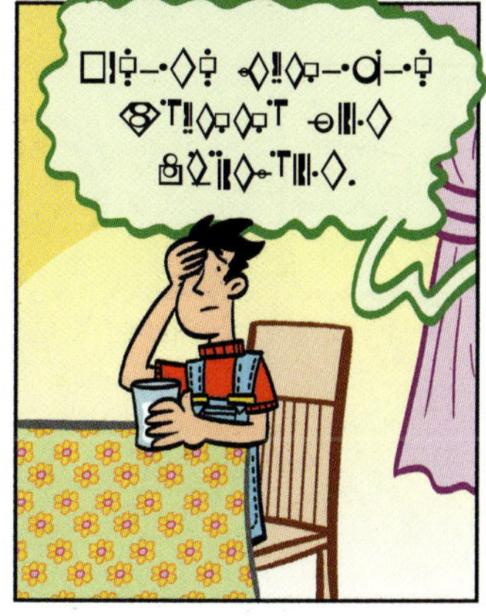

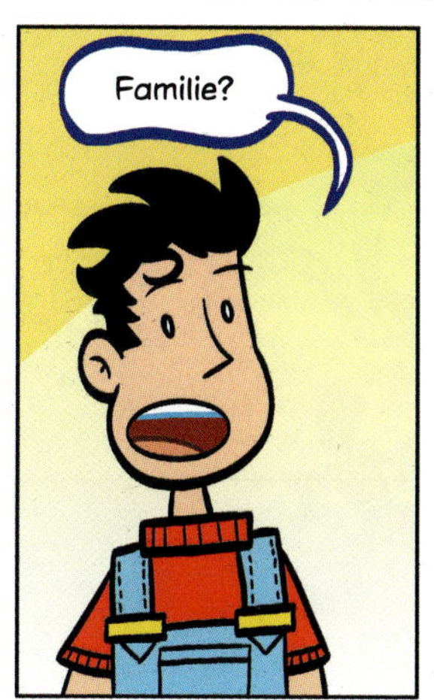
Familie?

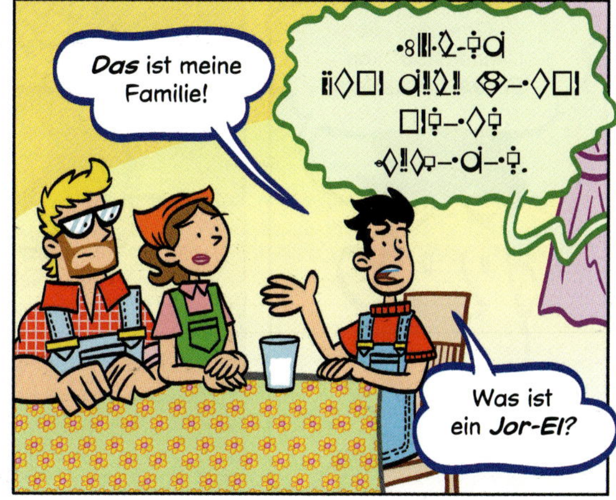
Das ist meine Familie!
Was ist ein *Jor-El*?

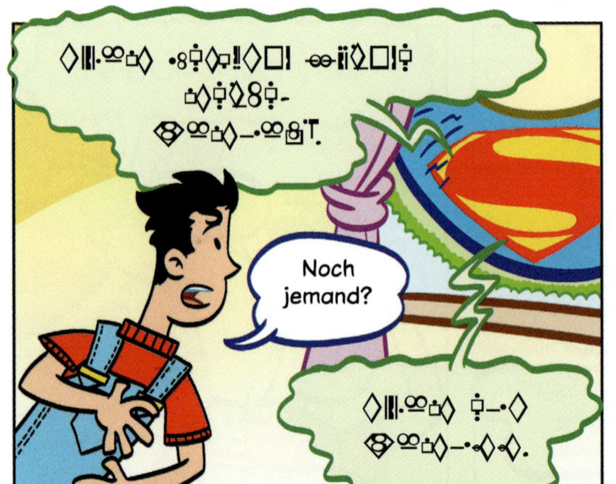
Noch
jemand?

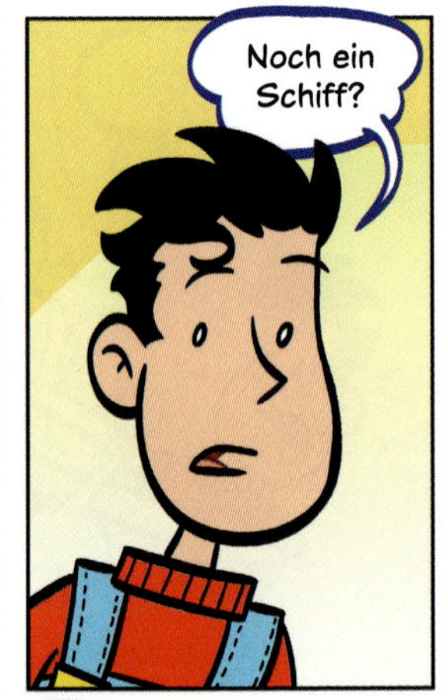
Noch ein
Schiff?

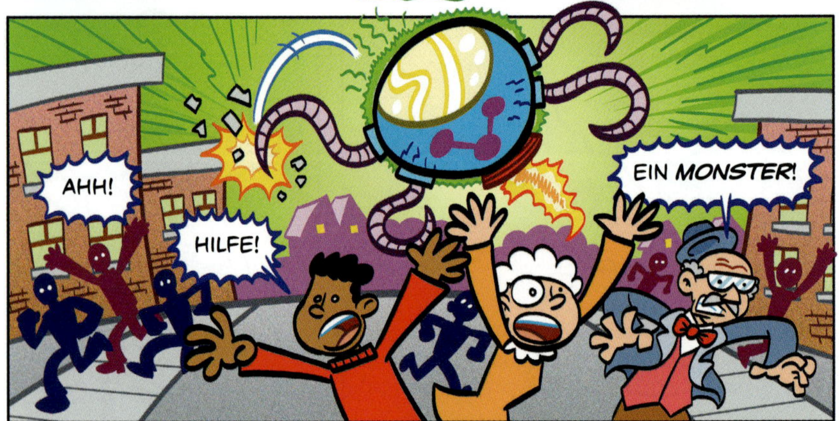
AHH!
HILFE!
EIN *MONSTER*!

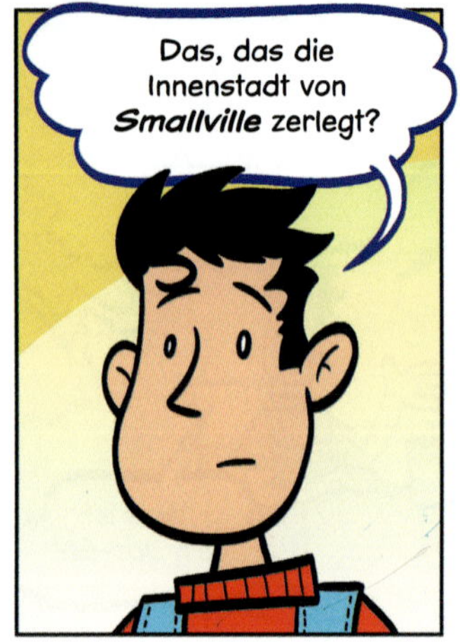
Das, das die
Innenstadt von
Smallville zerlegt?

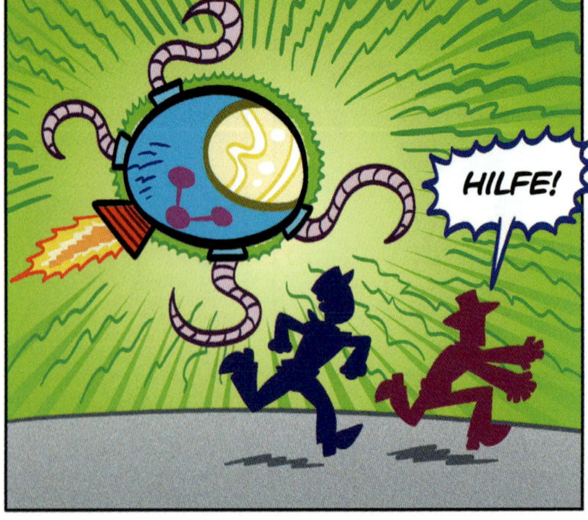
HILFE!

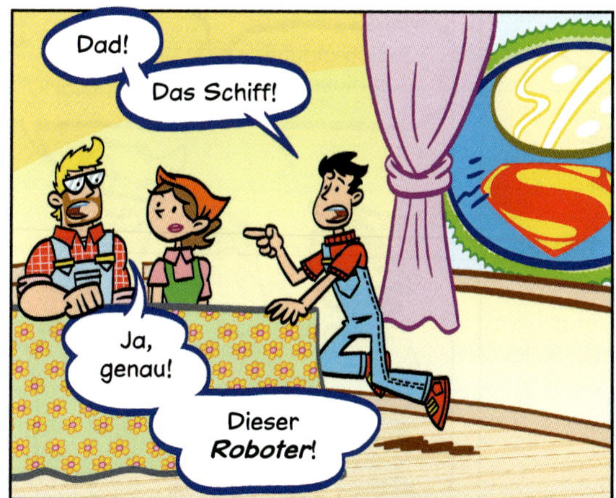
Dad!
Das Schiff!
Ja, genau!
Dieser *Roboter*!

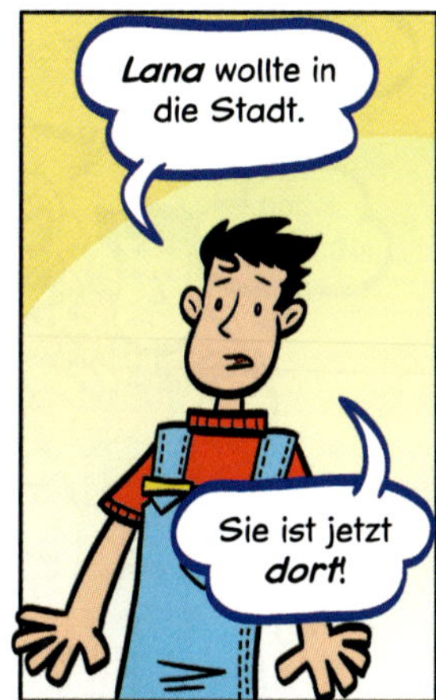
Lana wollte in die Stadt.
Sie ist jetzt *dort*!

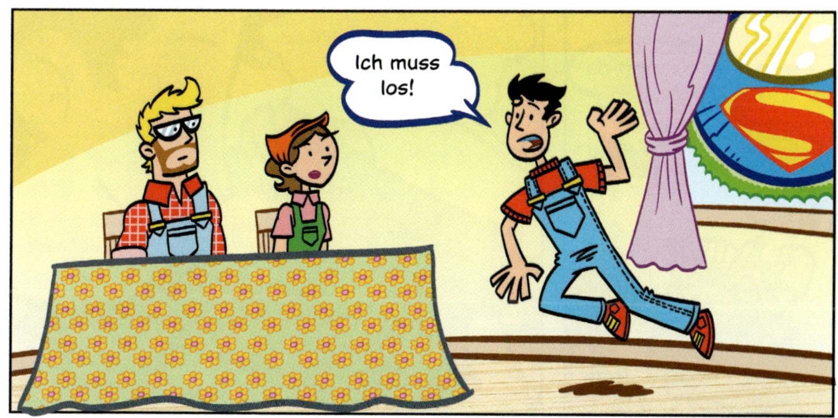
Ich muss los!

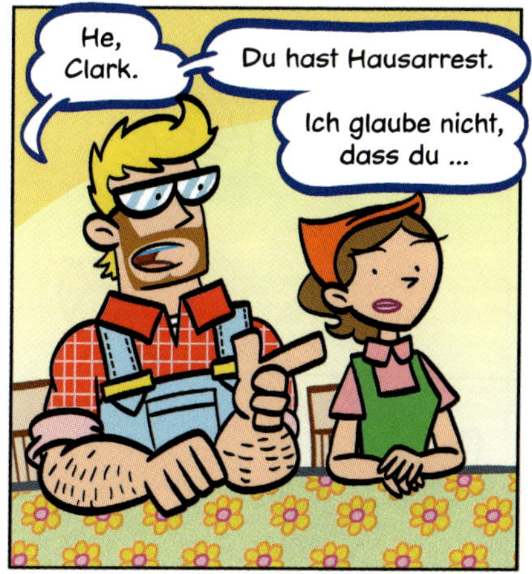
He, Clark.
Du hast Hausarrest.
Ich glaube nicht, dass du ...

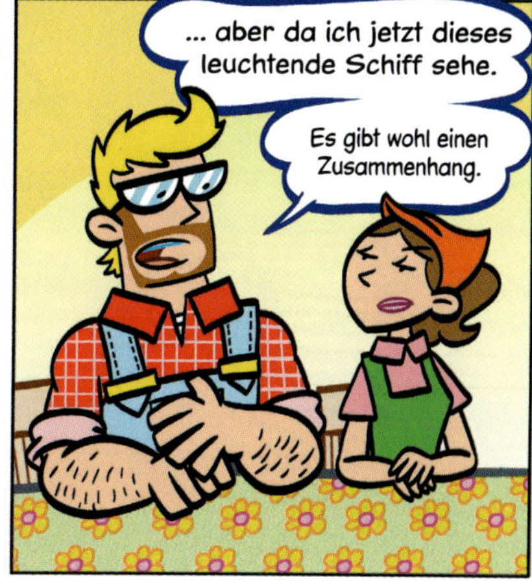
... aber da ich jetzt dieses leuchtende Schiff sehe.
Es gibt wohl einen Zusammenhang.

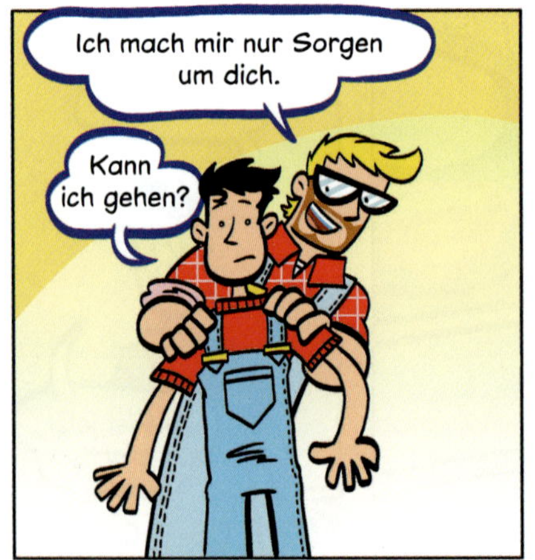
Ich mach mir nur Sorgen um dich.
Kann ich gehen?

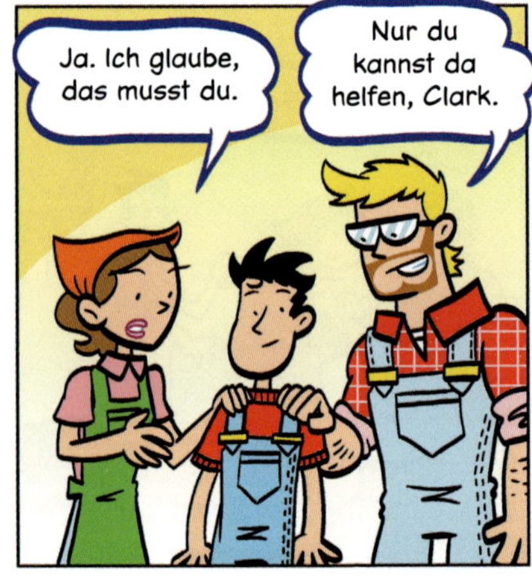
Ja. Ich glaube, das musst du.
Nur du kannst da helfen, Clark.

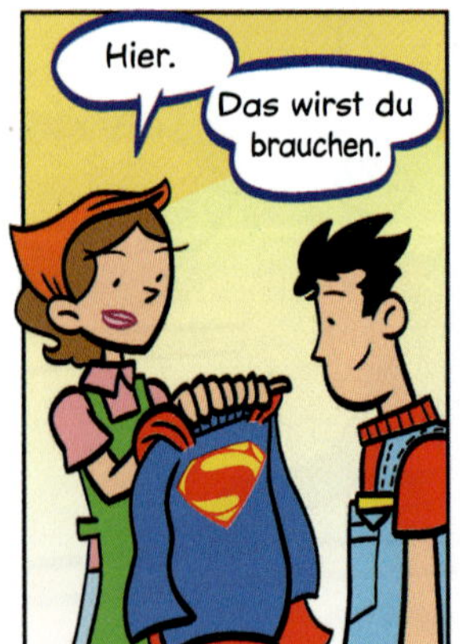
Hier.
Das wirst du brauchen.

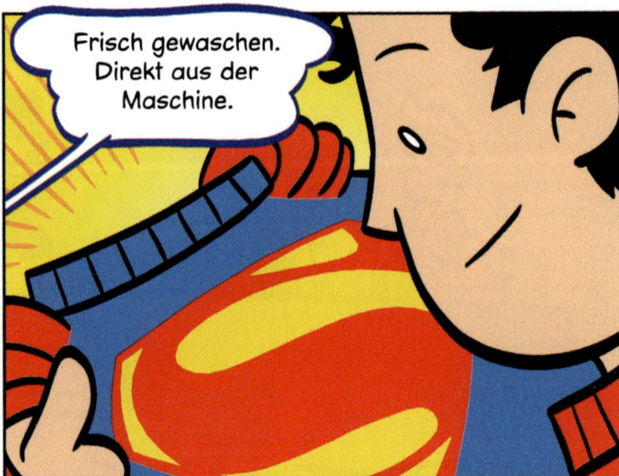
Frisch gewaschen. Direkt aus der Maschine.

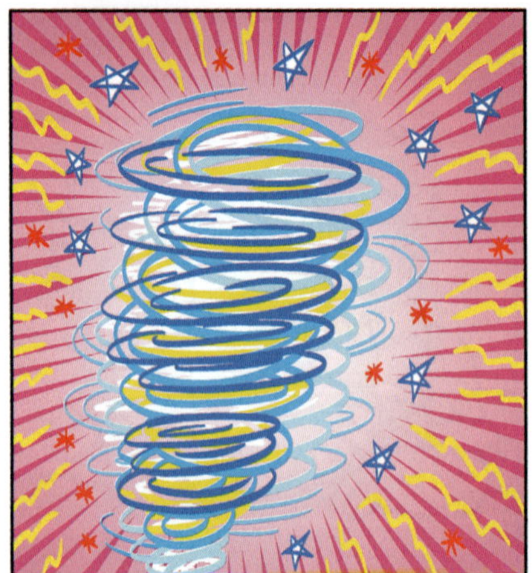

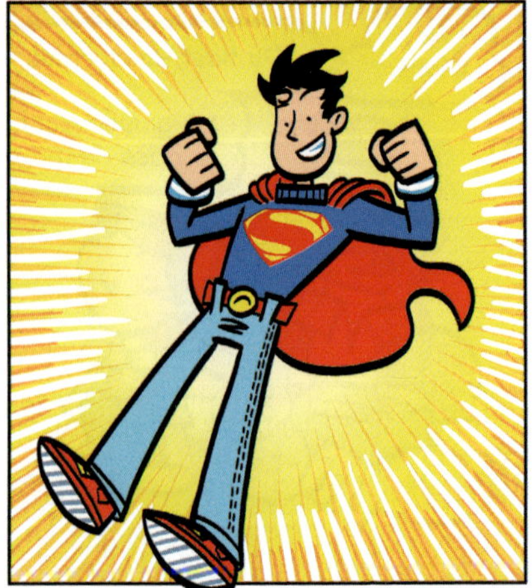

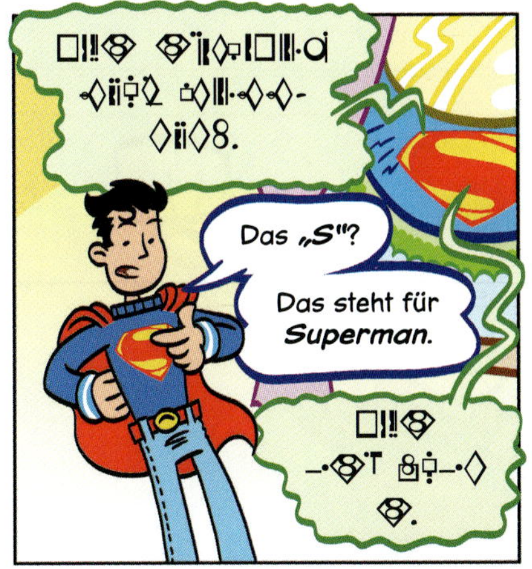
Das „S"?
Das steht für *Superman*.

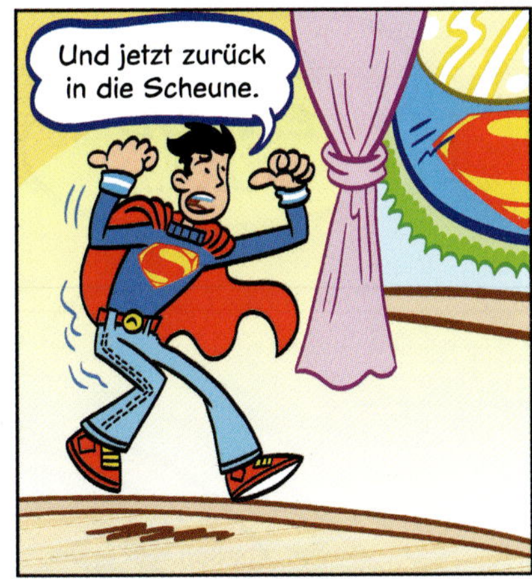
Und jetzt zurück in die Scheune.

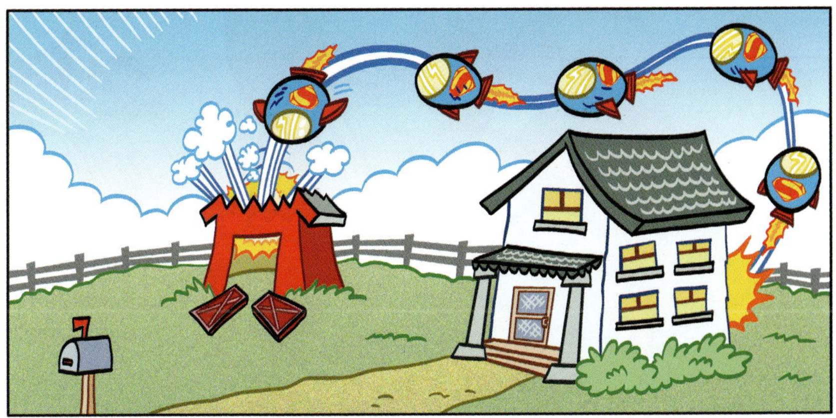

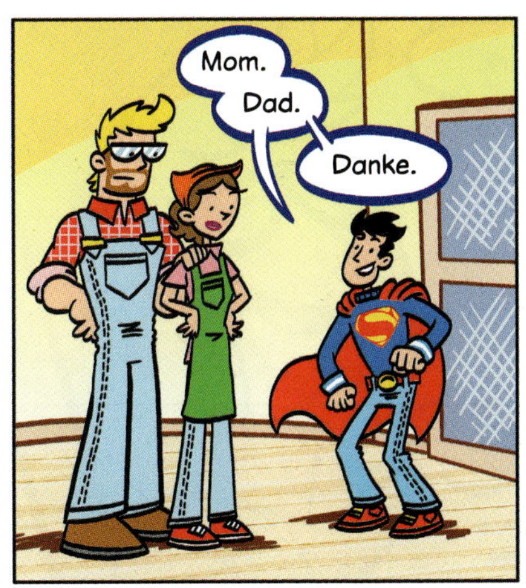
Mom.
Dad.
Danke.

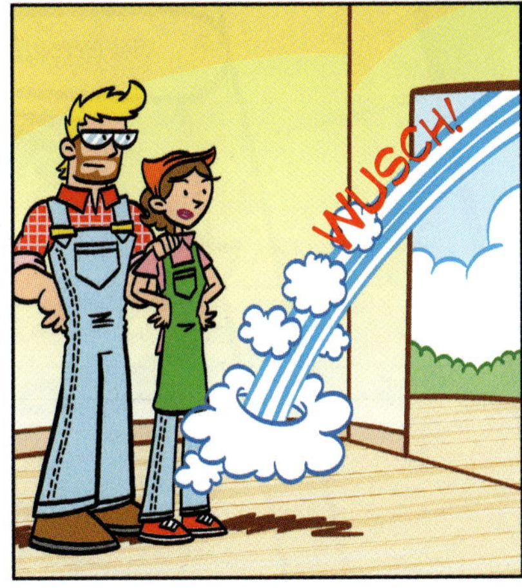
WUSCH!

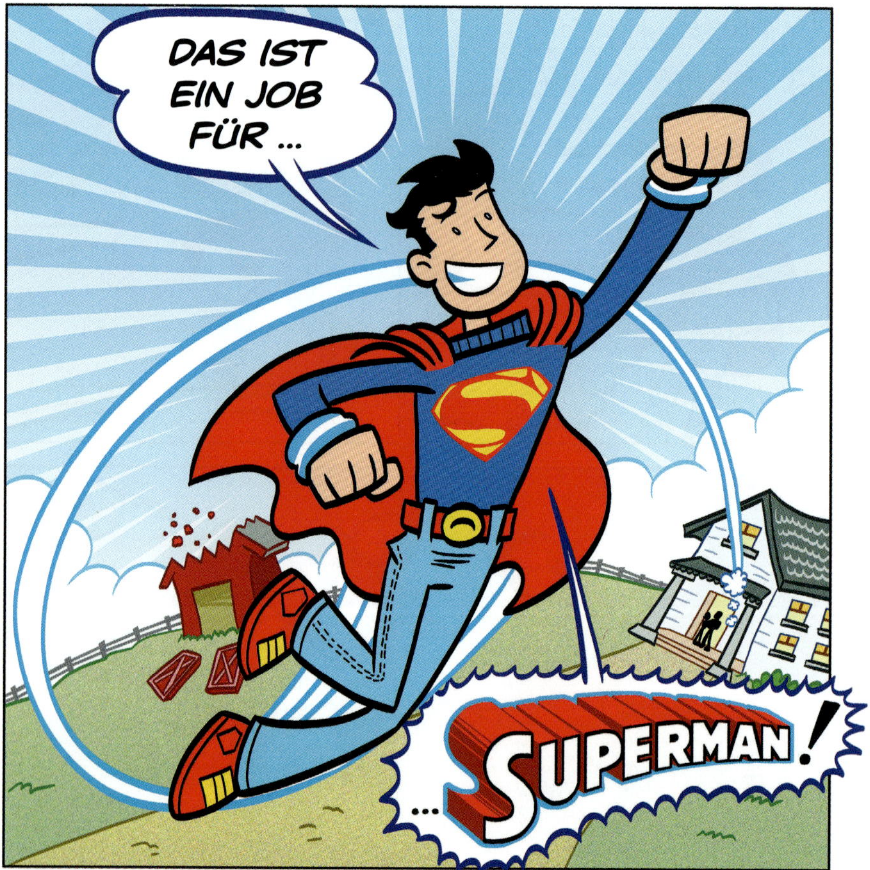

DAS IST EIN JOB FÜR ...

... SUPERMAN!

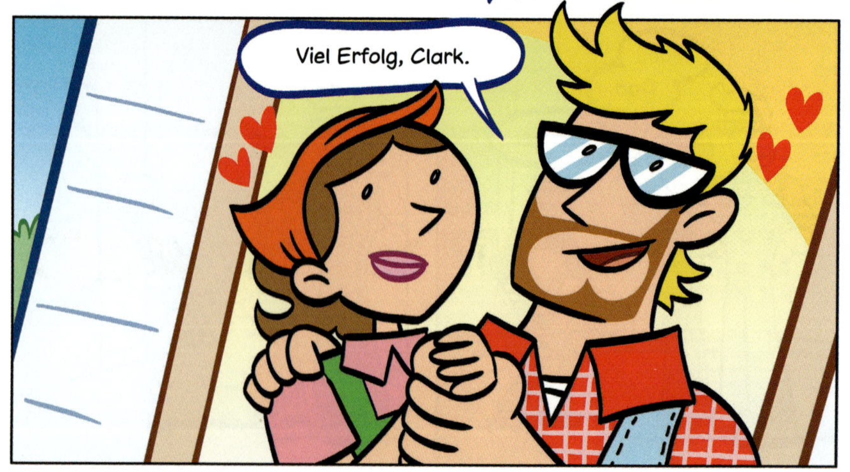

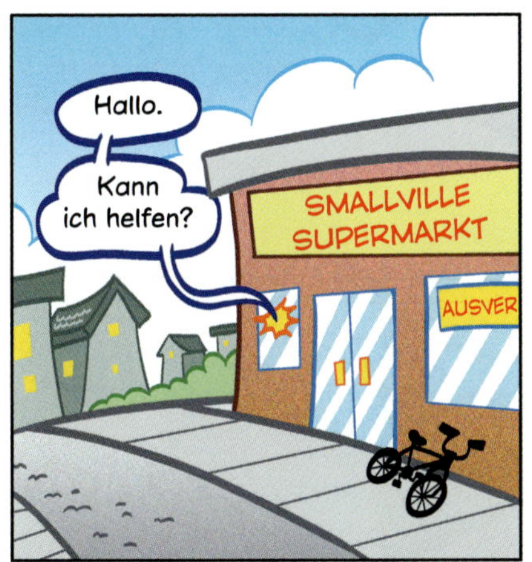
Hallo.
Kann ich helfen?
SMALLVILLE SUPERMARKT
AUSVER

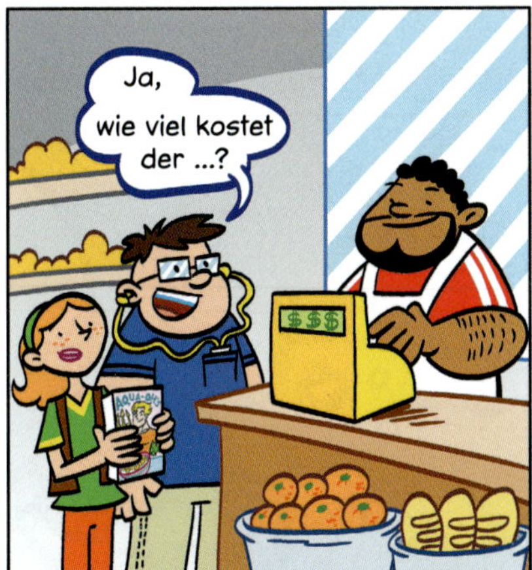
Ja, wie viel kostet der ...?
AQUA-OH'S

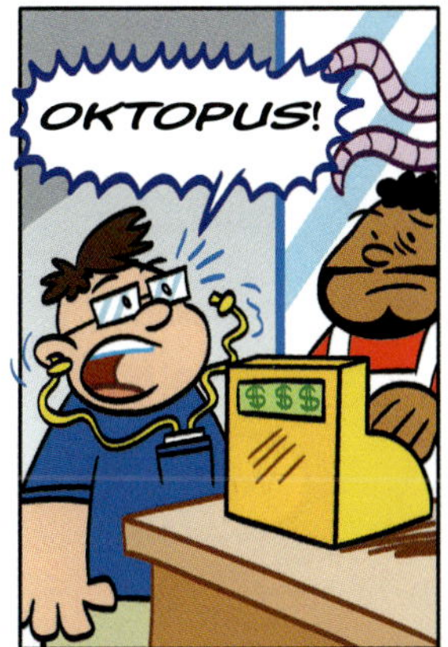
OKTOPUS!

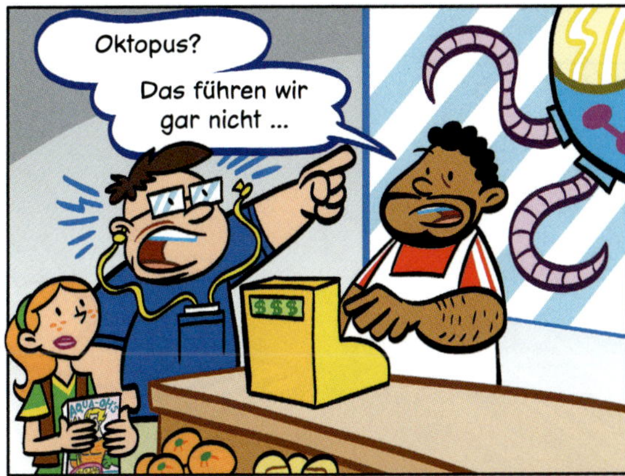
Oktopus?
Das führen wir gar nicht ...
AQUA-OH'S

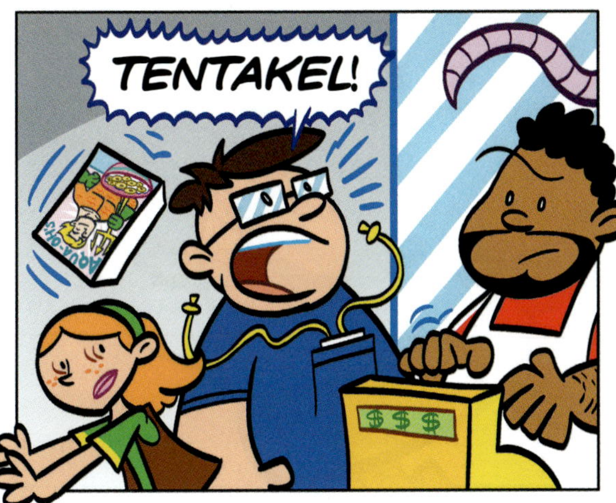
TENTAKEL!
AQUA-OH'S

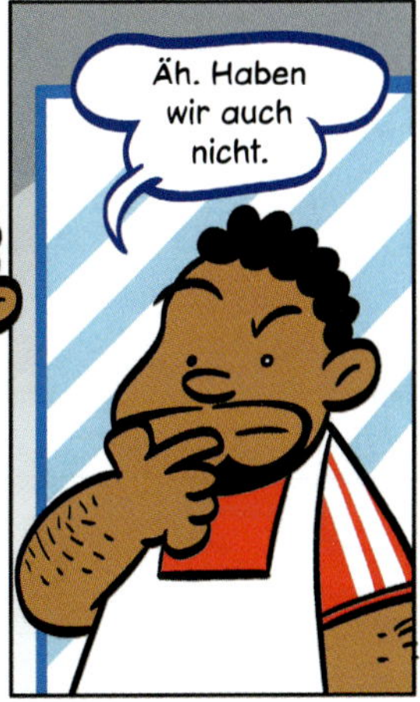
Äh. Haben wir auch nicht.

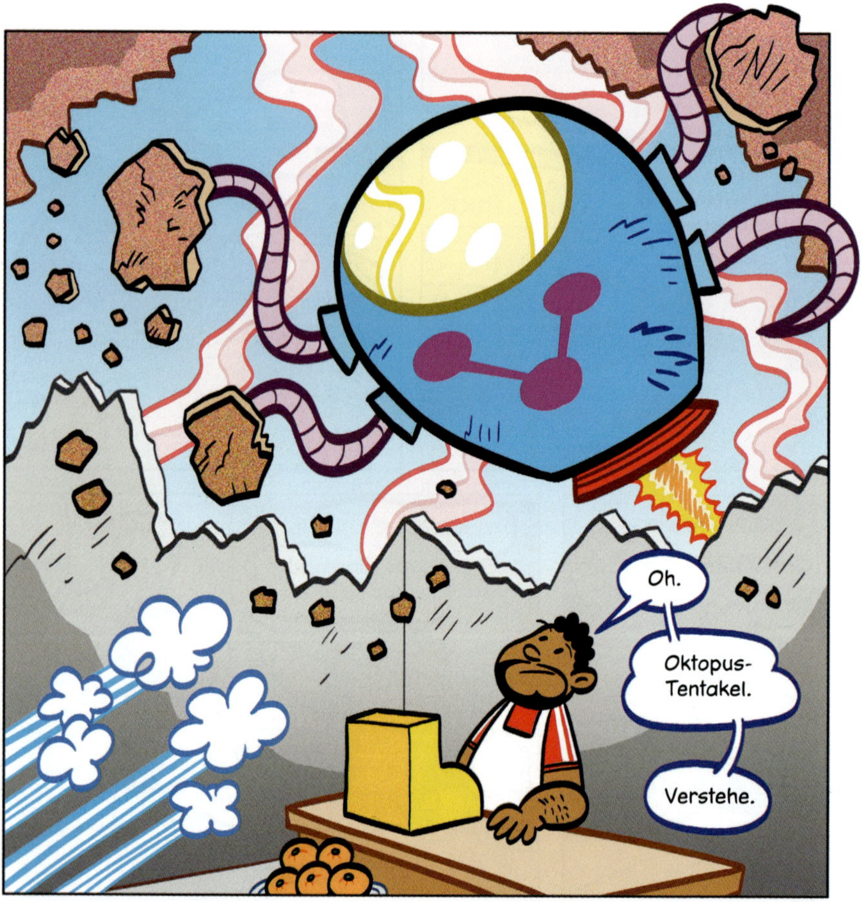

Oh.
Oktopus-
Tentakel.
Verstehe.

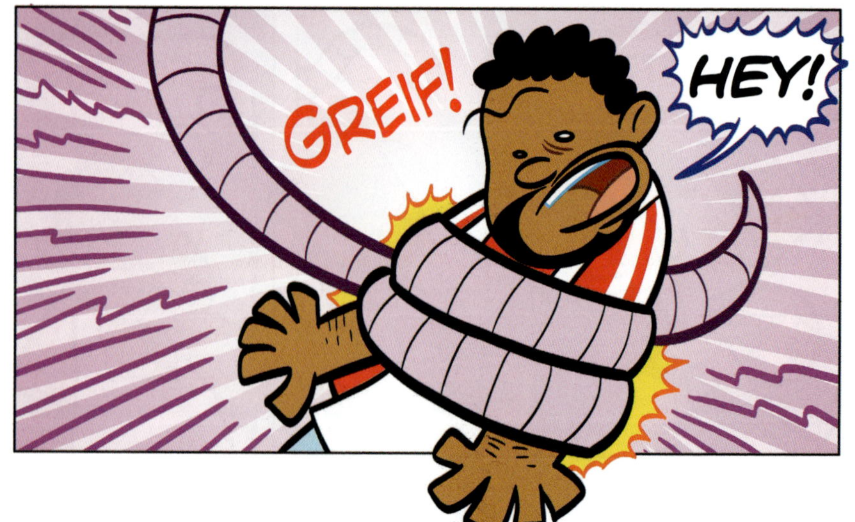

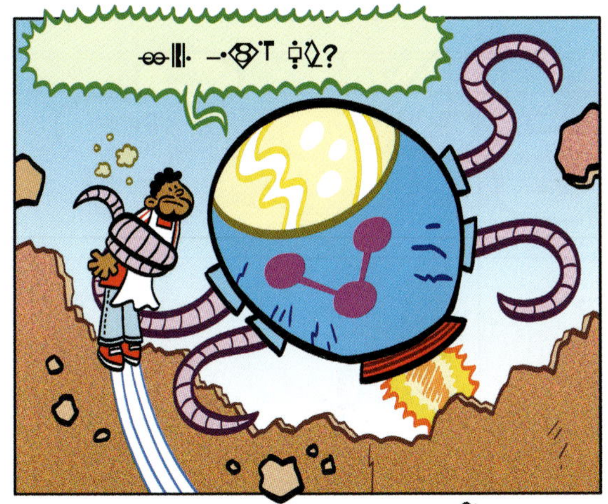

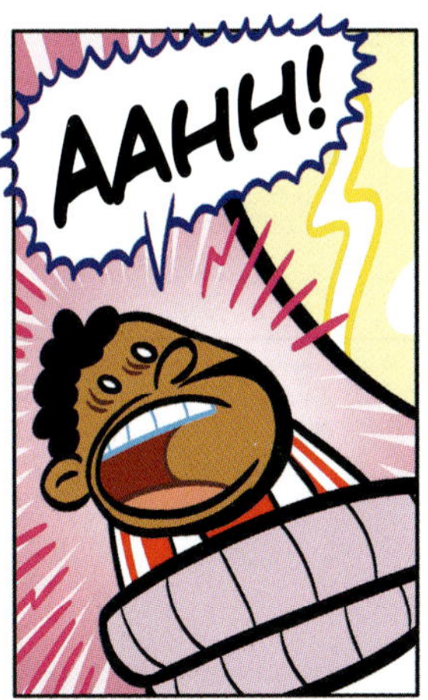
AAHH!

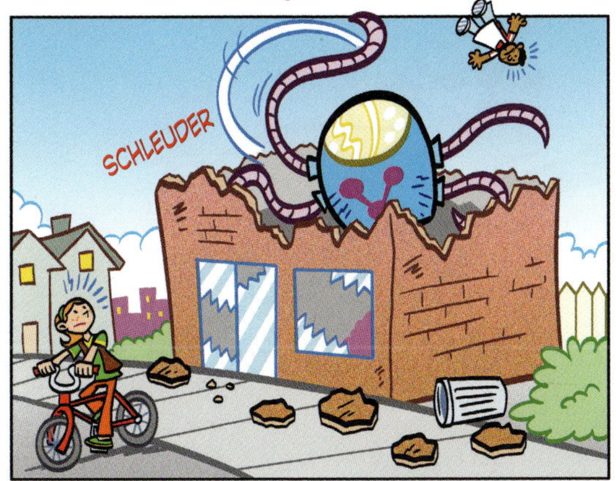
SCHLEUDER

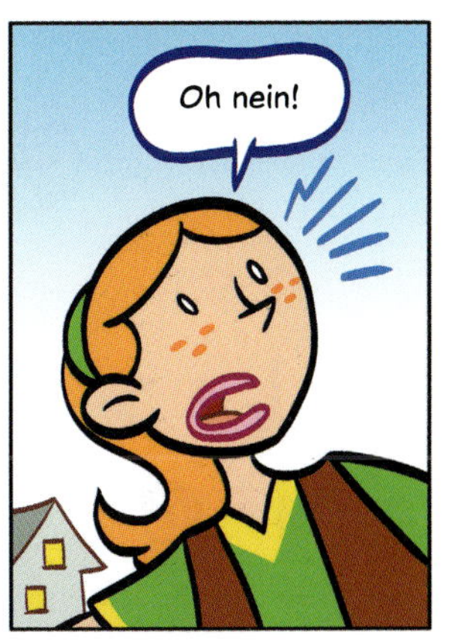
Oh nein!

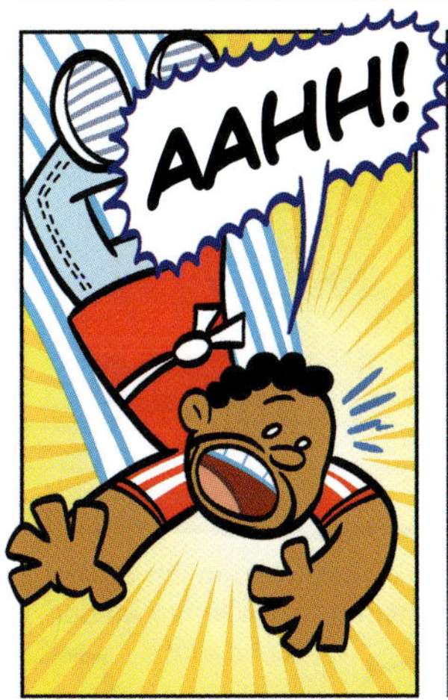
AAHH!

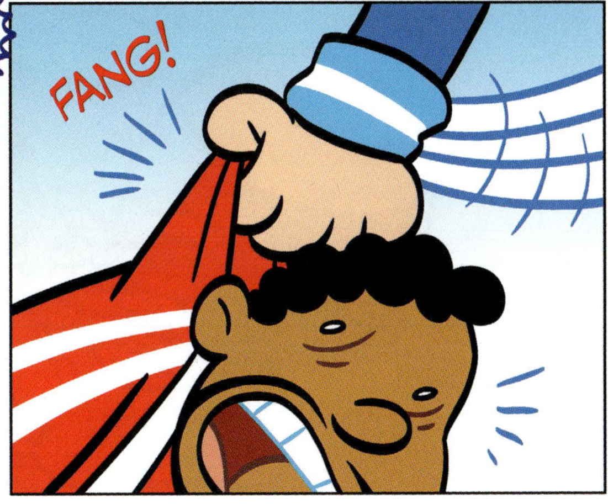
FANG!

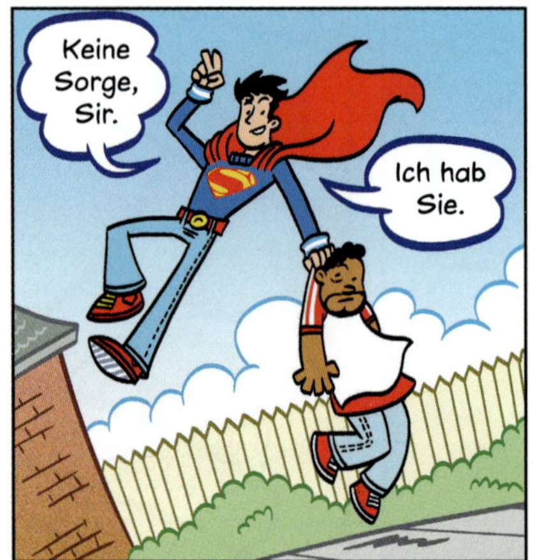
Keine Sorge, Sir.
Ich hab Sie.

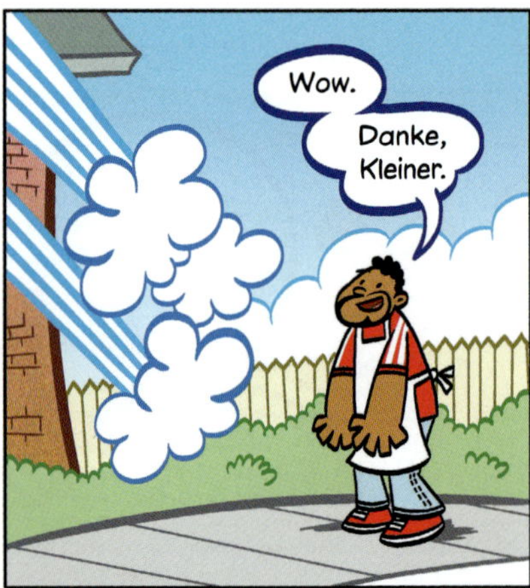
Wow.
Danke, Kleiner.

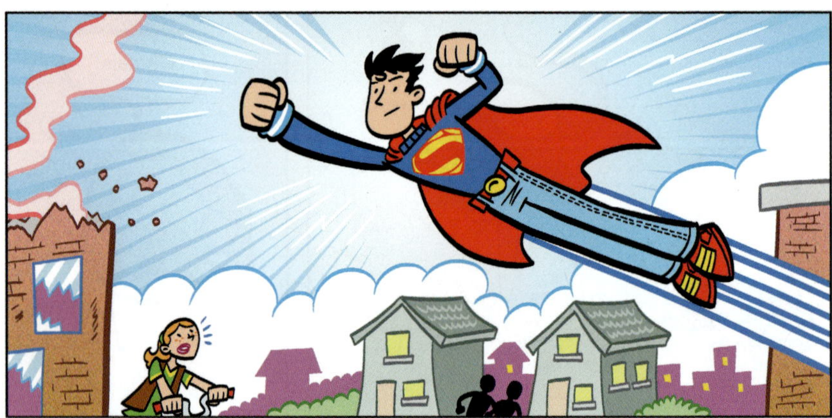

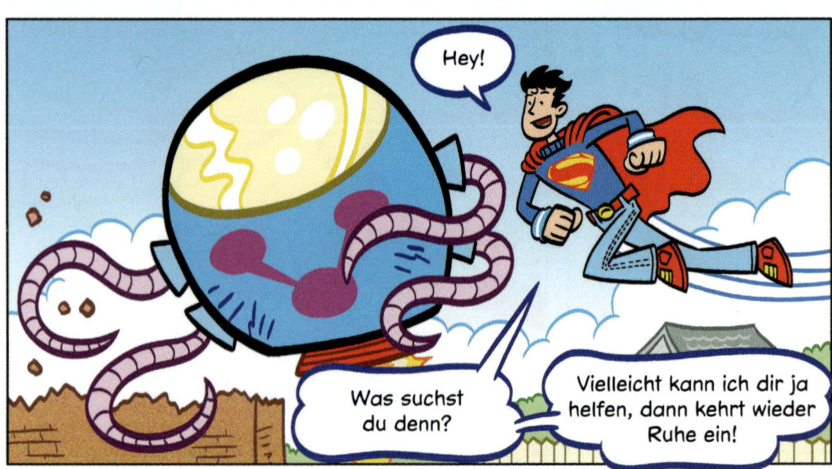
Hey!
Was suchst du denn?
Vielleicht kann ich dir ja helfen, dann kehrt wieder Ruhe ein!

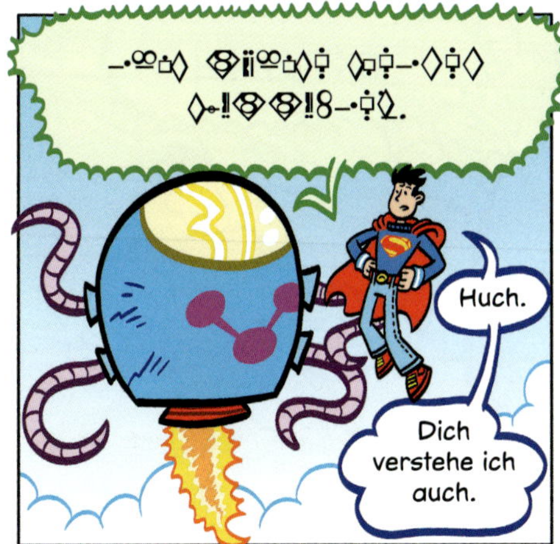
Huch.
Dich verstehe ich auch.

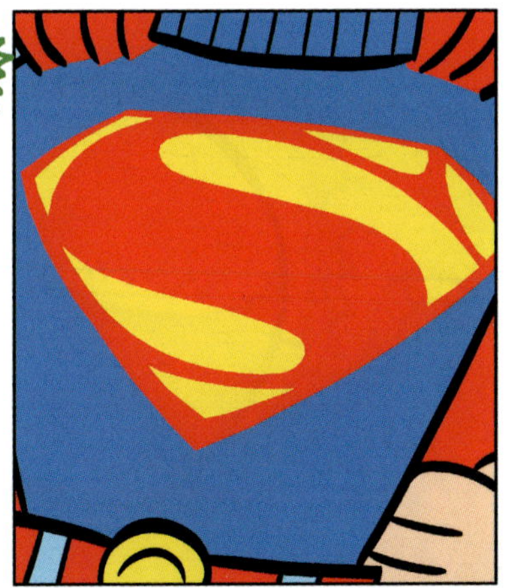

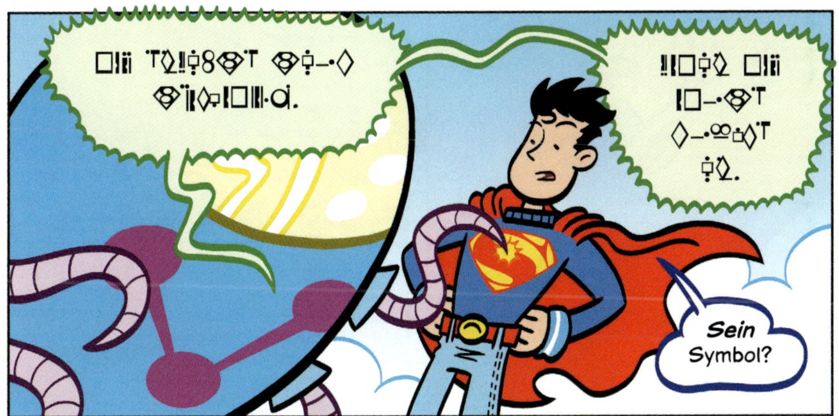
Sein Symbol?

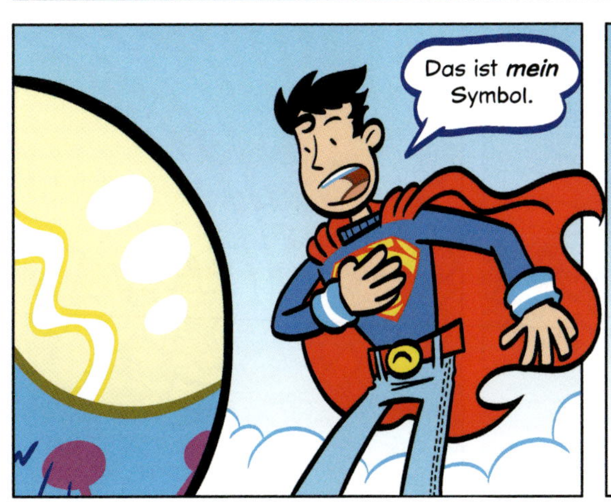
Das ist *mein* Symbol.

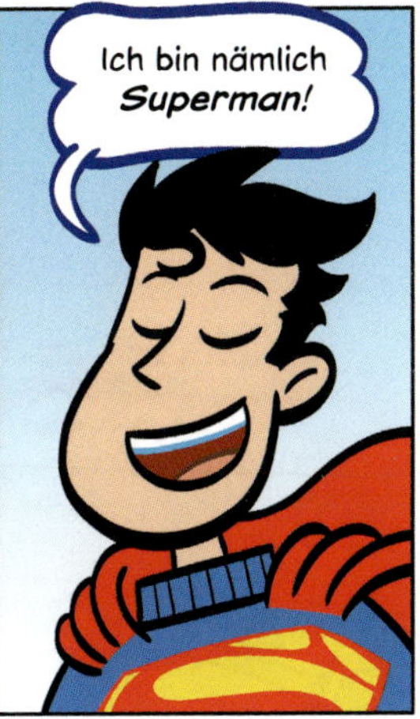
Ich bin nämlich *Superman!*

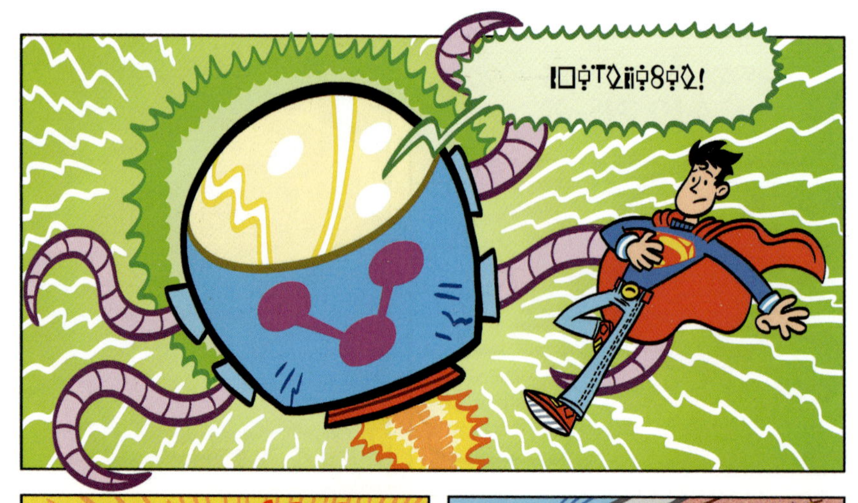

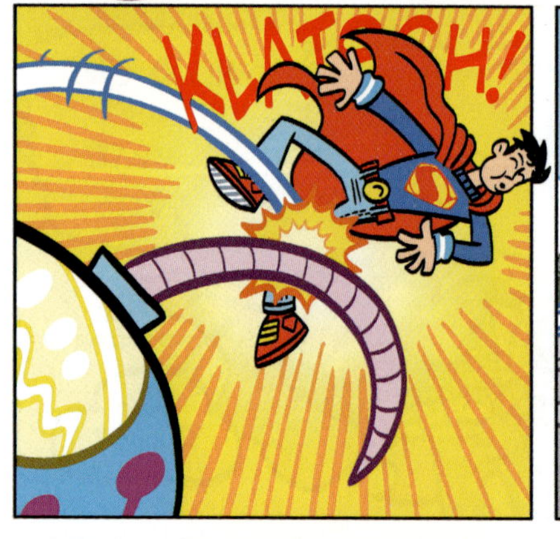
KLATSCH!

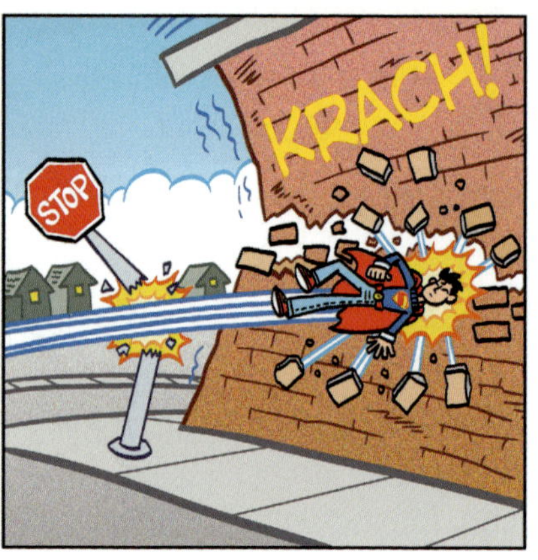
KRACH!
STOP

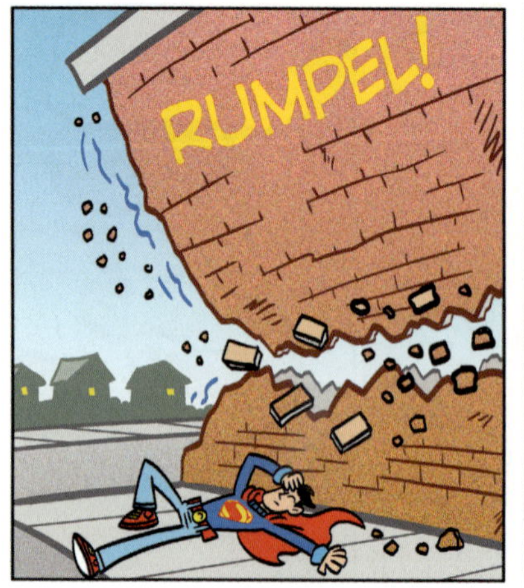
RUMPEL!

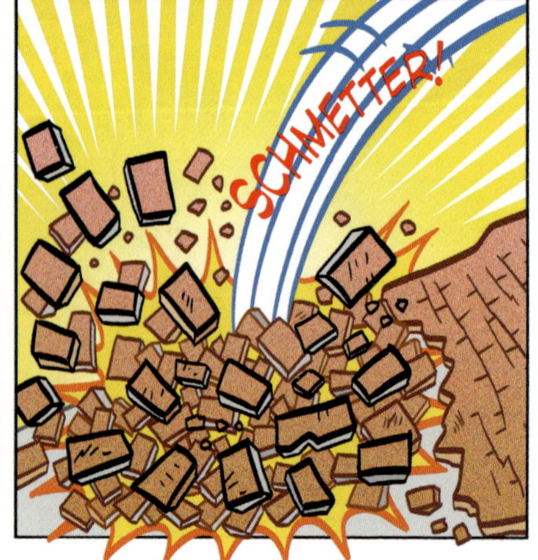
SCHMETTER!

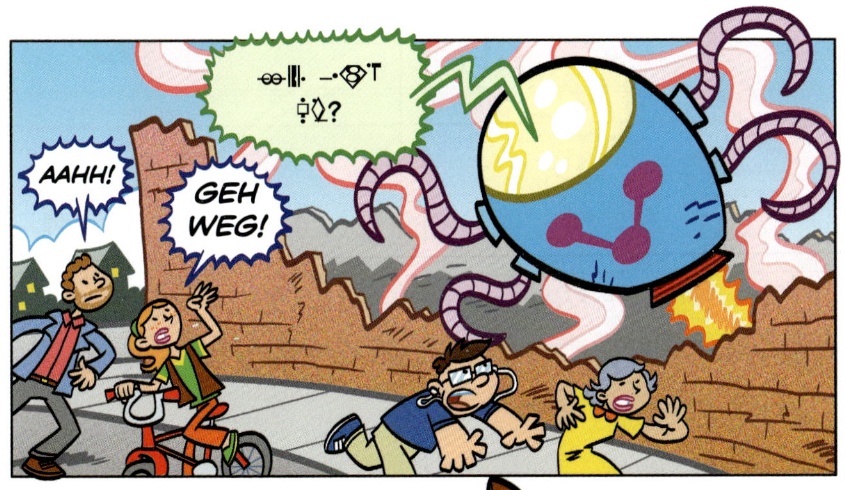
AAHH!
GEH WEG!

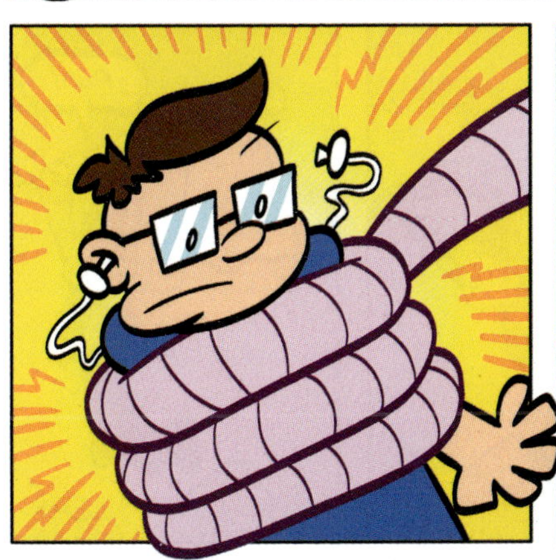

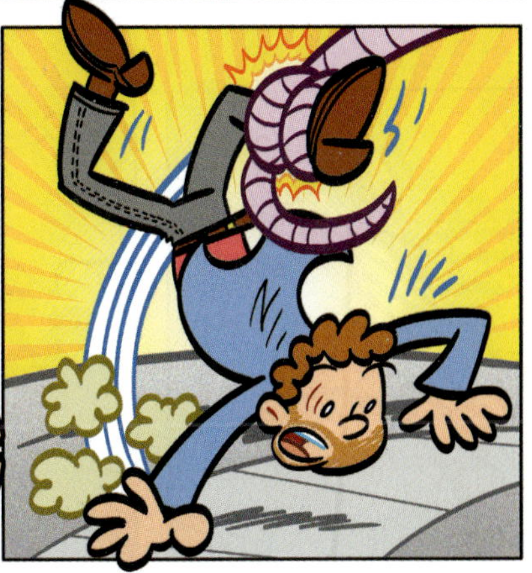

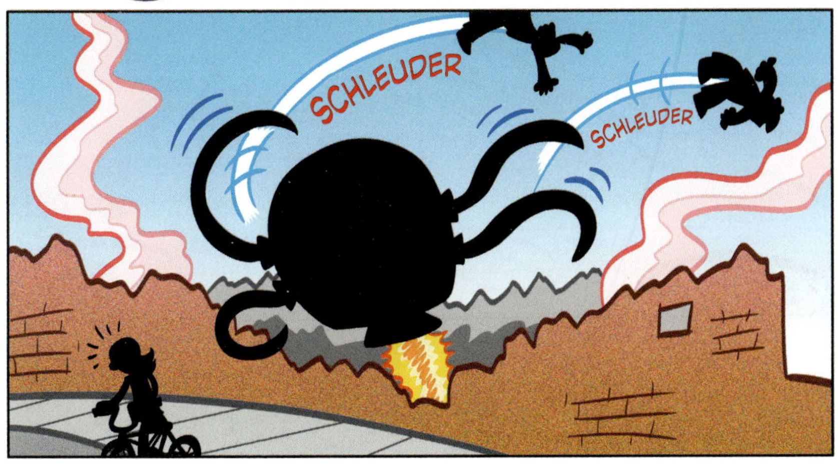
SCHLEUDER
SCHLEUDER

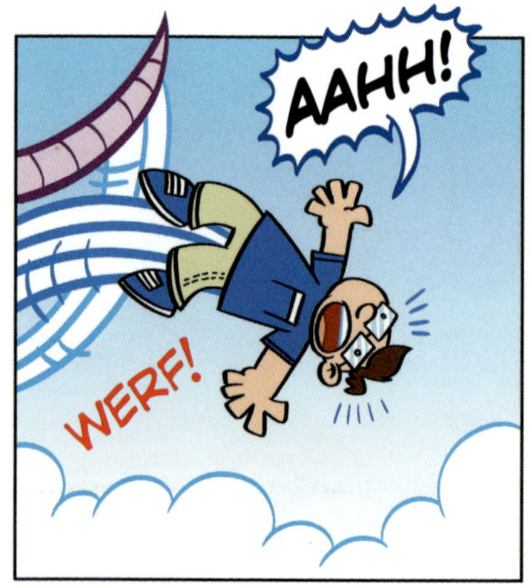
AAHH!
WERF!
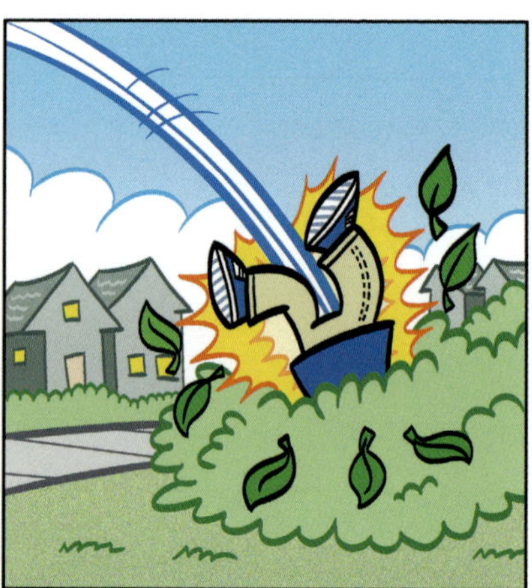
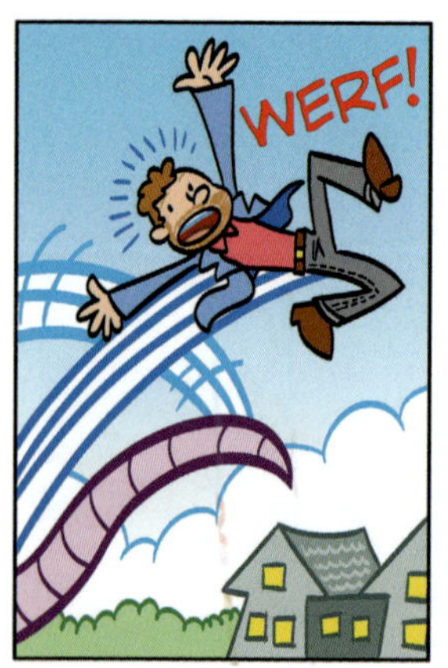
WERF!
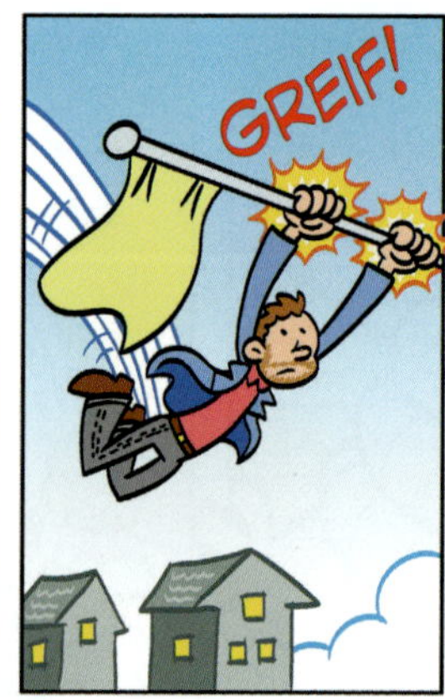
GREIF!
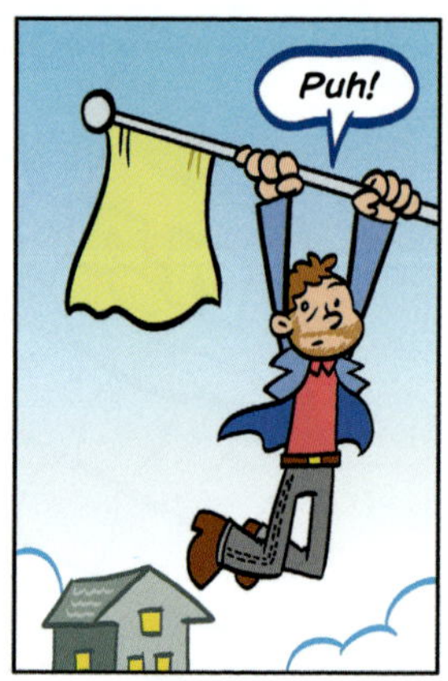
Puh!
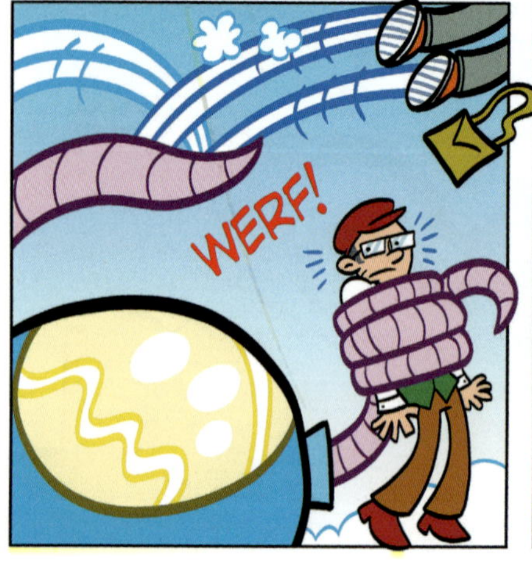
WERF!
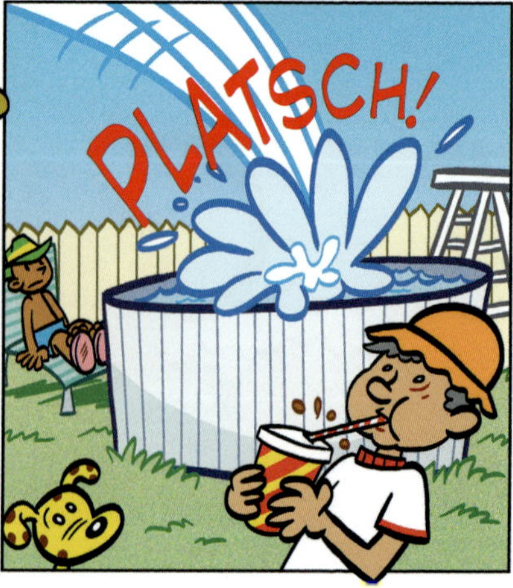
PLATSCH!

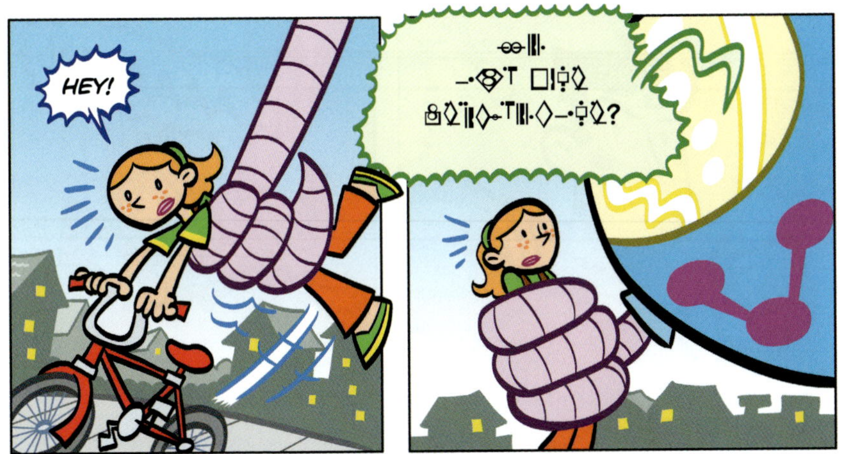
HEY!

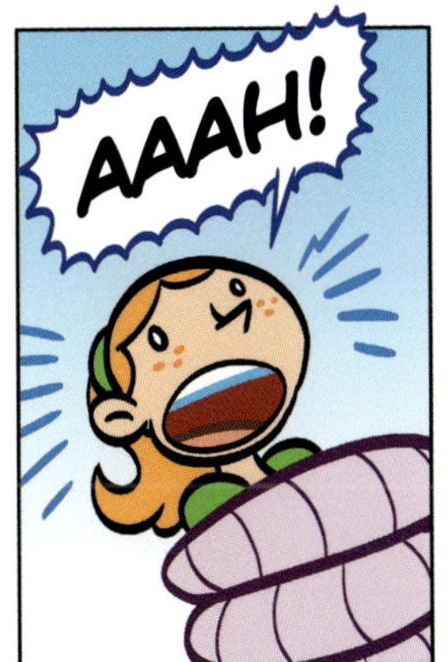
AAAH!

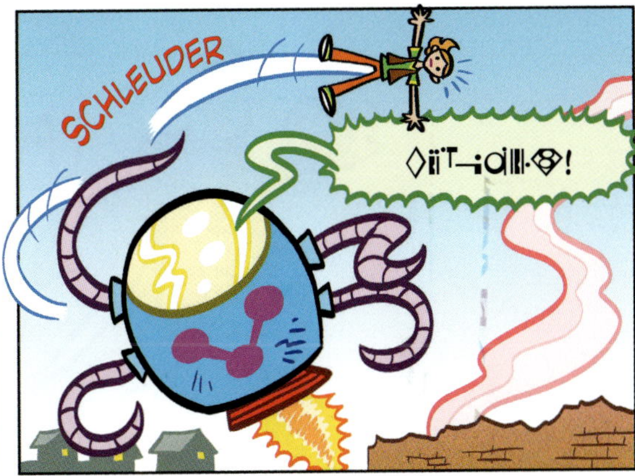
SCHLEUDER

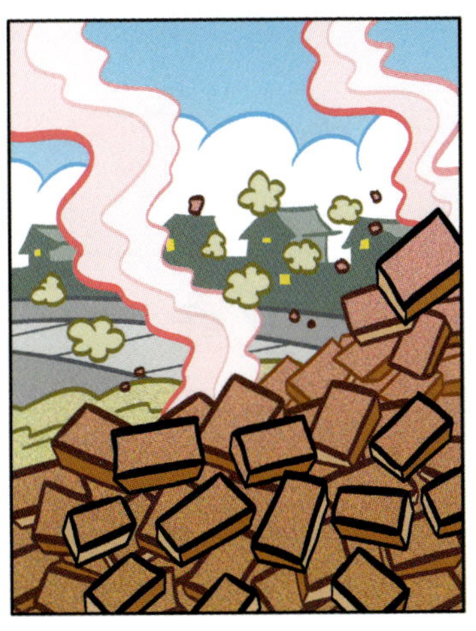

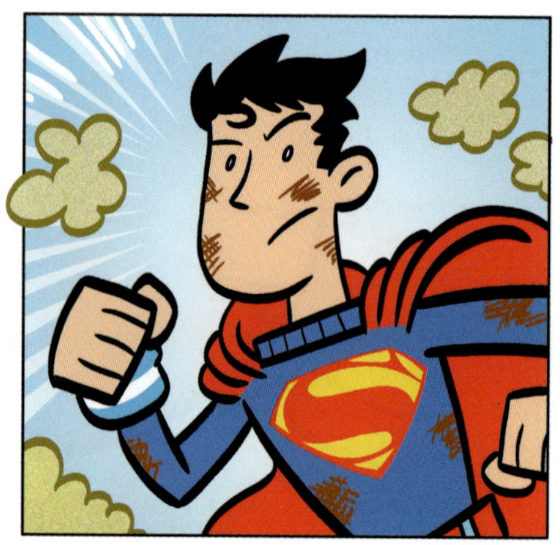

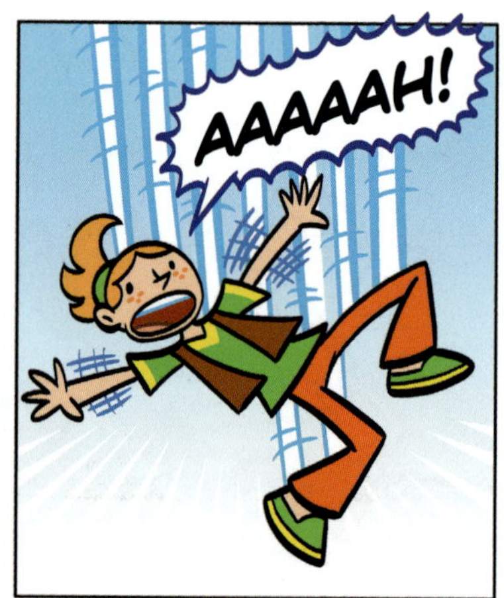
AAAAAH!

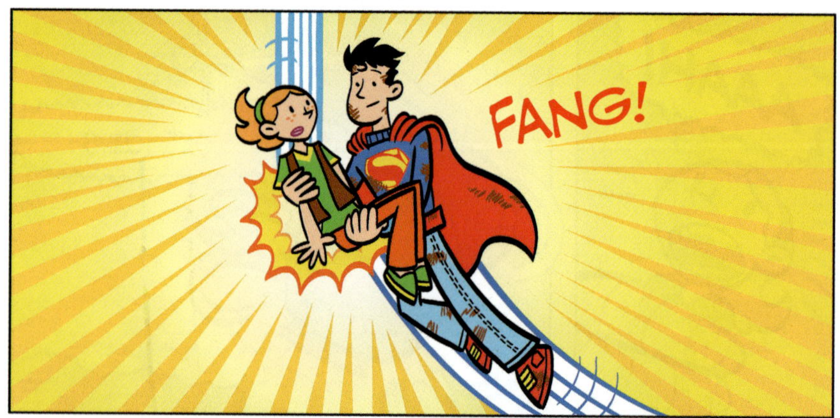
FANG!

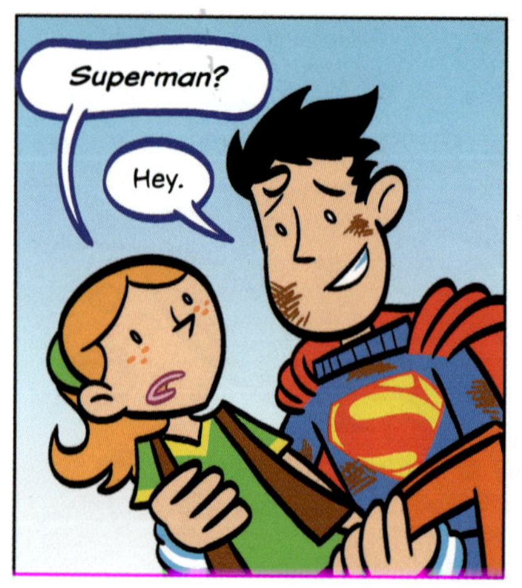
Superman?
Hey.

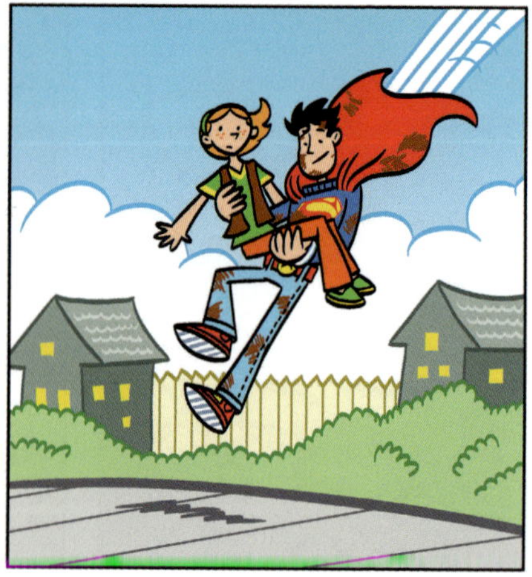

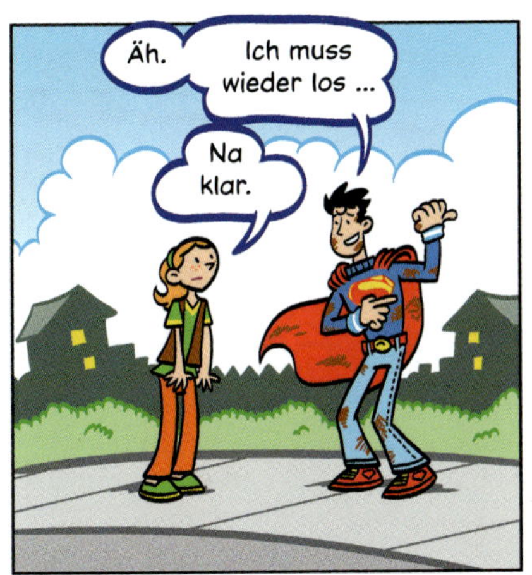
Äh.
Ich muss wieder los ...
Na klar.

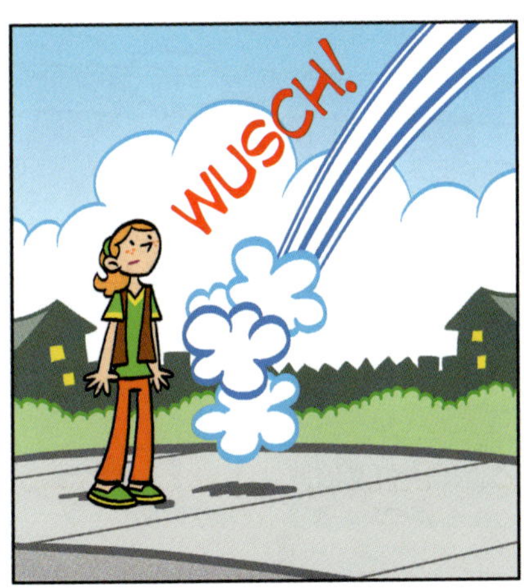
WUSCH!

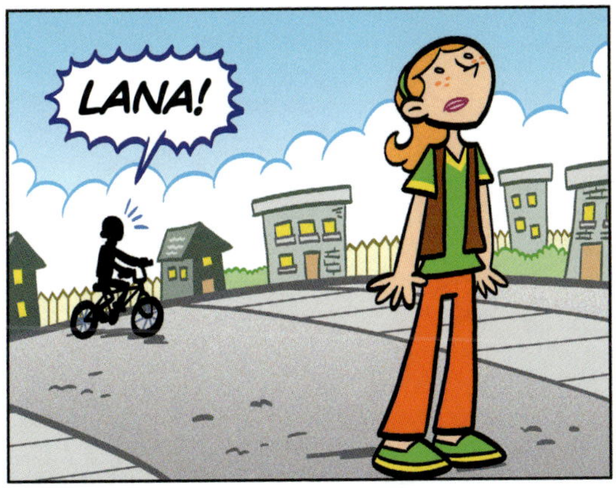
LANA!

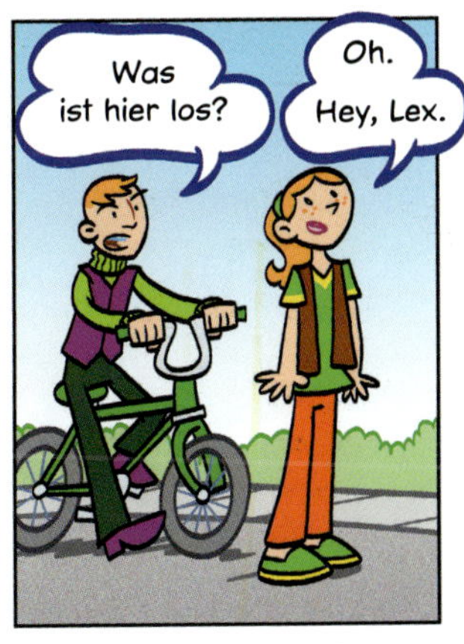
Was ist hier los?
Oh.
Hey, Lex.

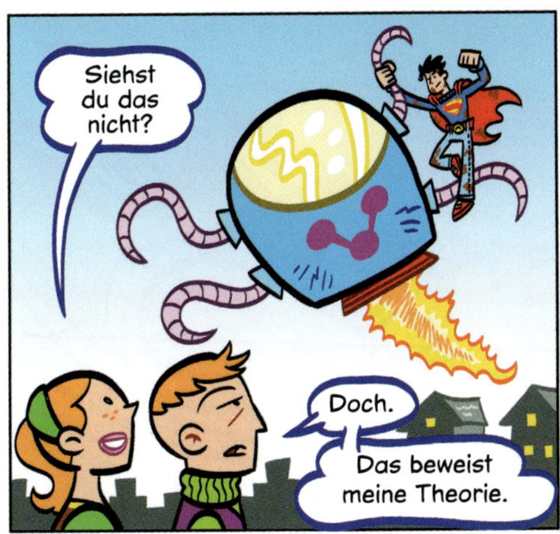
Siehst du das nicht?
Doch.
Das beweist meine Theorie.

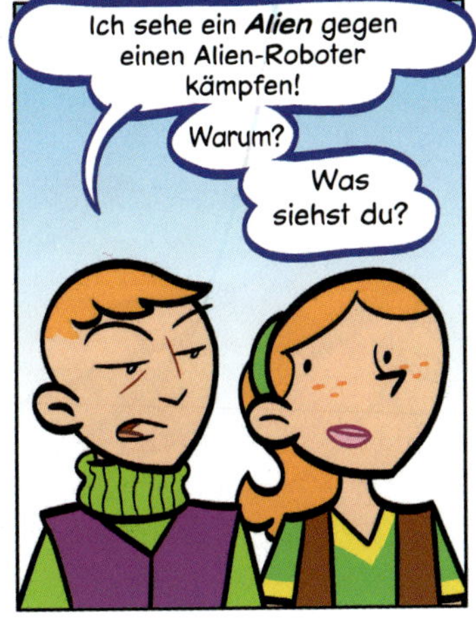
Ich sehe ein *Alien* gegen einen Alien-Roboter kämpfen!
Warum?
Was siehst du?

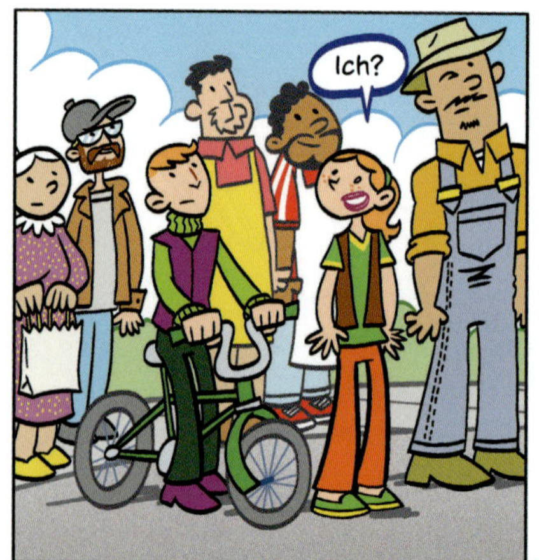

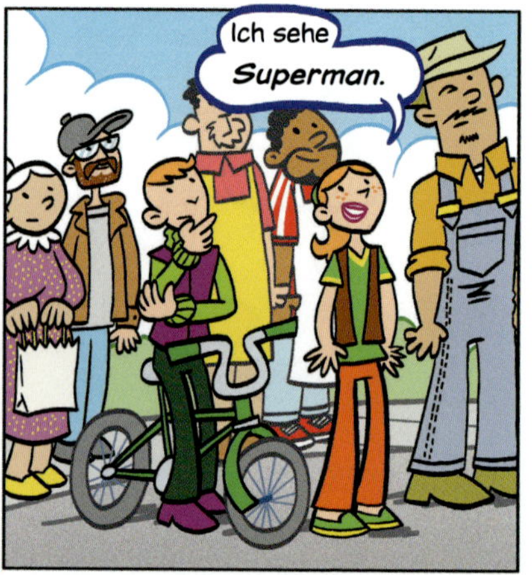

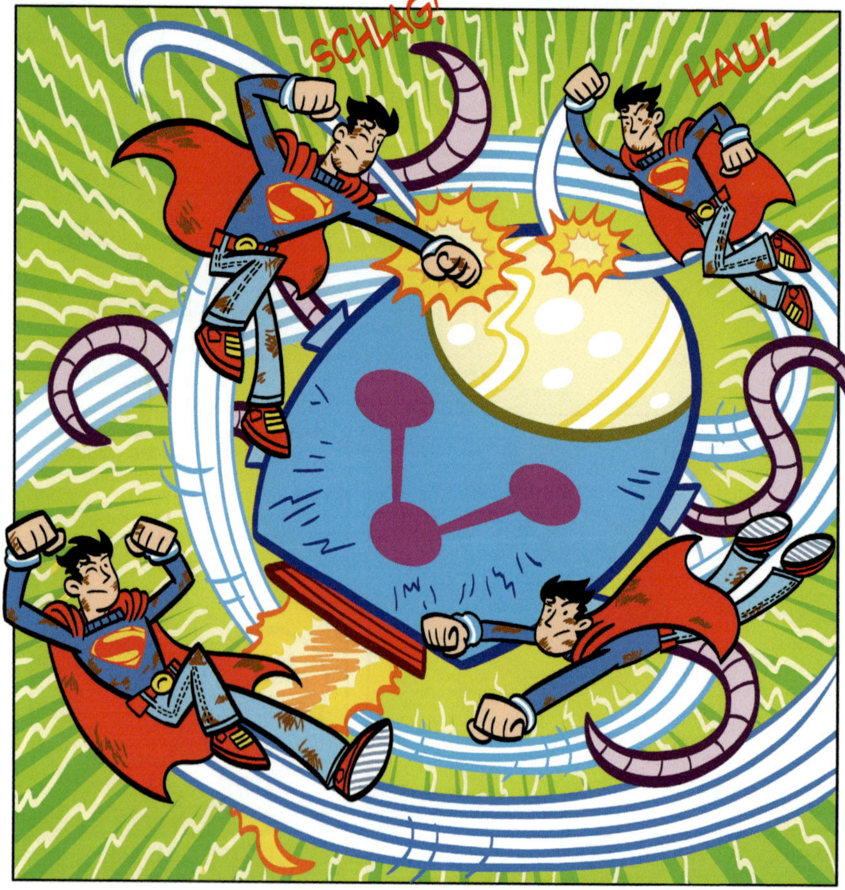

SCHLAG!
HAU!

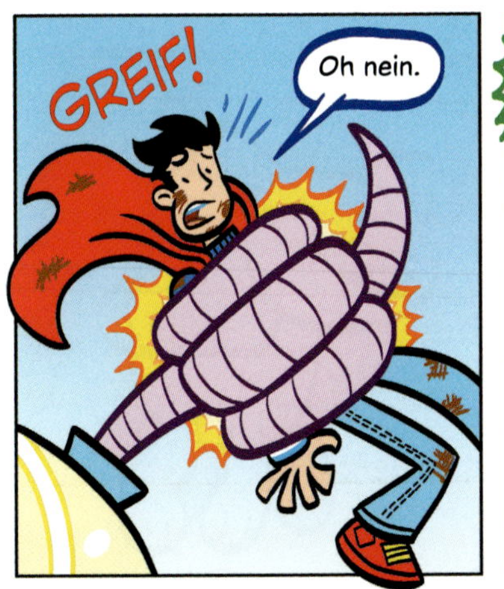
GREIF!
Oh nein.

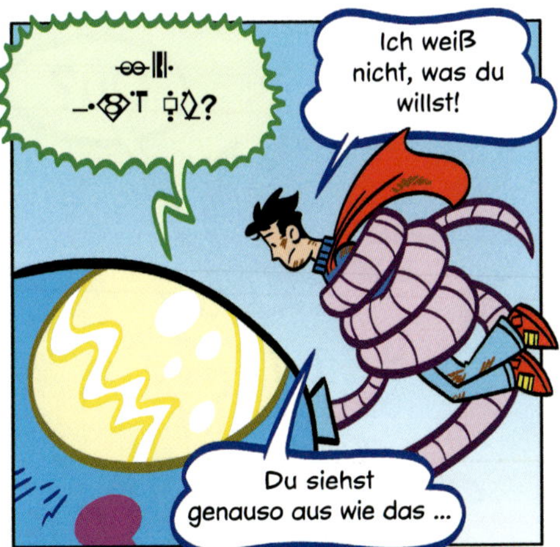
Ich weiß nicht, was du willst!
Du siehst genauso aus wie das ...

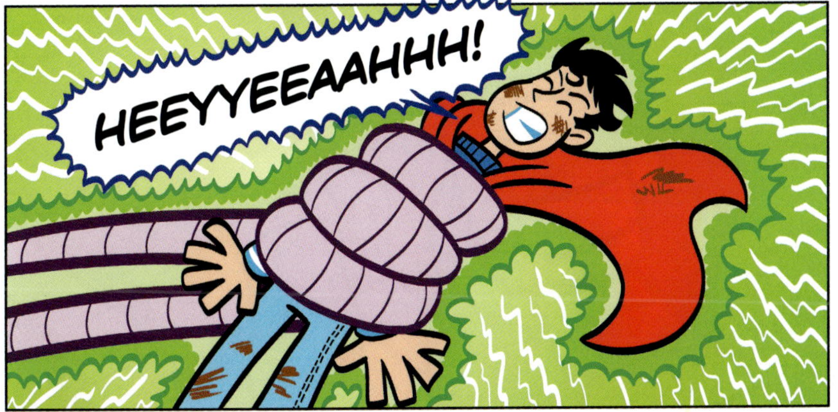
HEEYYYEEAAHHH!

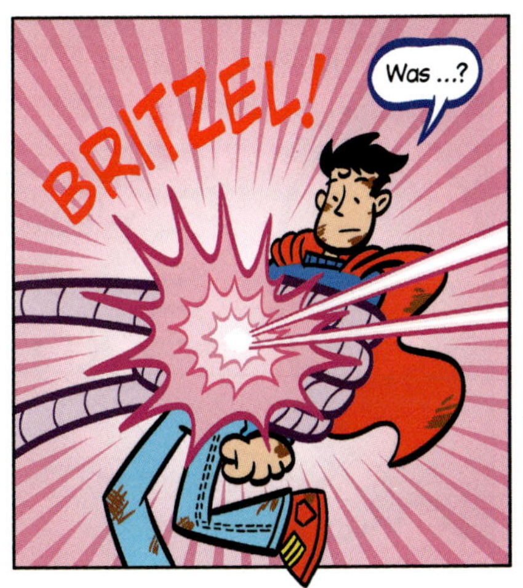
BRITZEL!
Was ...?

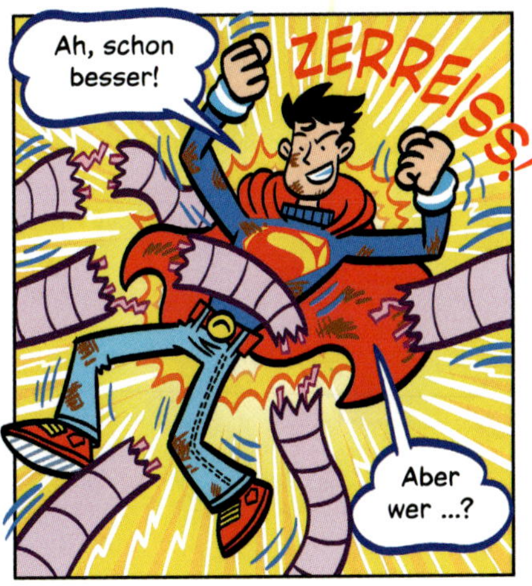
Ah, schon besser!
ZERREISS!
Aber wer ...?

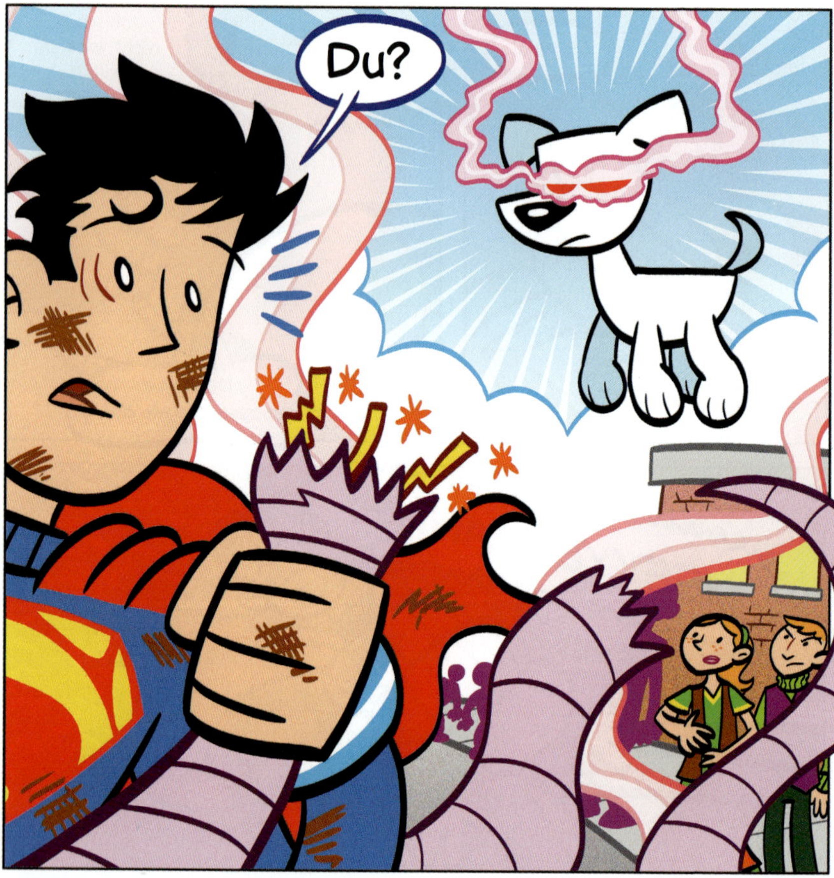

Du?

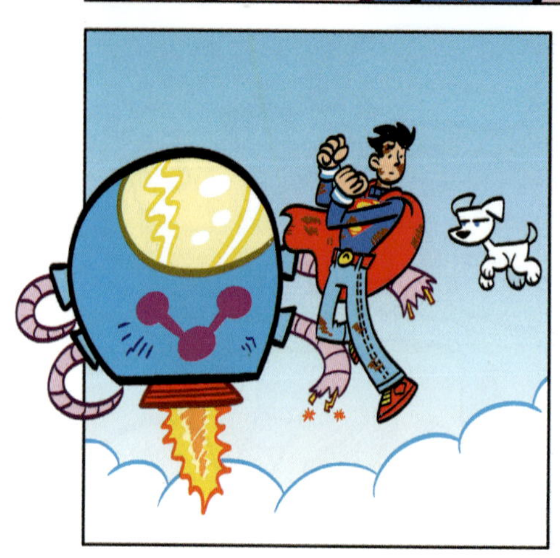

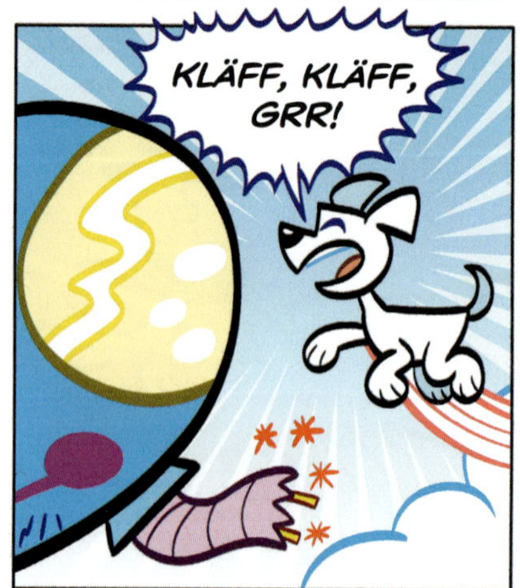

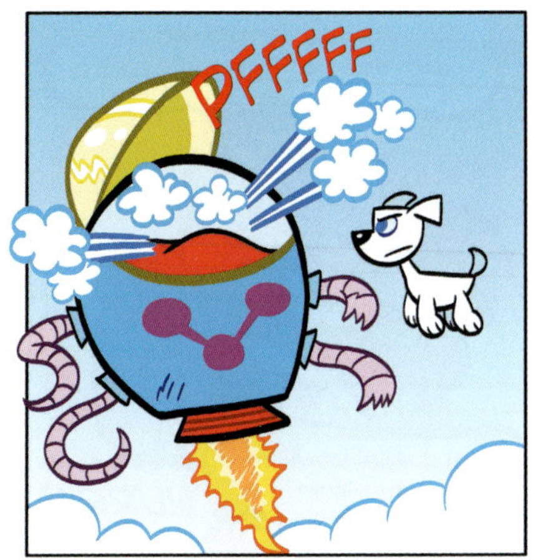
PFFFFF

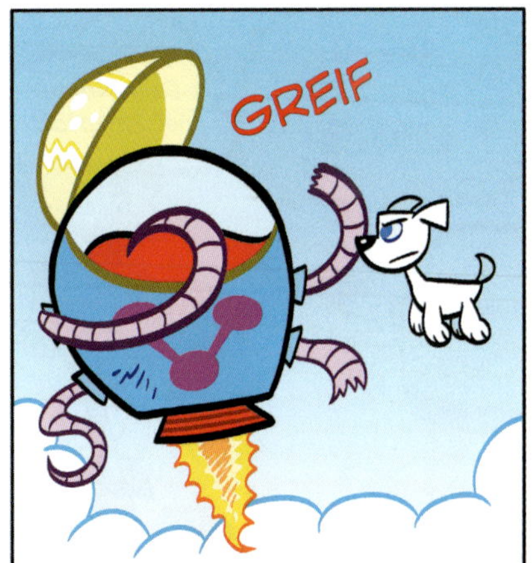
GREIF

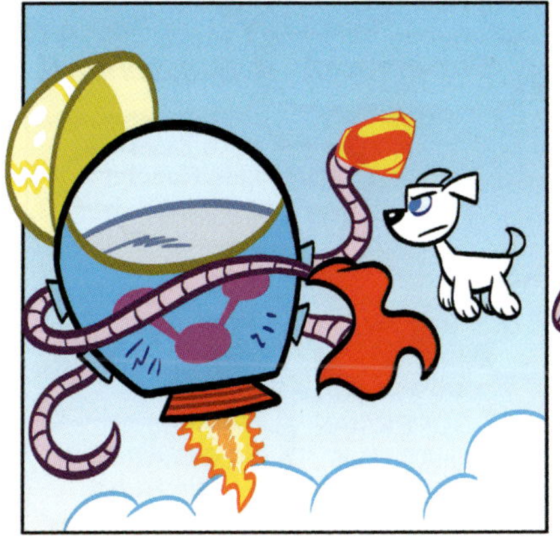

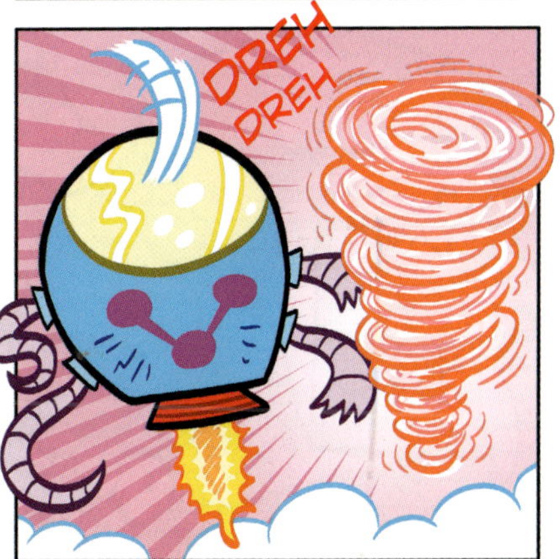
DREH
DREH

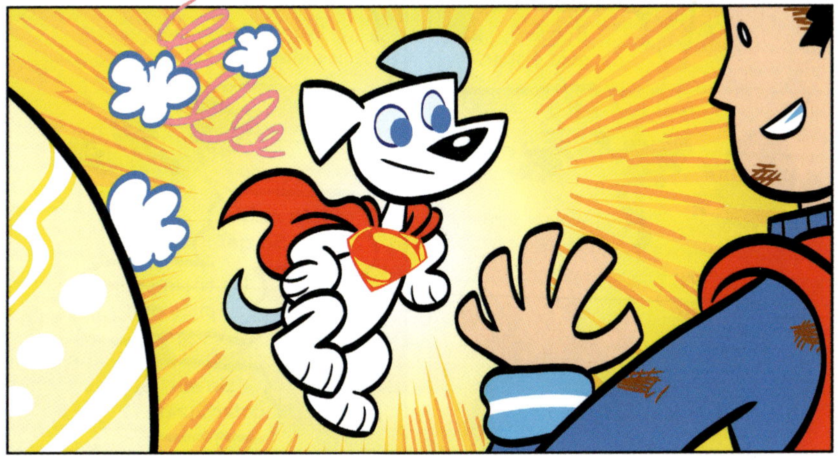

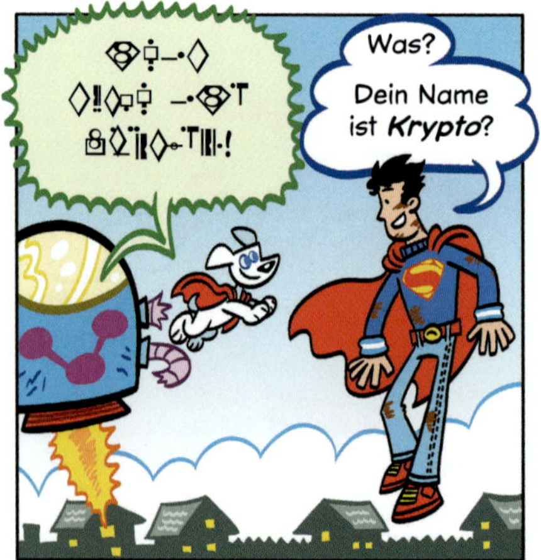
Was?
Dein Name ist *Krypto*?

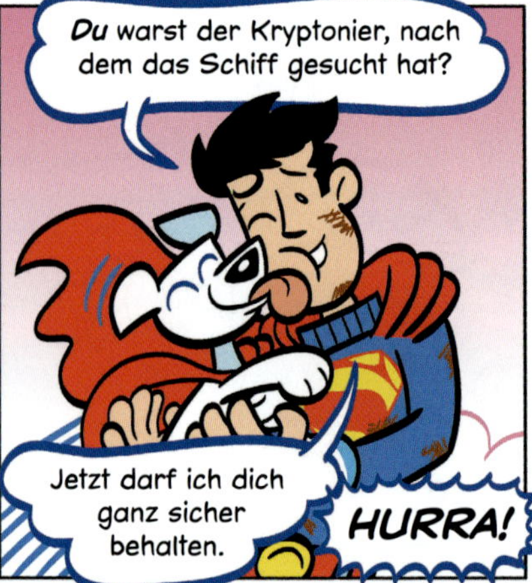
Du warst der Kryptonier, nach dem das Schiff gesucht hat?
Jetzt darf ich dich ganz sicher behalten.
HURRA!

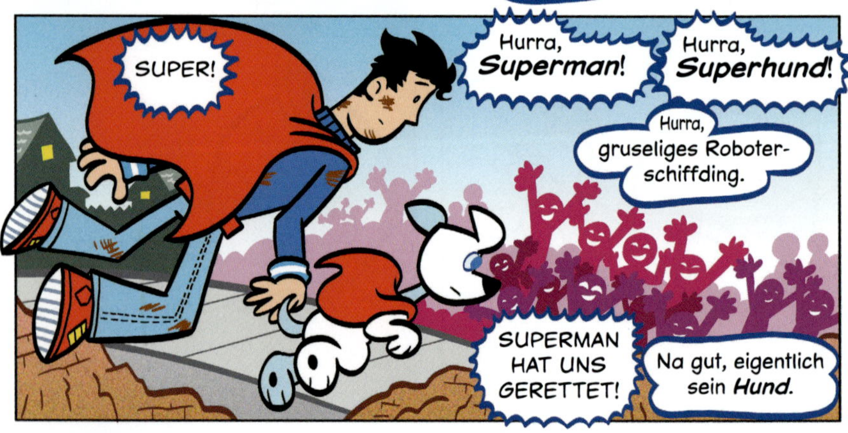
SUPER!
Hurra, **Superman**!
Hurra, **Superhund**!
Hurra, gruseliges Roboterschiffding.
SUPERMAN HAT UNS GERETTET!
Na gut, eigentlich sein *Hund*.

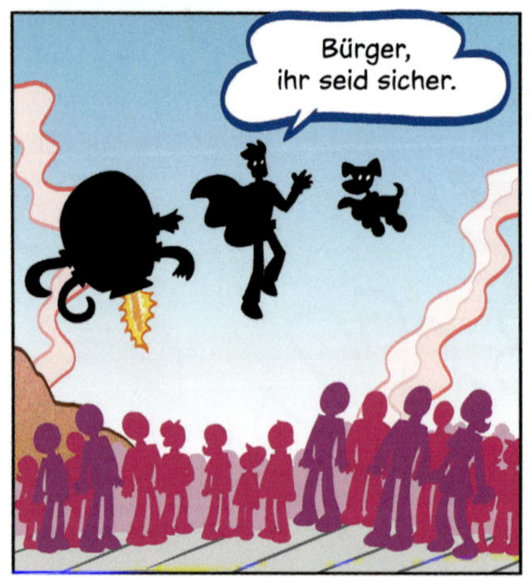
Bürger, ihr seid sicher.

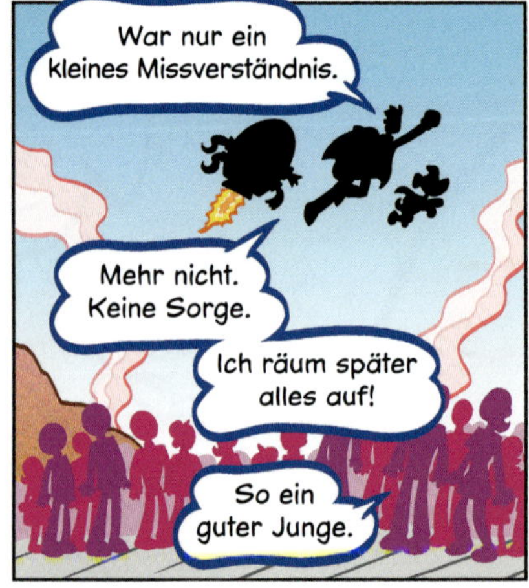
War nur ein kleines Missverständnis.
Mehr nicht. Keine Sorge.
Ich räum später alles auf!
So ein guter Junge.

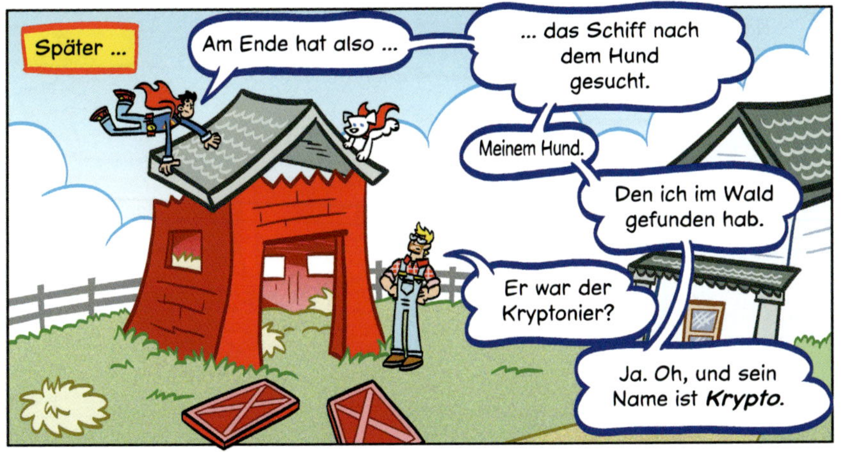
Später ...
Am Ende hat also ...
... das Schiff nach dem Hund gesucht.
Meinem Hund.
Den ich im Wald gefunden hab.
Er war der Kryptonier?
Ja. Oh, und sein Name ist ***Krypto***.

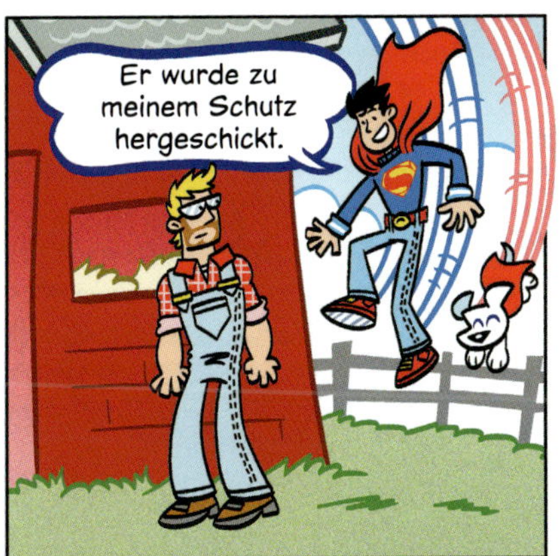
Er wurde zu meinem Schutz hergeschickt.

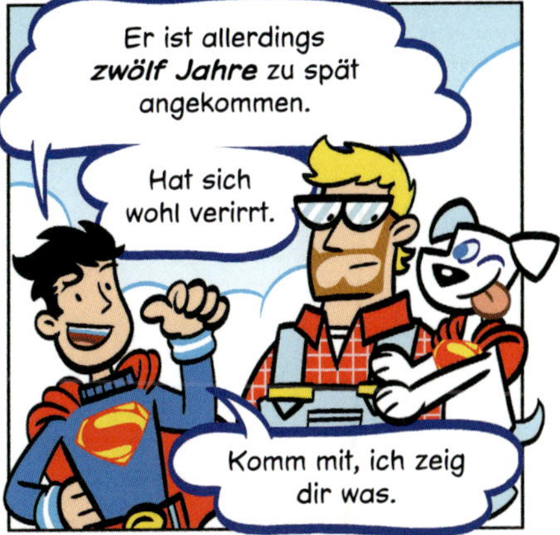
Er ist allerdings ***zwölf Jahre*** zu spät angekommen.
Hat sich wohl verirrt.
Komm mit, ich zeig dir was.

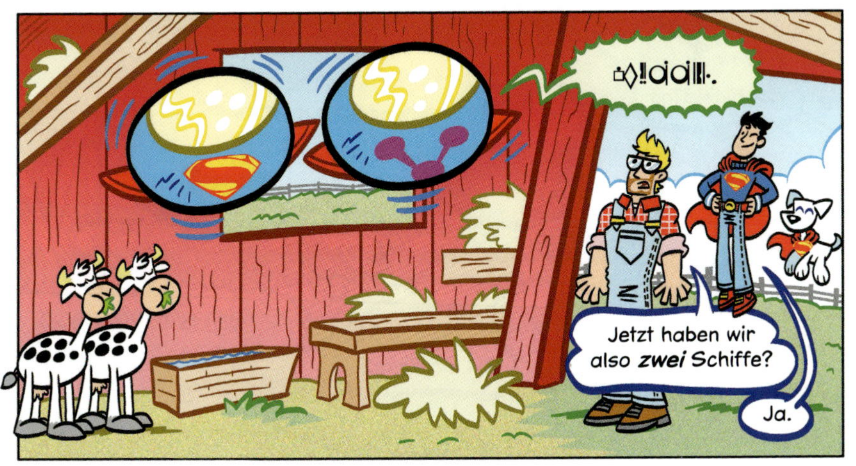
Jetzt haben wir also ***zwei*** Schiffe?
Ja.

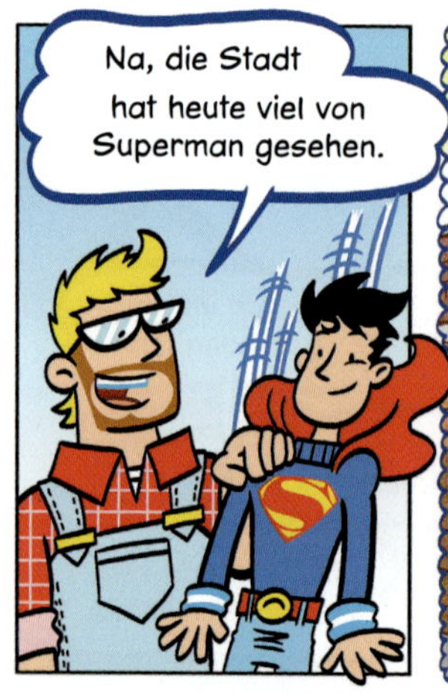
Na, die Stadt hat heute viel von Superman gesehen.

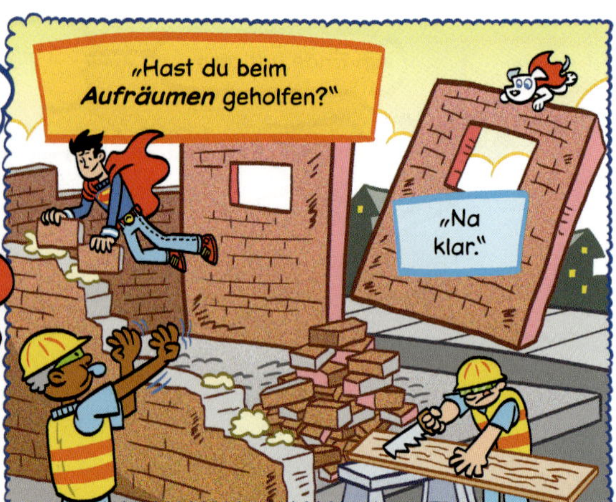
„Hast du beim *Aufräumen* geholfen?"
„Na klar."

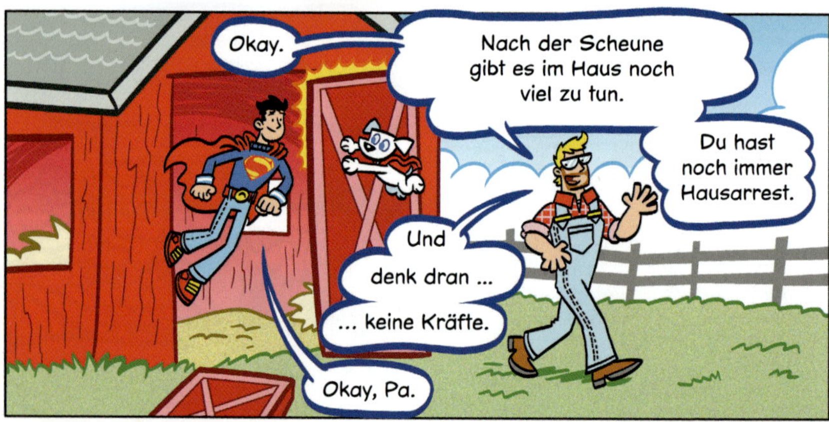
Nach der Scheune gibt es im Haus noch viel zu tun.
Okay.
Du hast noch immer Hausarrest.
Und denk dran ...
... keine Kräfte.
Okay, Pa.

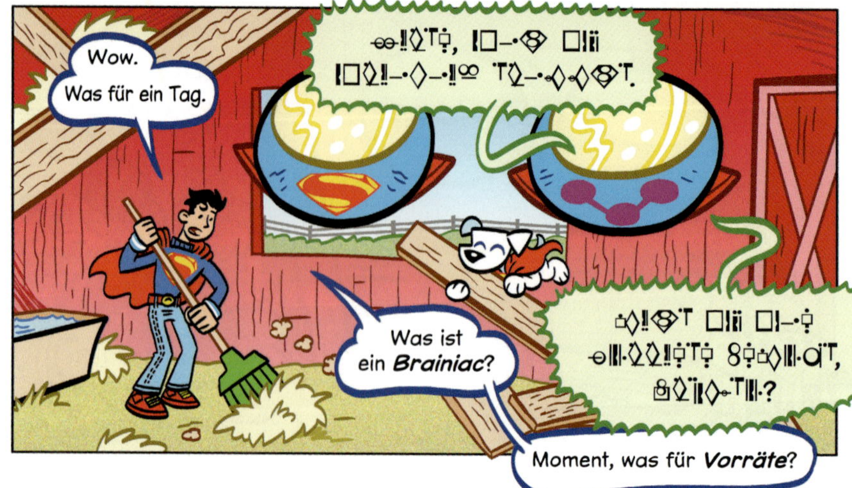
Wow.
Was für ein Tag.
Was ist ein *Brainiac*?
Moment, was für *Vorräte*?

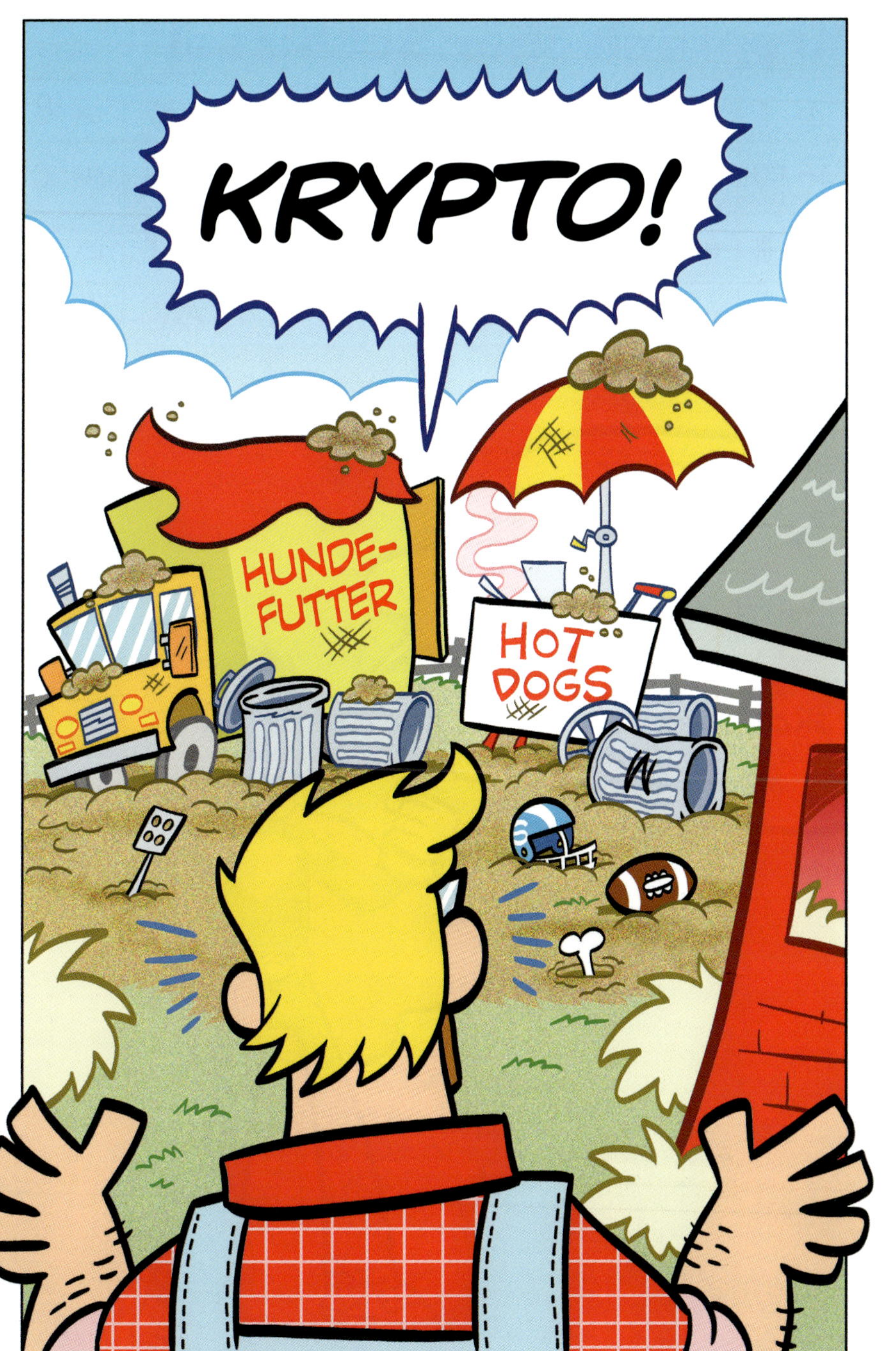
KRYPTO!
HUNDE-FUTTER
HOT DOGS

Kryptonischer Schlüssel

A=	B=	C=	D=	E=	F=	G=
H=	I=	J=	K=	L=	M=	N=
O=	P=	Q=	R=	S=	T=	U=
V=	W=	X=	Y=	Z=	AW	YEAH

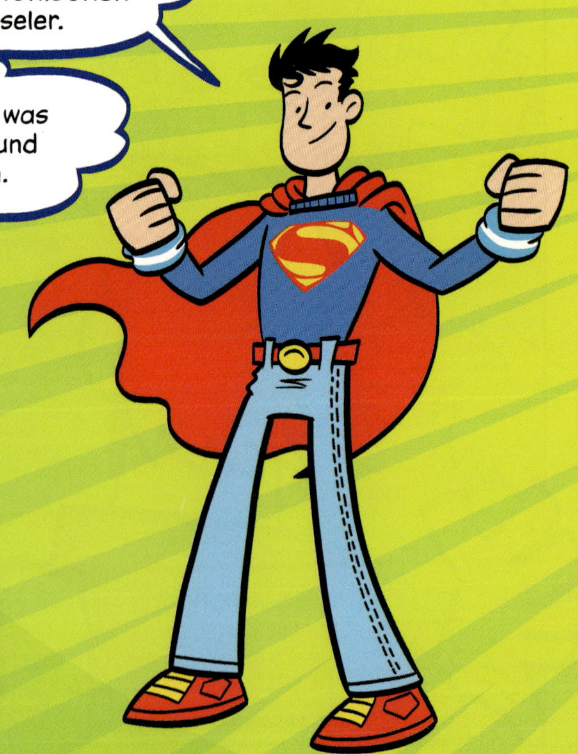

FRANCO AURELIANI wurde bereits mit dem Eisner Award ausgezeichnet und ist Schriftsteller, Künstler und Mitschöpfer von *Patrick the Wolf Boy* und AW YEAH COMICS! Franco hat an der *Dino-Mike*-Buchreihe gearbeitet, und an von der Kritik gefeierten Comics wie SUPERMAN FAMILY ADVENTURES, YOUNG JUSTICE, BILLY BATSON AND THE MAGIC OF SHAZAM und der mit mehreren Eisner Awards ausgezeichneten New-York-Times-Bestsellerreihe TINY TITANS, sowie SUPER POWERS für DC Comics. Außerdem hat er an *Grimmiss Island* und *Itty Bitty Hellboy* mit Dark Horse Comics mitgewirkt. Franco ist einer der Haupteigentümer der „Aw Yeah Comics"-Läden. Wenn er gerade nicht an Comics arbeitet, trifft man Franco in der Highschool an, wo er als Lehrer tätig ist.

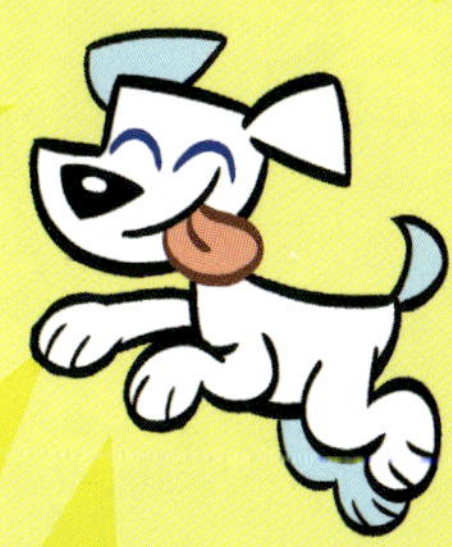

ART BALTAZAR ist einer der kreativen Köpfe hinter der New-York-Times-Bestsellerreihe TINY TITANS von DC Comics, die bereits mehrere Eisner Awards gewonnen hat. Außerdem ist er Co-Autor für BILLY BATSON AND THE MAGIC OF SHAZAM, YOUNG JUSTICE, den Comic GREEN LANTERN: THE ANIMATED SERIES und ist Künstler und Co-Autor für das coole Crossover TINY TITANS/LITTLE ARCHIE, SUPERMAN FAMILY ADVENTURES, SUPER POWERS und *Itty Bitty Hellboy*. Art ist einer der Gründer des Comicladens Aw Yeah Comics, und außerdem Mitschöpfer der laufenden Comicreihe desselben Namens. Zu Hause zeichnet er Comics und muss eigentlich nie das Haus verlassen, in dem er mit seiner reizenden Frau Rose, seinen Söhnen Sonny und Gordon und seiner Tochter Audrey lebt. AW YEAH, er lebt den Traum!

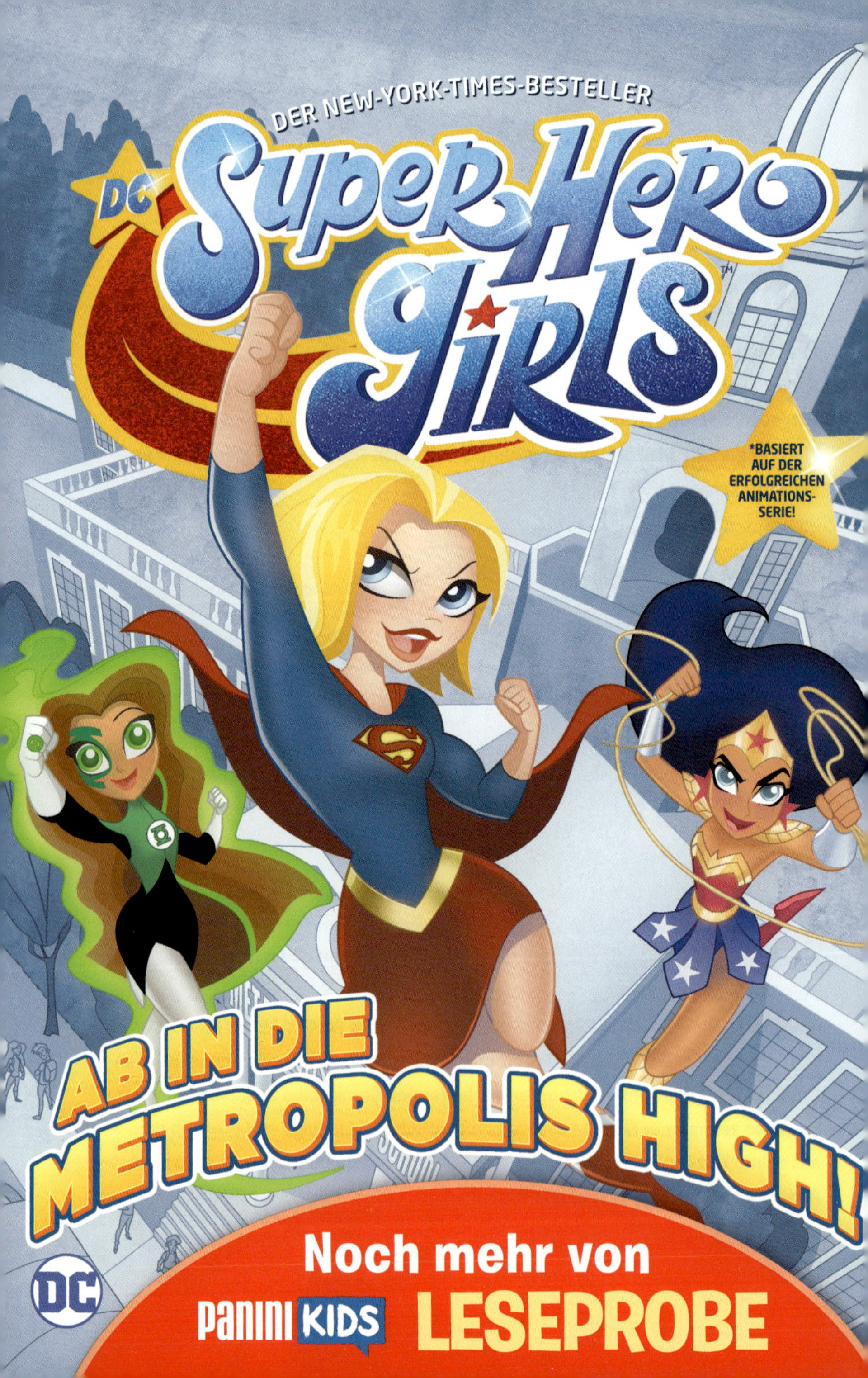

DER NEW-YORK-TIMES-BESTSELLER
DC
Super Hero Girls
*BASIERT AUF DER ERFOLGREICHEN ANIMATIONS-SERIE!
AB IN DIE METROPOLIS HIGH!
Noch mehr von
DC
panini KIDS
LESEPROBE

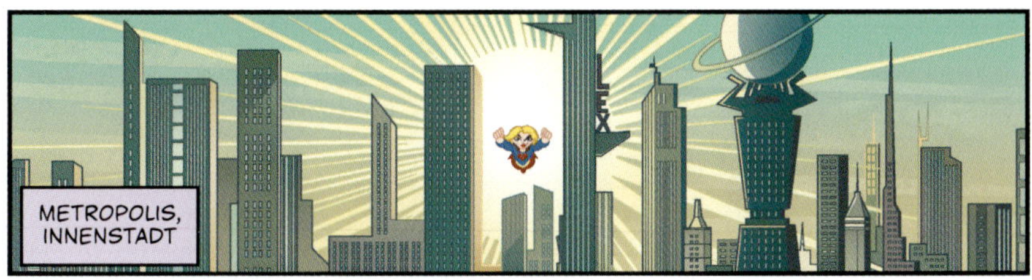
METROPOLIS,
INNENSTADT

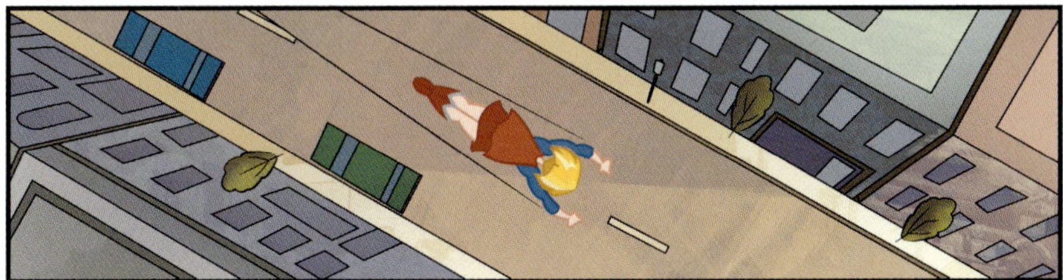

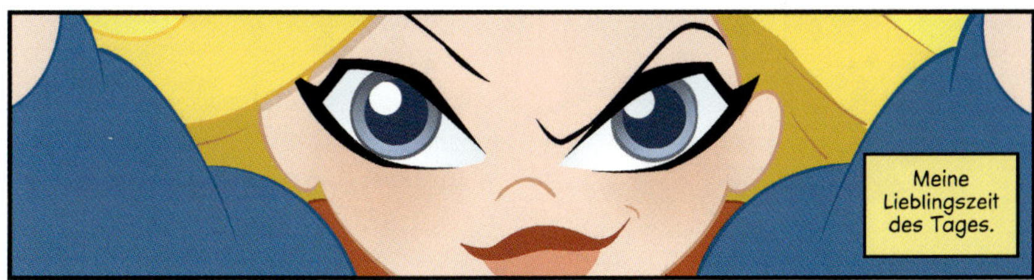
Meine Lieblingszeit des Tages.

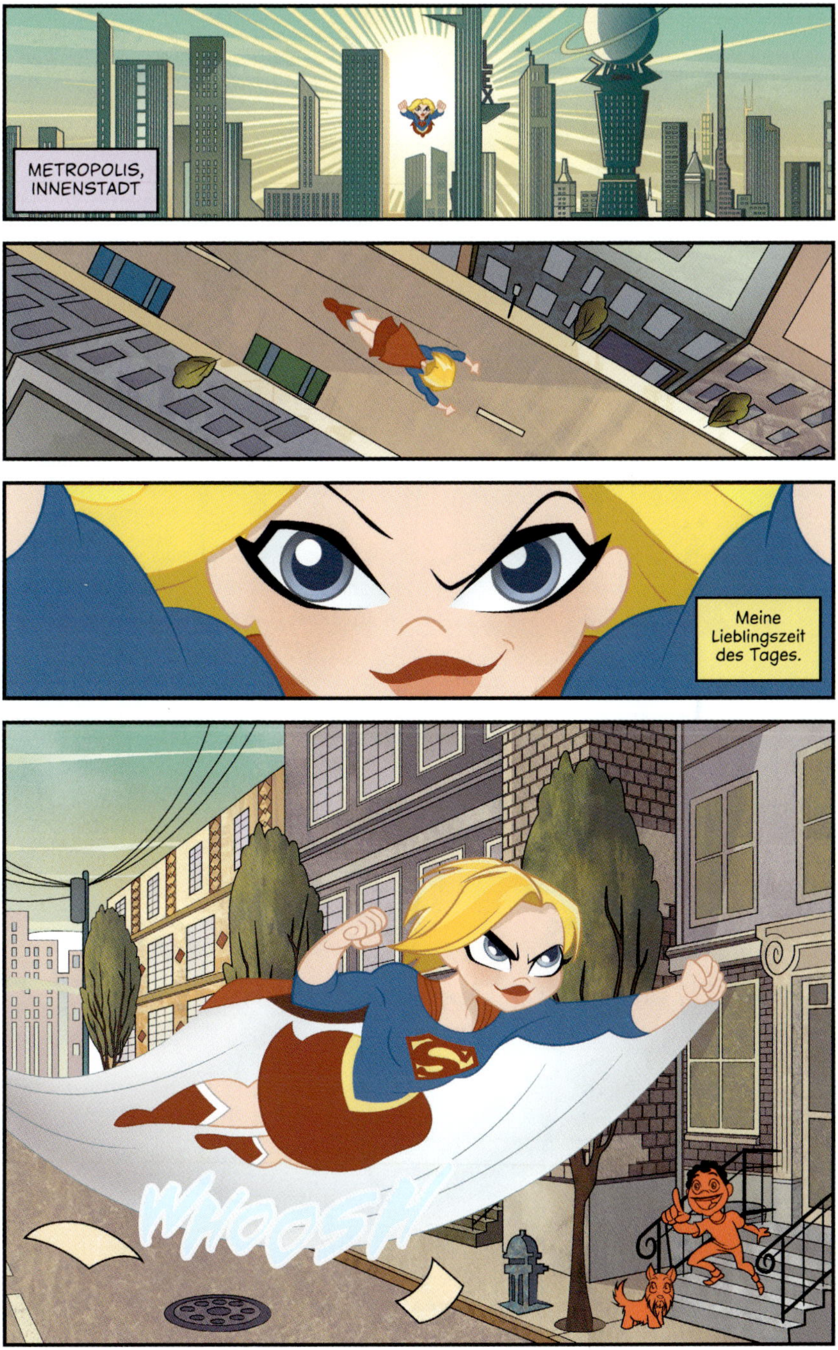

WHOOSH!

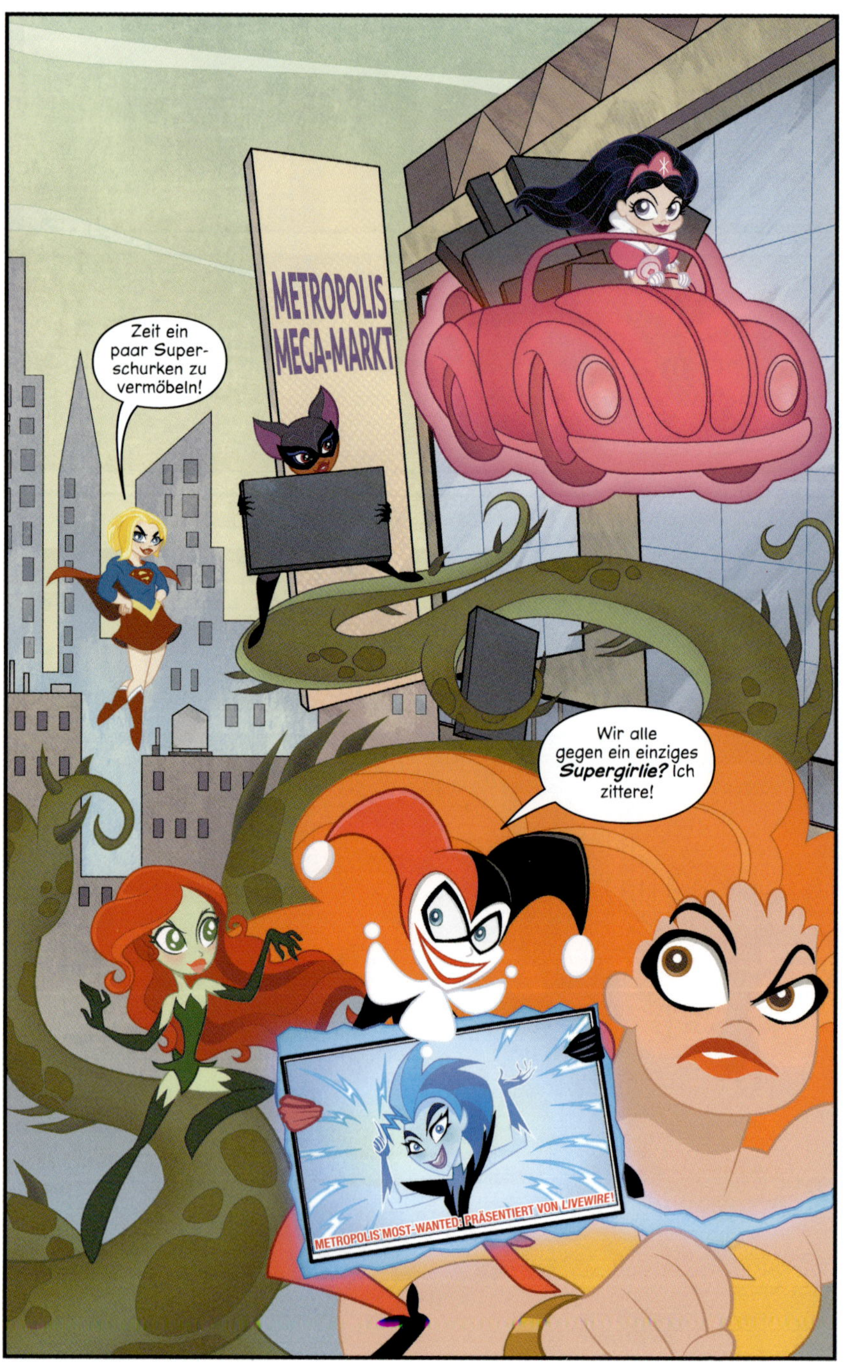
METROPOLIS MEGA-MARKT
Zeit ein paar Superschurken zu vermöbeln!
Wir alle gegen ein einziges *Supergirlie?* Ich zittere!
METROPOLIS MOST-WANTED: PRÄSENTIERT VON LIVEWIRE!

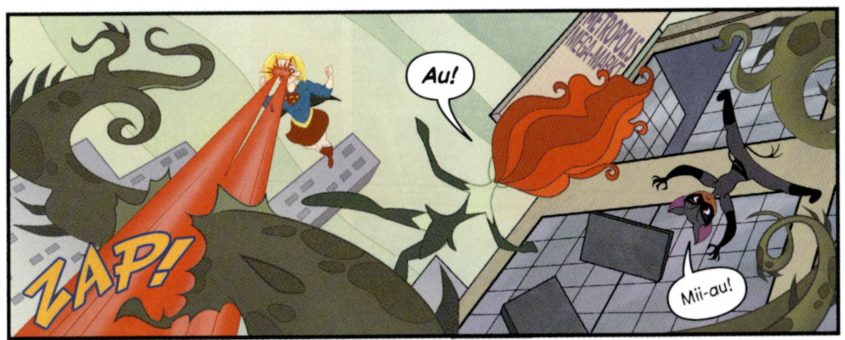
METROPOLIS MEGA-MARKT
Au!
ZAP!
Mii-au!

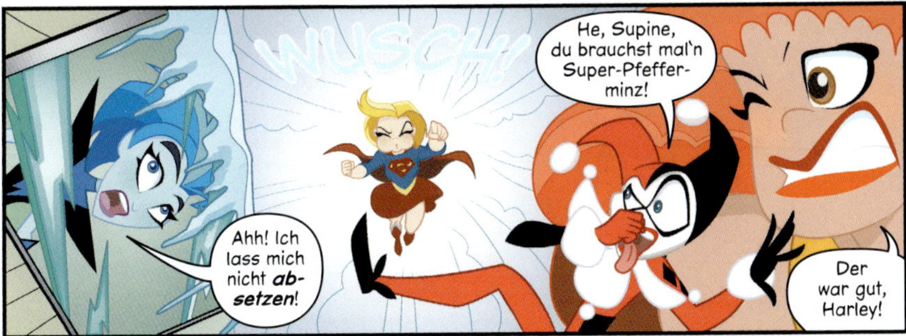
WUSCH!
He, Supine, du brauchst mal'n Super-Pfeffer-minz!
Ahh! Ich lass mich nicht ***ab-setzen***!
Der war gut, Harley!

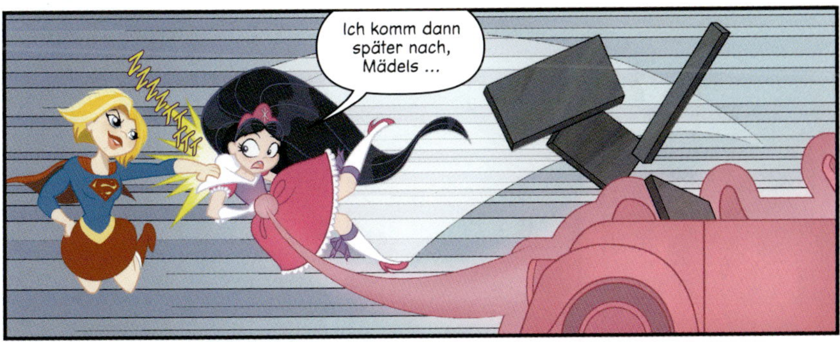
Ich komm dann später nach, Mädels ...

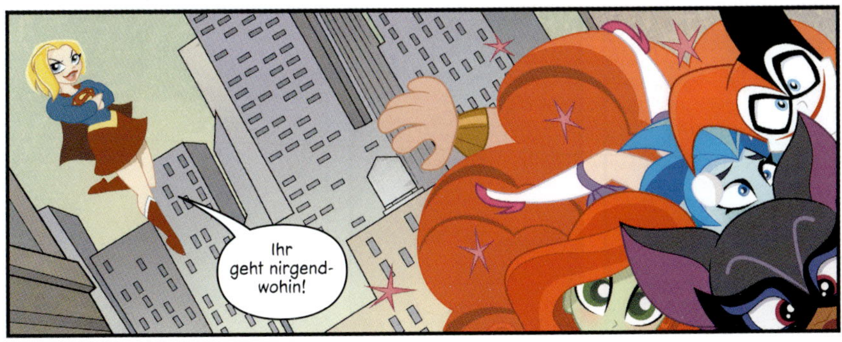
Ihr geht nirgend-wohin!

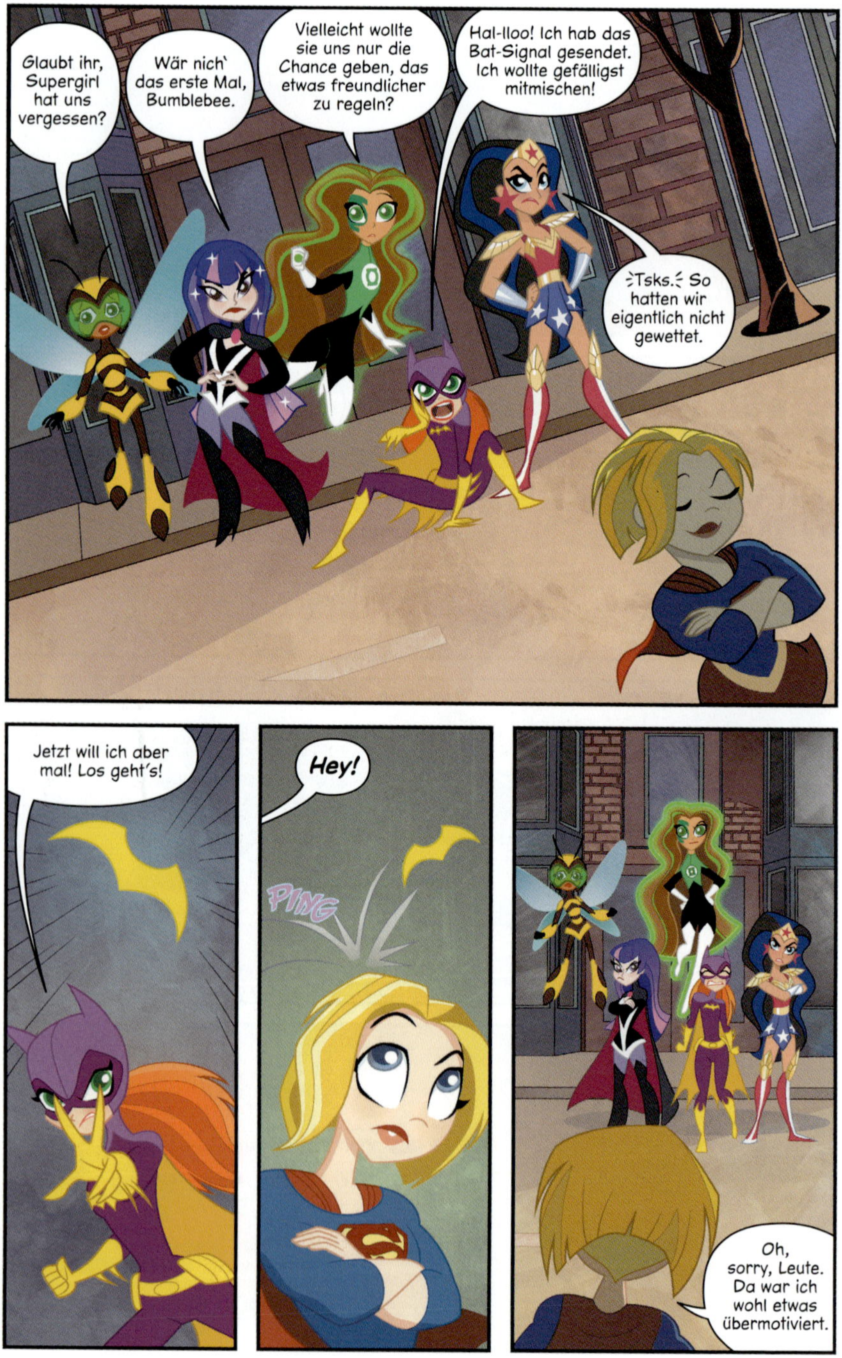

Glaubt ihr, Supergirl hat uns vergessen?
Wär nich` das erste Mal, Bumblebee.
Vielleicht wollte sie uns nur die Chance geben, das etwas freundlicher zu regeln?
Hal-lloo! Ich hab das Bat-Signal gesendet. Ich wollte gefälligst mitmischen!
Tsks. So hatten wir eigentlich nicht gewettet.

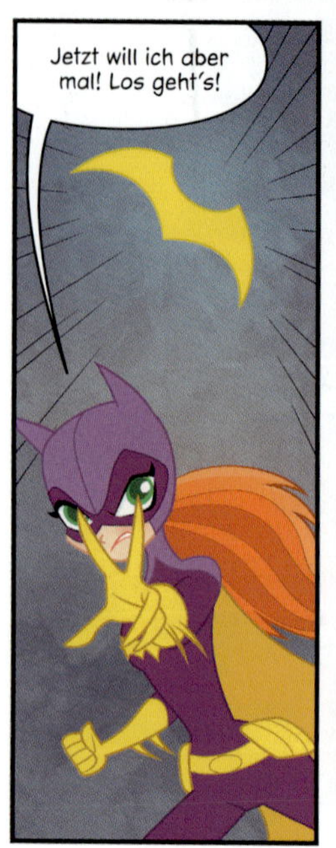
Jetzt will ich aber mal! Los geht's!

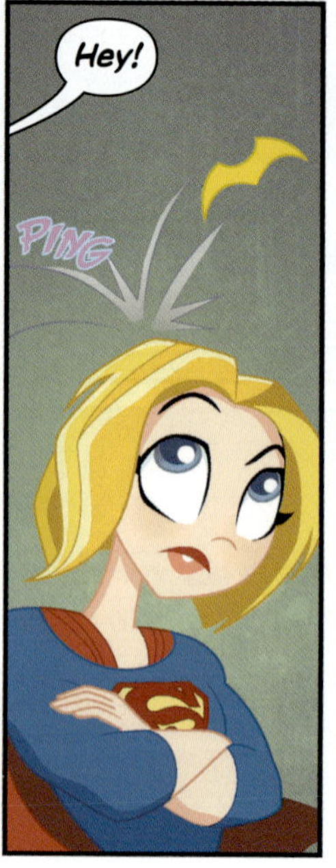
Hey!
PING

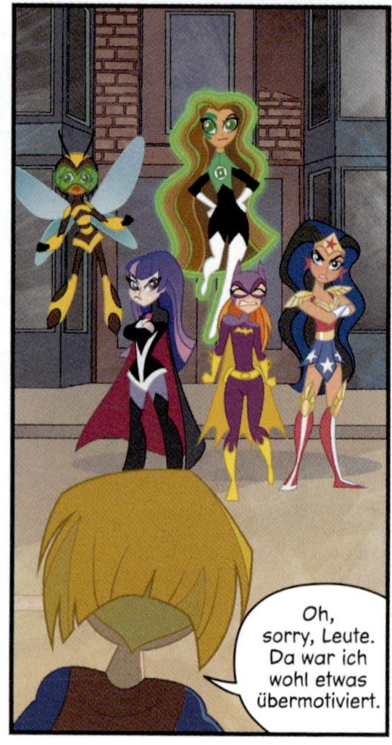
Oh, sorry, Leute. Da war ich wohl etwas übermotiviert.

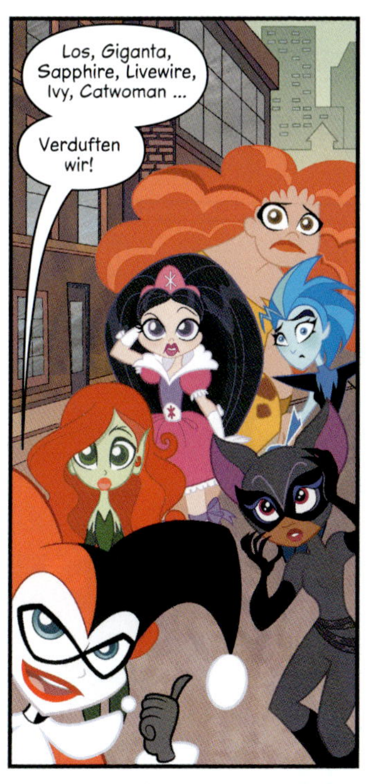
Los, Giganta, Sapphire, Livewire, Ivy, Catwoman ...
Verduften wir!

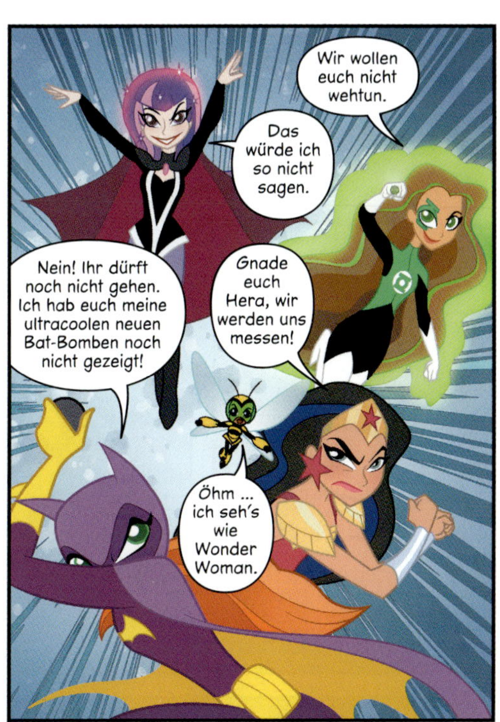
Wir wollen euch nicht wehtun.
Das würde ich so nicht sagen.
Gnade euch Hera, wir werden uns messen!
Nein! Ihr dürft noch nicht gehen. Ich hab euch meine ultracoolen neuen Bat-Bomben noch nicht gezeigt!
Öhm ... ich seh's wie Wonder Woman.

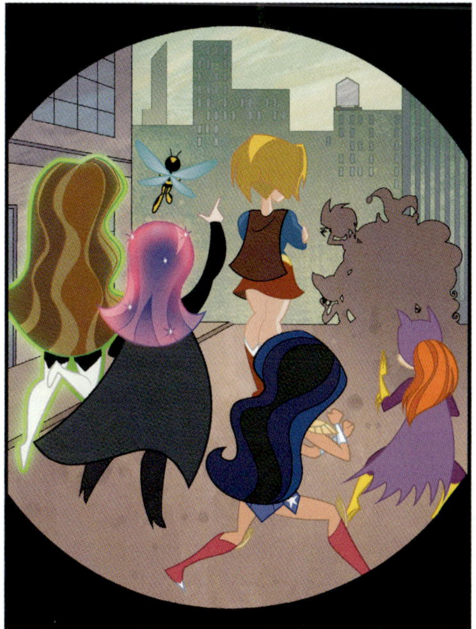

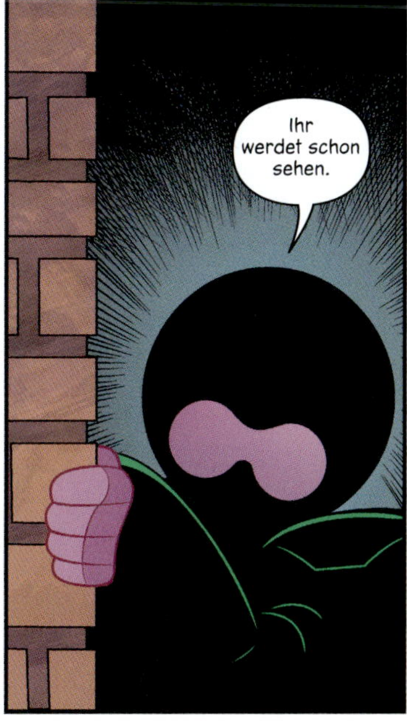
Ihr werdet schon sehen.

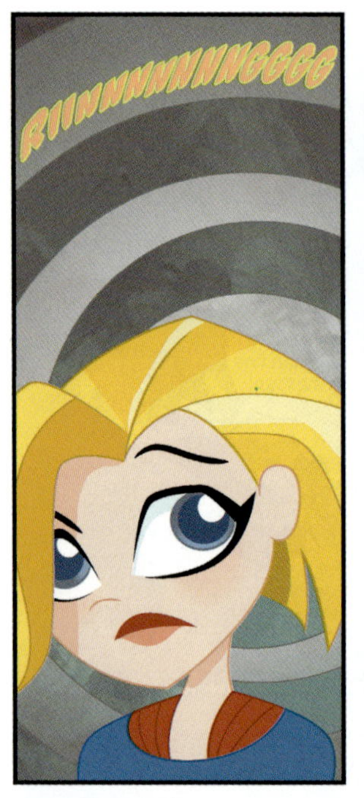
RIINNNNNNNGGGG

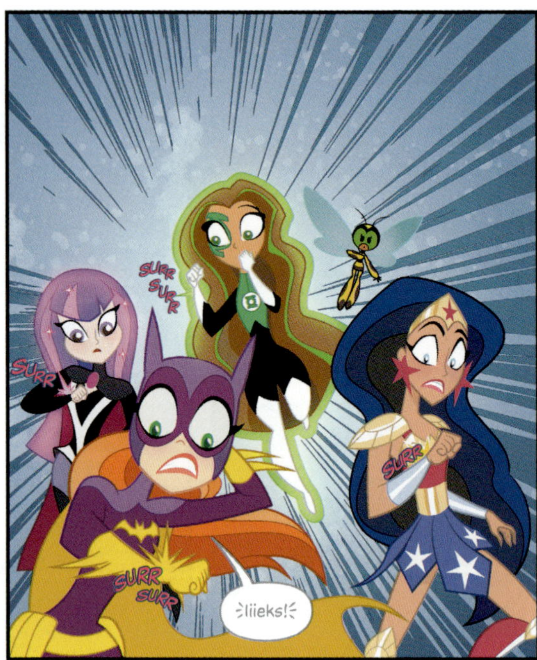
SURR
SURR
SURR
SURR
SURR
SURR
SURR
Iiieks!

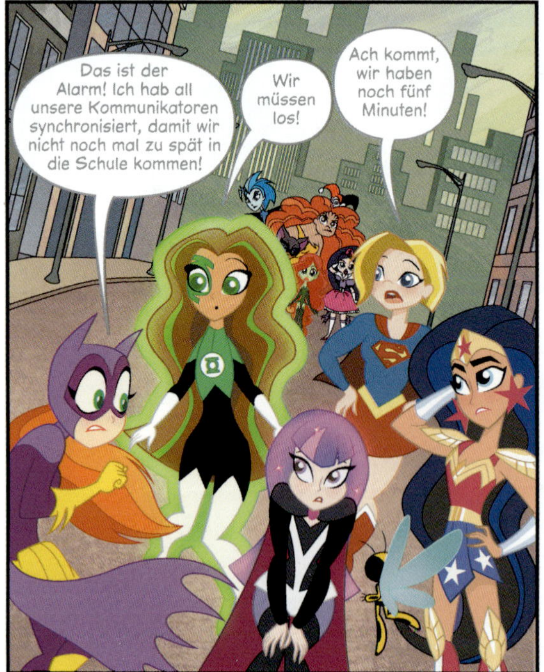
Das ist der Alarm! Ich hab all unsere Kommunikatoren synchronisiert, damit wir nicht noch mal zu spät in die Schule kommen!
Wir müssen los!
Ach kommt, wir haben noch fünf Minuten!

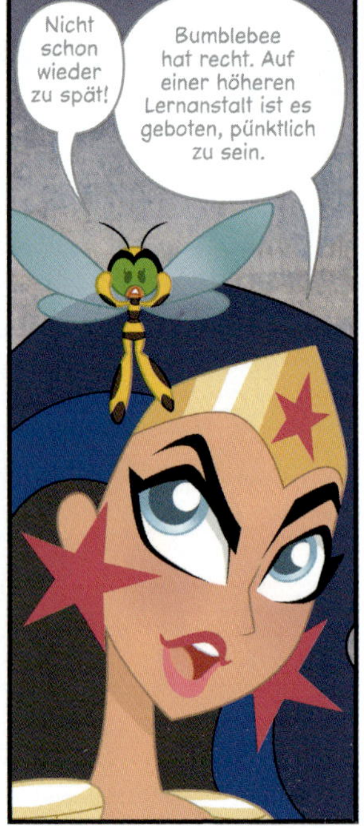
Nicht schon wieder zu spät!
Bumblebee hat recht. Auf einer höheren Lernanstalt ist es geboten, pünktlich zu sein.

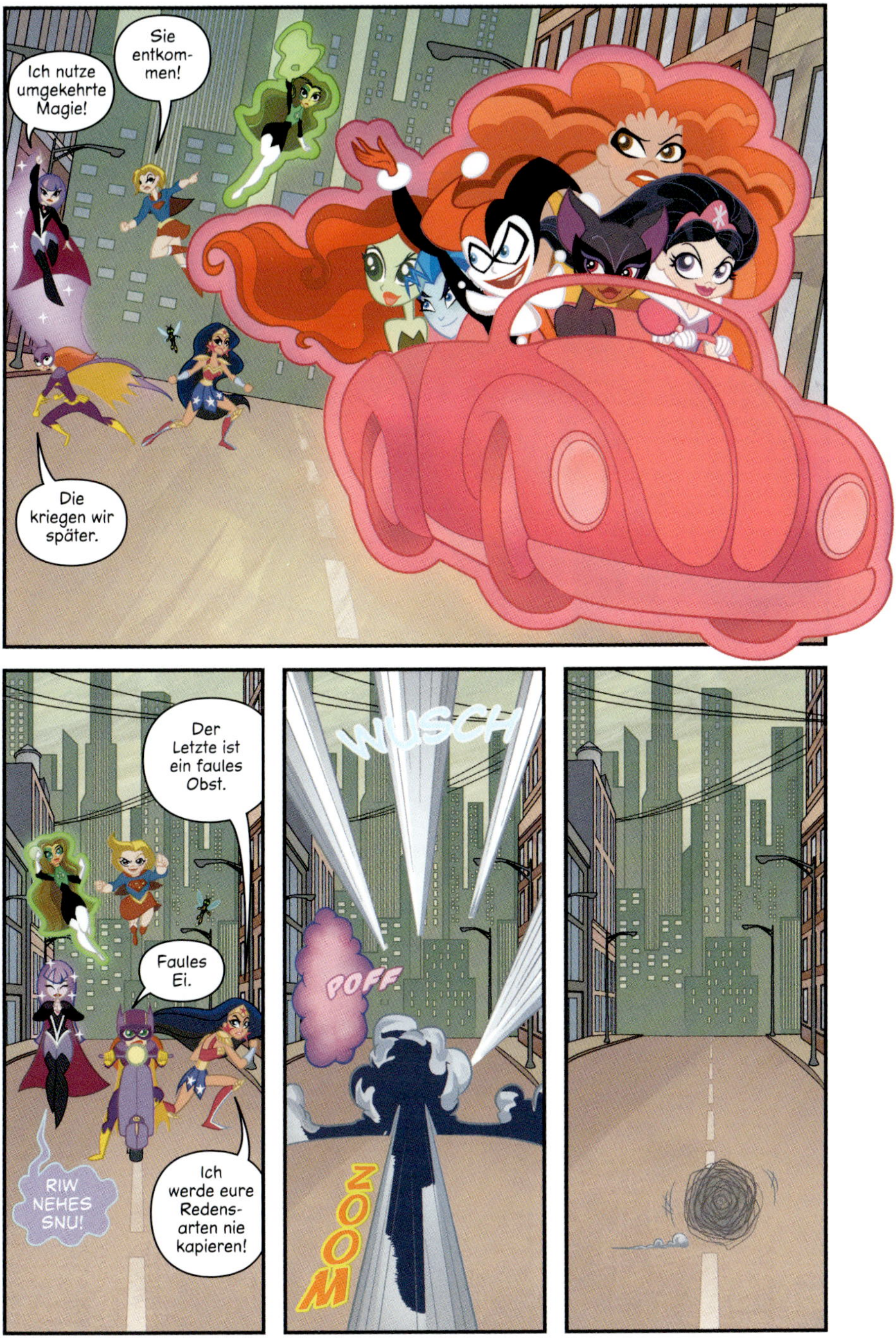

Ich nutze umgekehrte Magie!

Sie entkommen!

Die kriegen wir später.

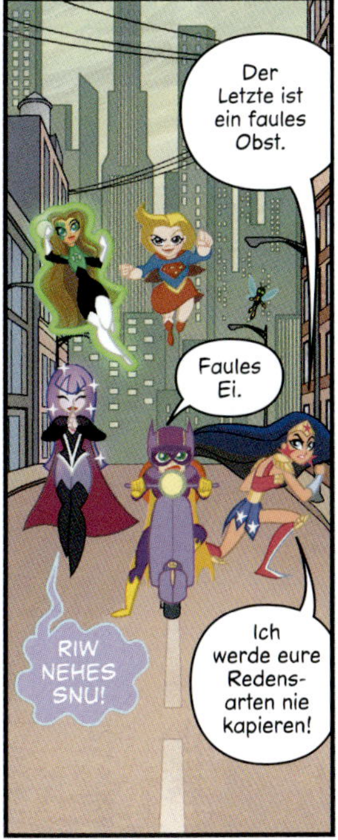

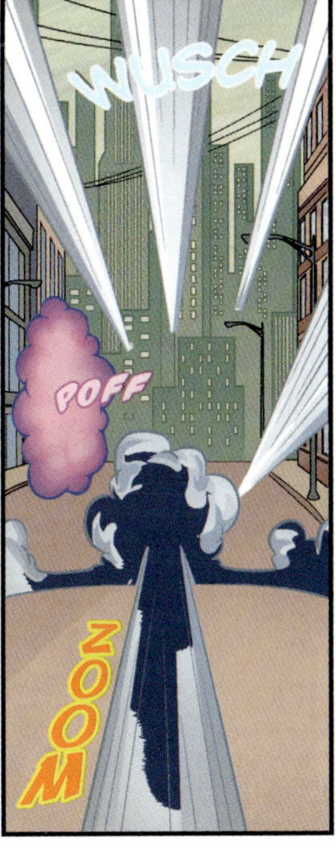

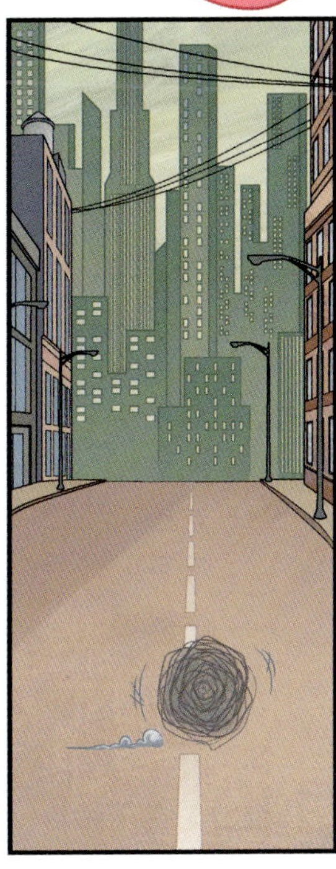

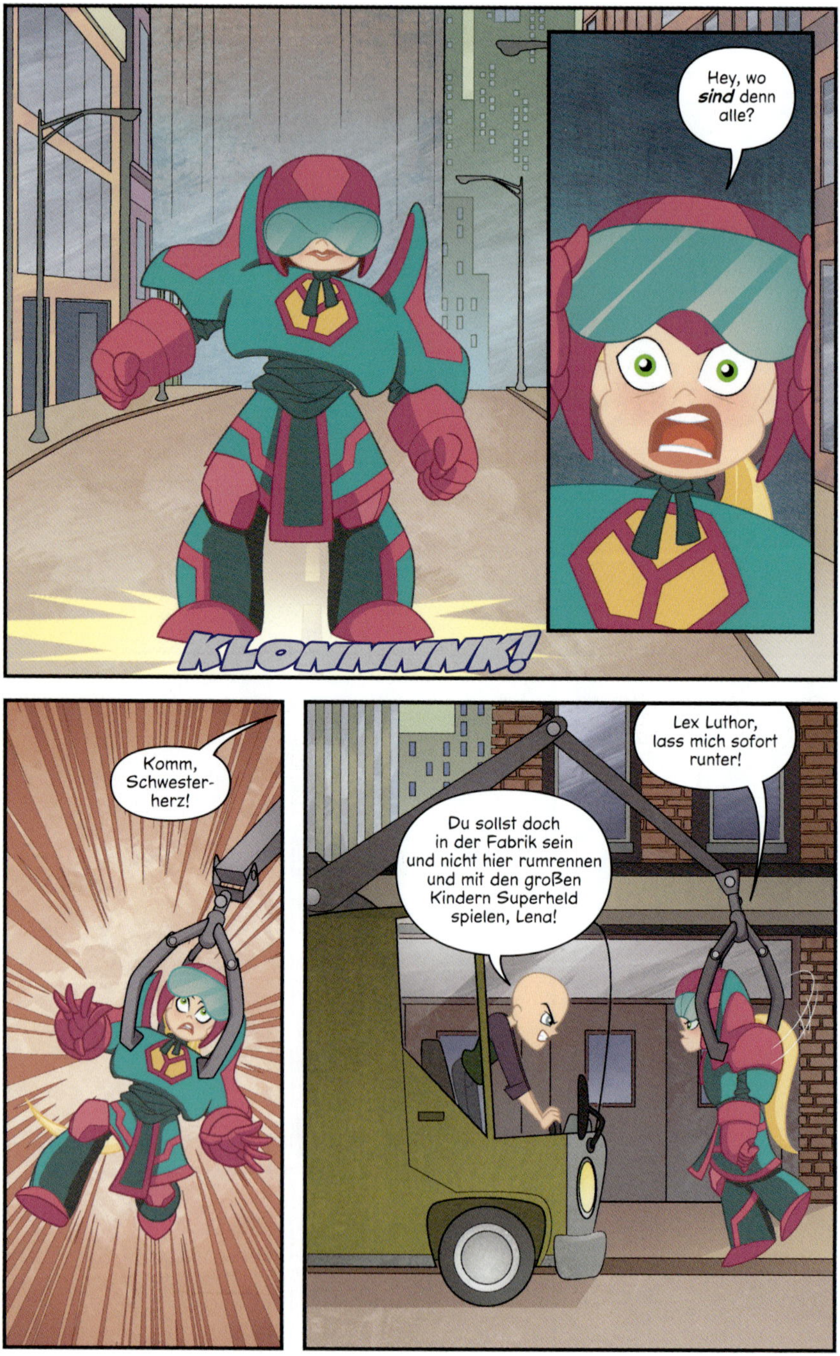

KLONNNNNK!
Hey, wo *sind* denn alle?

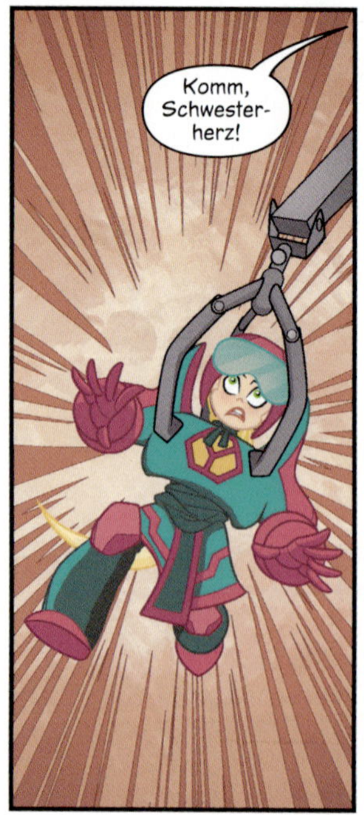
Komm, Schwester-herz!

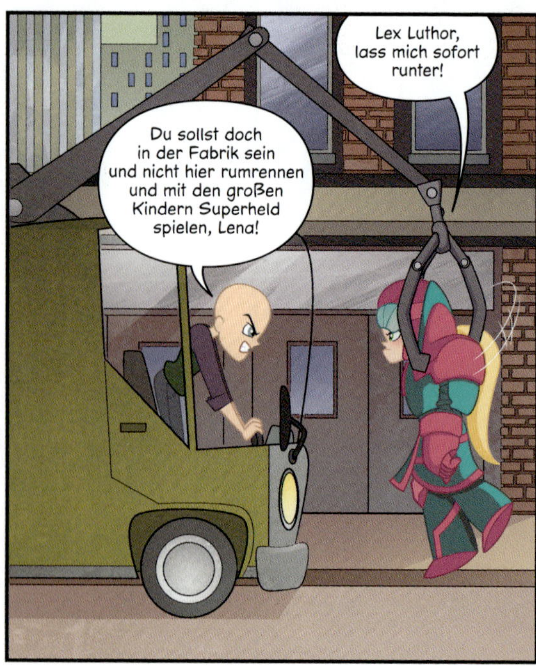
Lex Luthor, lass mich sofort runter!
Du sollst doch in der Fabrik sein und nicht hier rumrennen und mit den großen Kindern Superheld spielen, Lena!

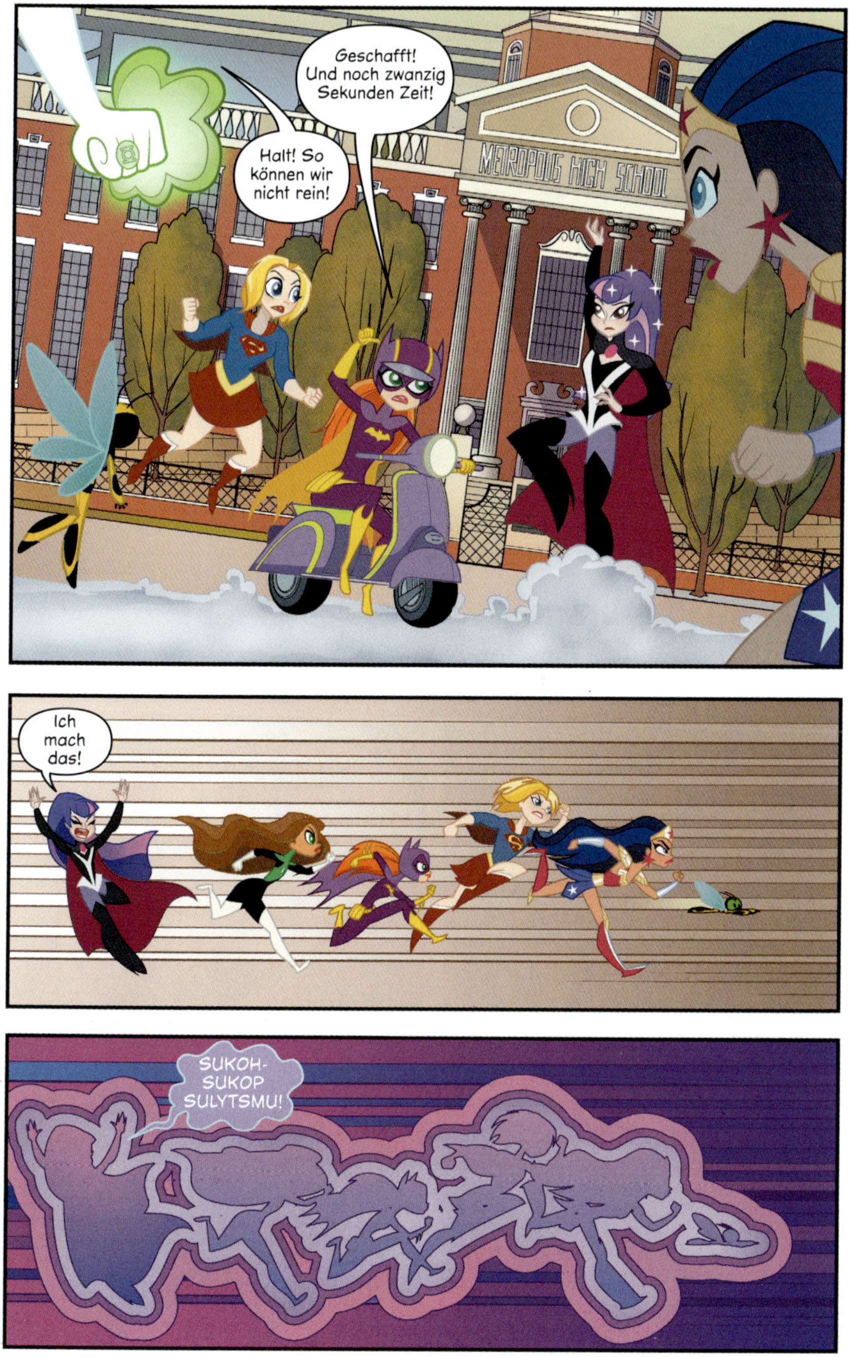

Geschafft! Und noch zwanzig Sekunden Zeit!
Halt! So können wir nicht rein!
METROPOLIS HIGH SCHOOL

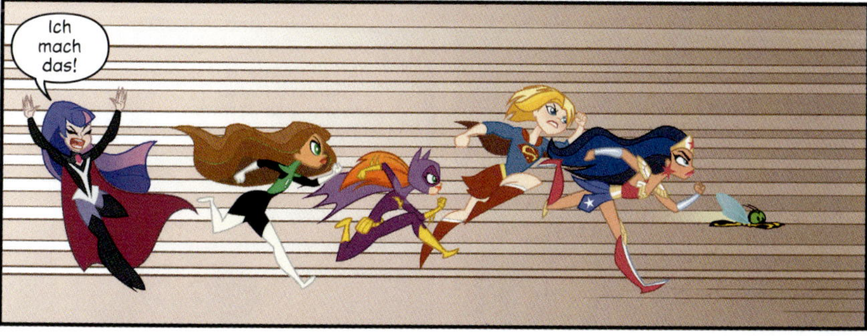

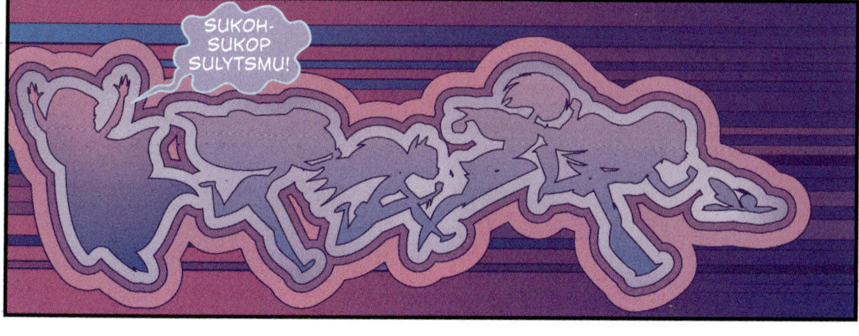

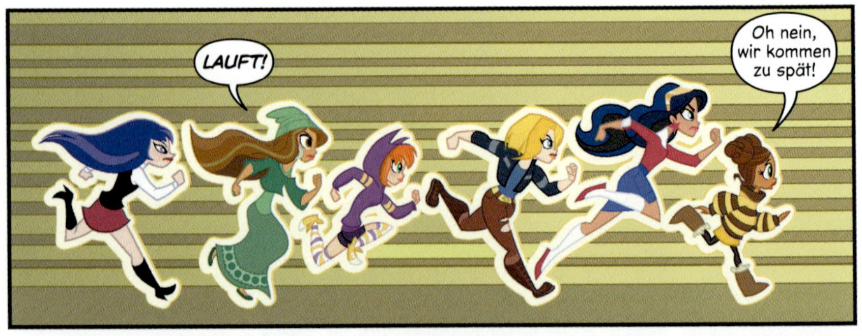
LAUFT!
Oh nein, wir kommen zu spät!

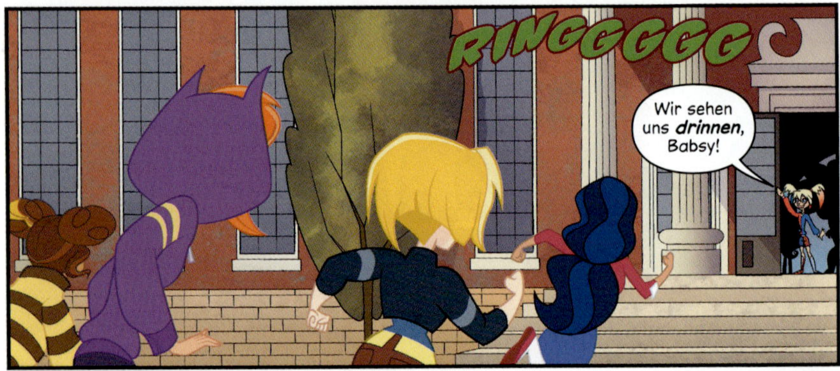
RINGGGGG
Wir sehen uns *drinnen*, Babsy!

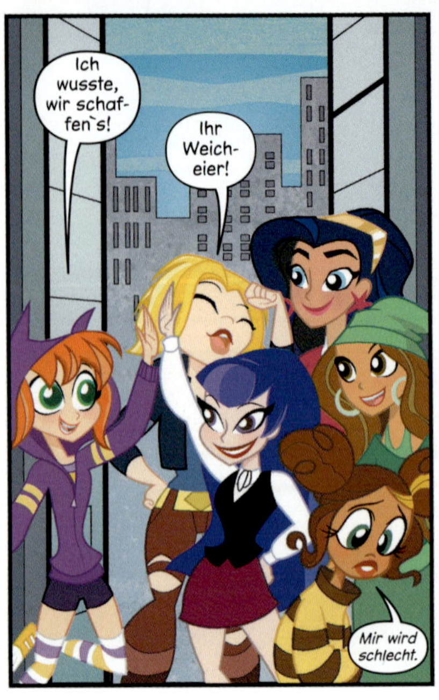
Ich wusste, wir schaffen`s!
Ihr Weicheier!
Mir wird schlecht.

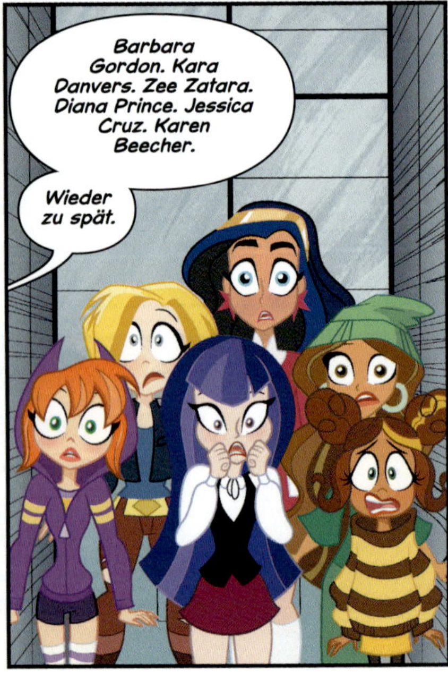
Barbara Gordon. Kara Danvers. Zee Zatara. Diana Prince. Jessica Cruz. Karen Beecher.
Wieder zu spät.

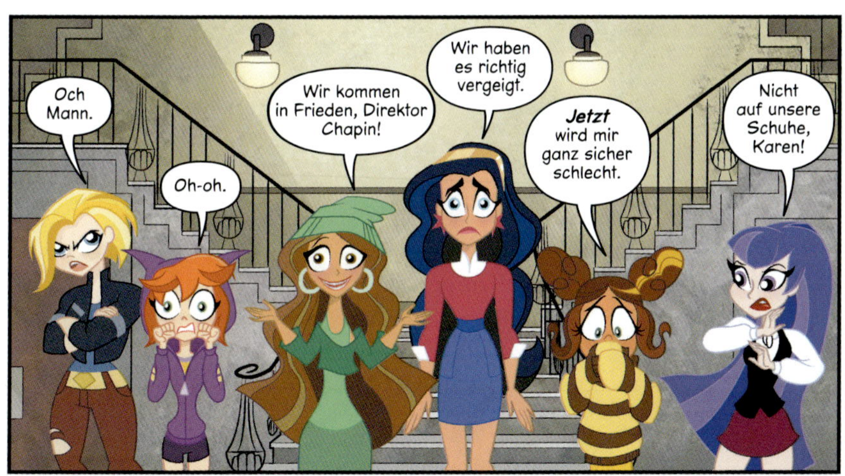
Och Mann.
Oh-oh.
Wir kommen in Frieden, Direktor Chapin!
Wir haben es richtig vergeigt.
Jetzt wird mir ganz sicher schlecht.
Nicht auf unsere Schuhe, Karen!

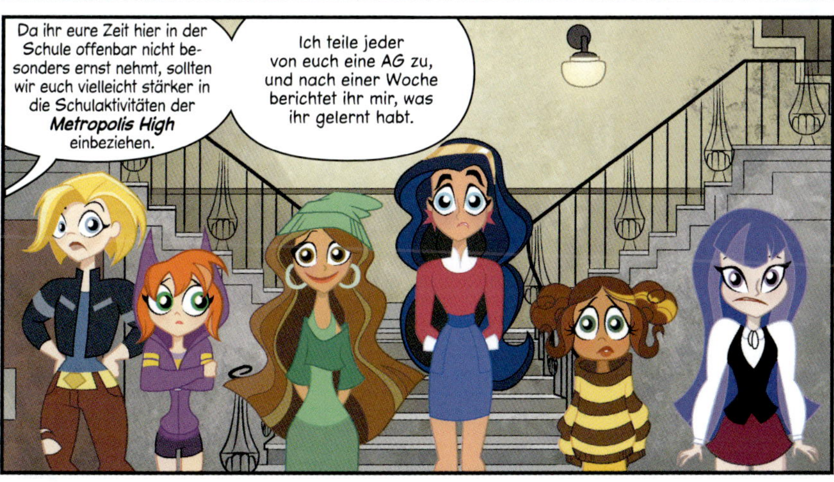
Da ihr eure Zeit hier in der Schule offenbar nicht besonders ernst nehmt, sollten wir euch vielleicht stärker in die Schulaktivitäten der *Metropolis High* einbeziehen.
Ich teile jeder von euch eine AG zu, und nach einer Woche berichtet ihr mir, was ihr gelernt habt.

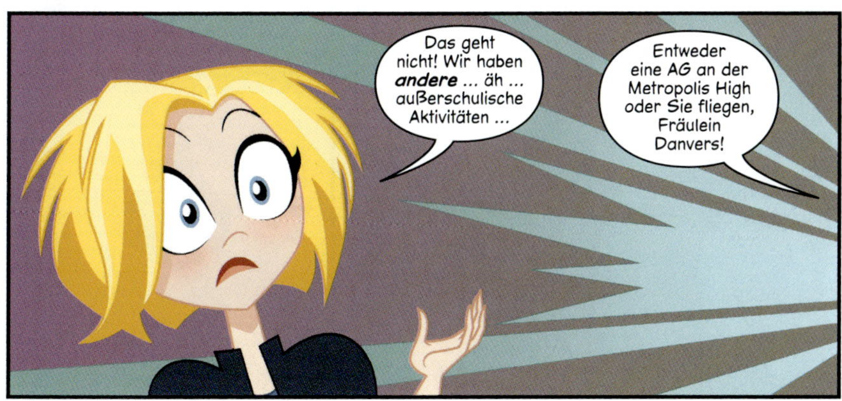
Das geht nicht! Wir haben *andere* … äh … außerschulische Aktivitäten …
Entweder eine AG an der Metropolis High oder Sie fliegen, Fräulein Danvers!

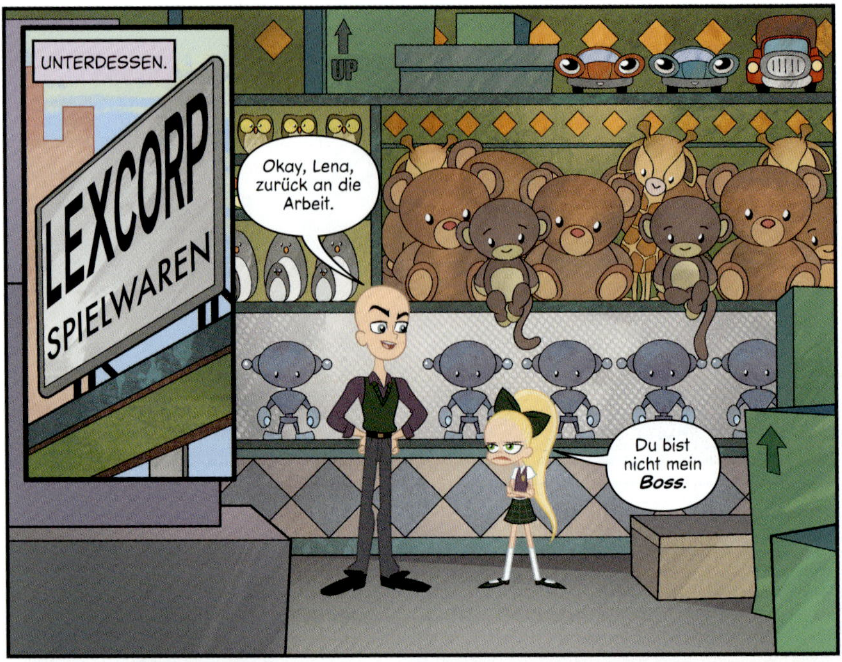

UNTERDESSEN.

LEXCORP SPIELWAREN

Okay, Lena, zurück an die Arbeit.

Du bist nicht mein ***Boss***.

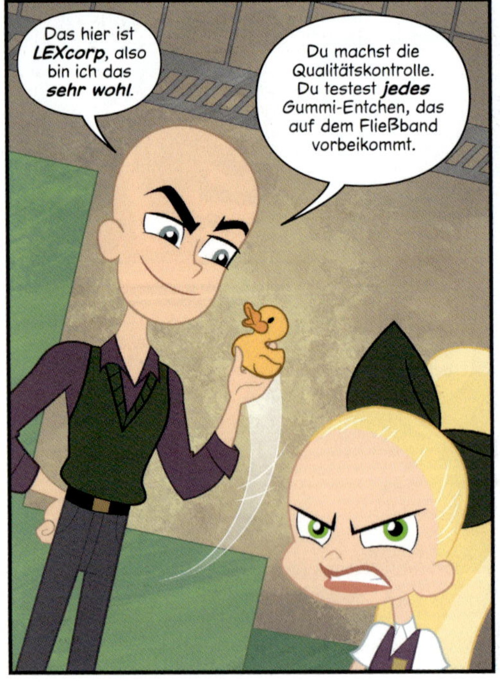

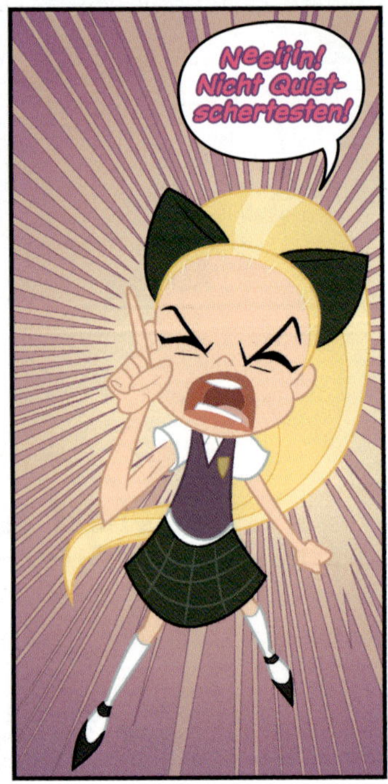

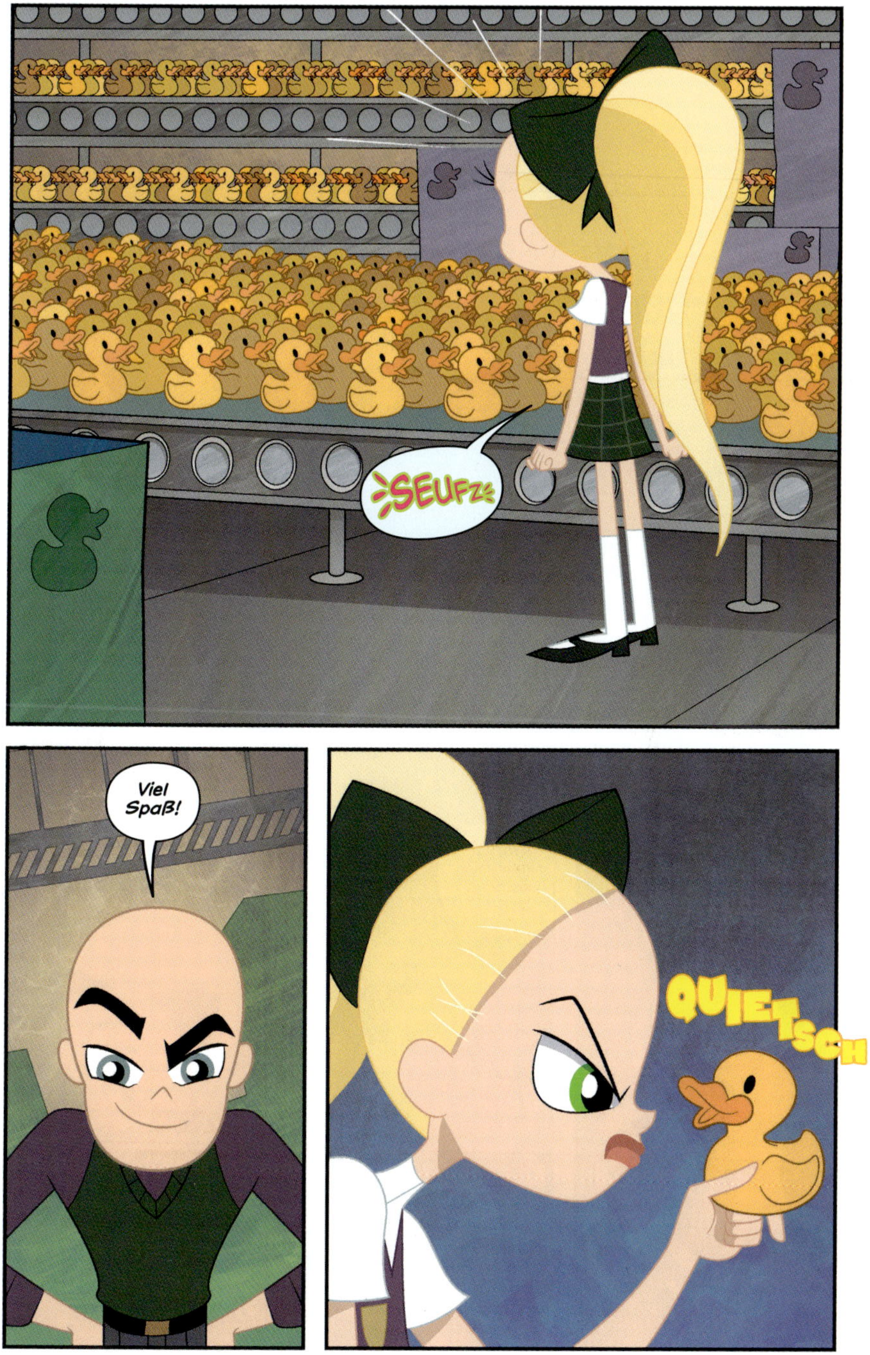

SEUFZ

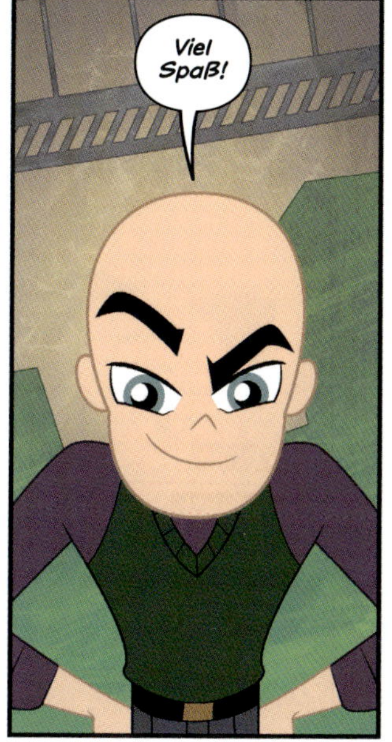
Viel Spaß!

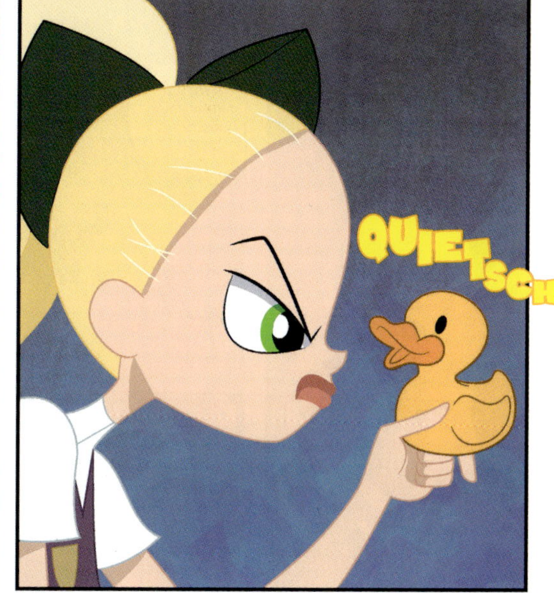
QUIETSCH

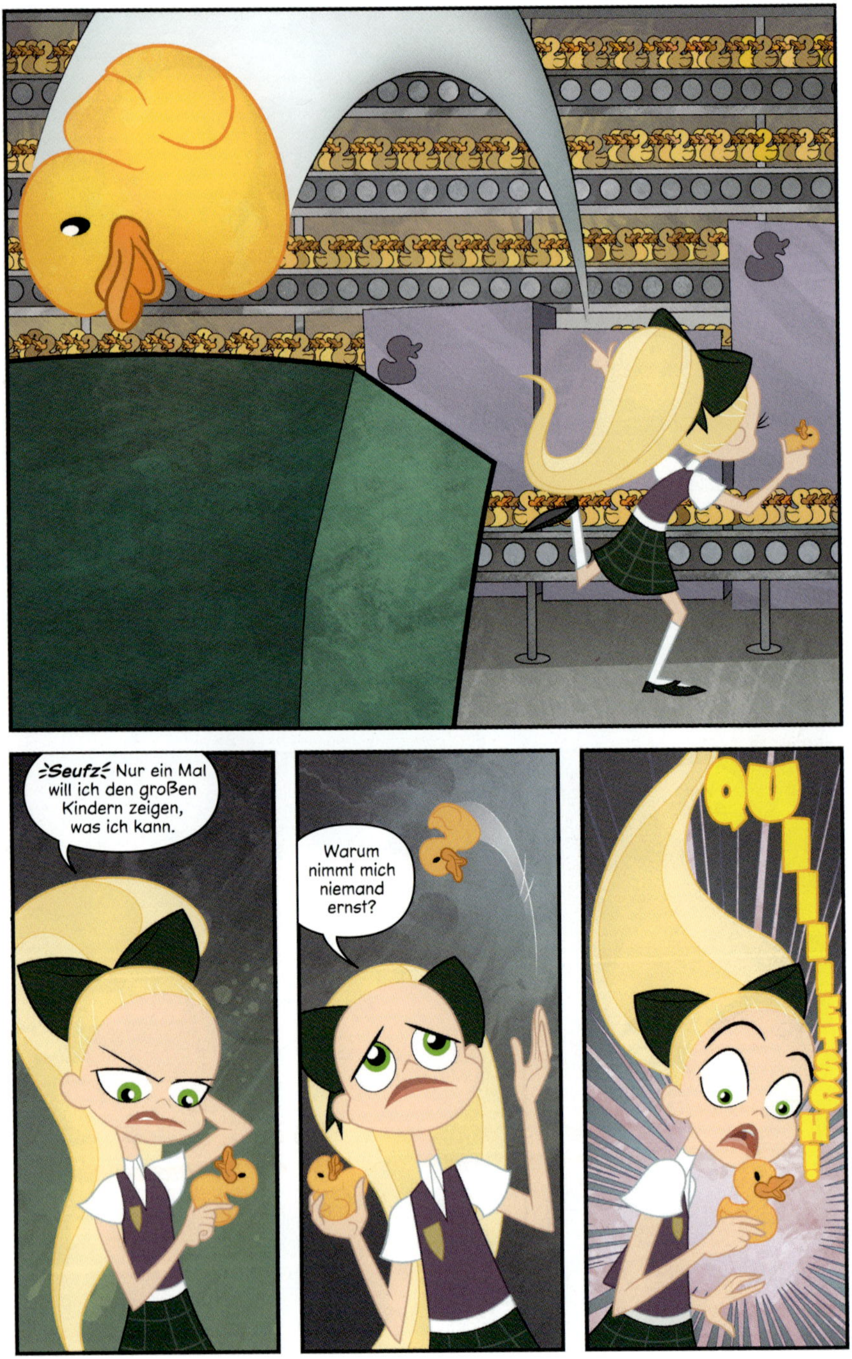

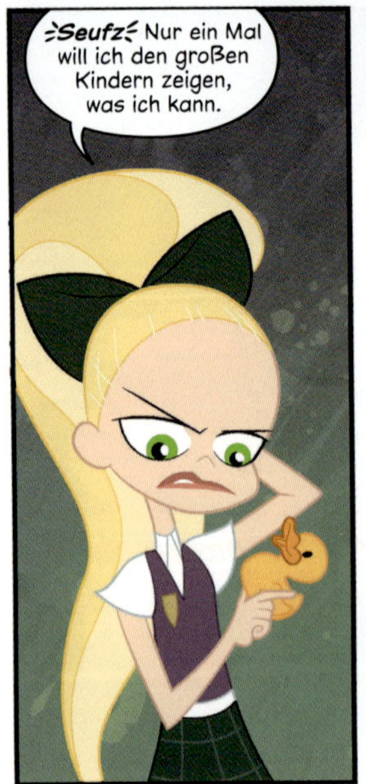
≈Seufz≈ Nur ein Mal will ich den großen Kindern zeigen, was ich kann.

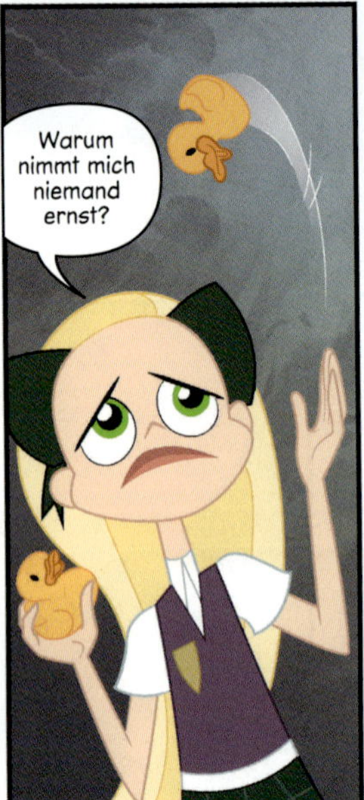
Warum nimmt mich niemand ernst?

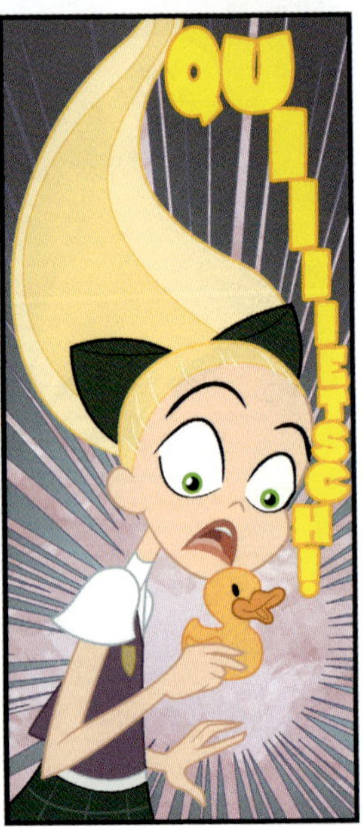
QUIIIIETSCH!

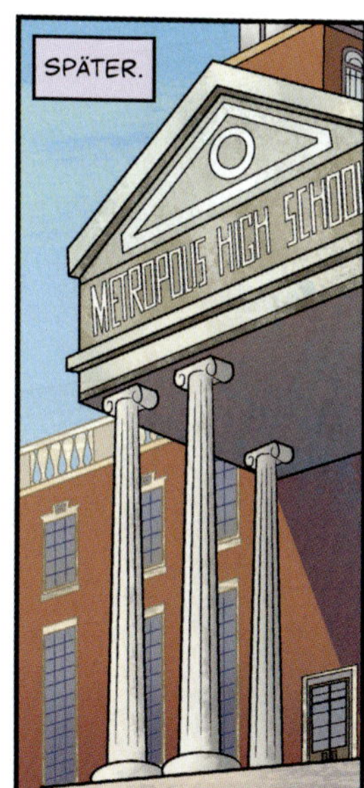

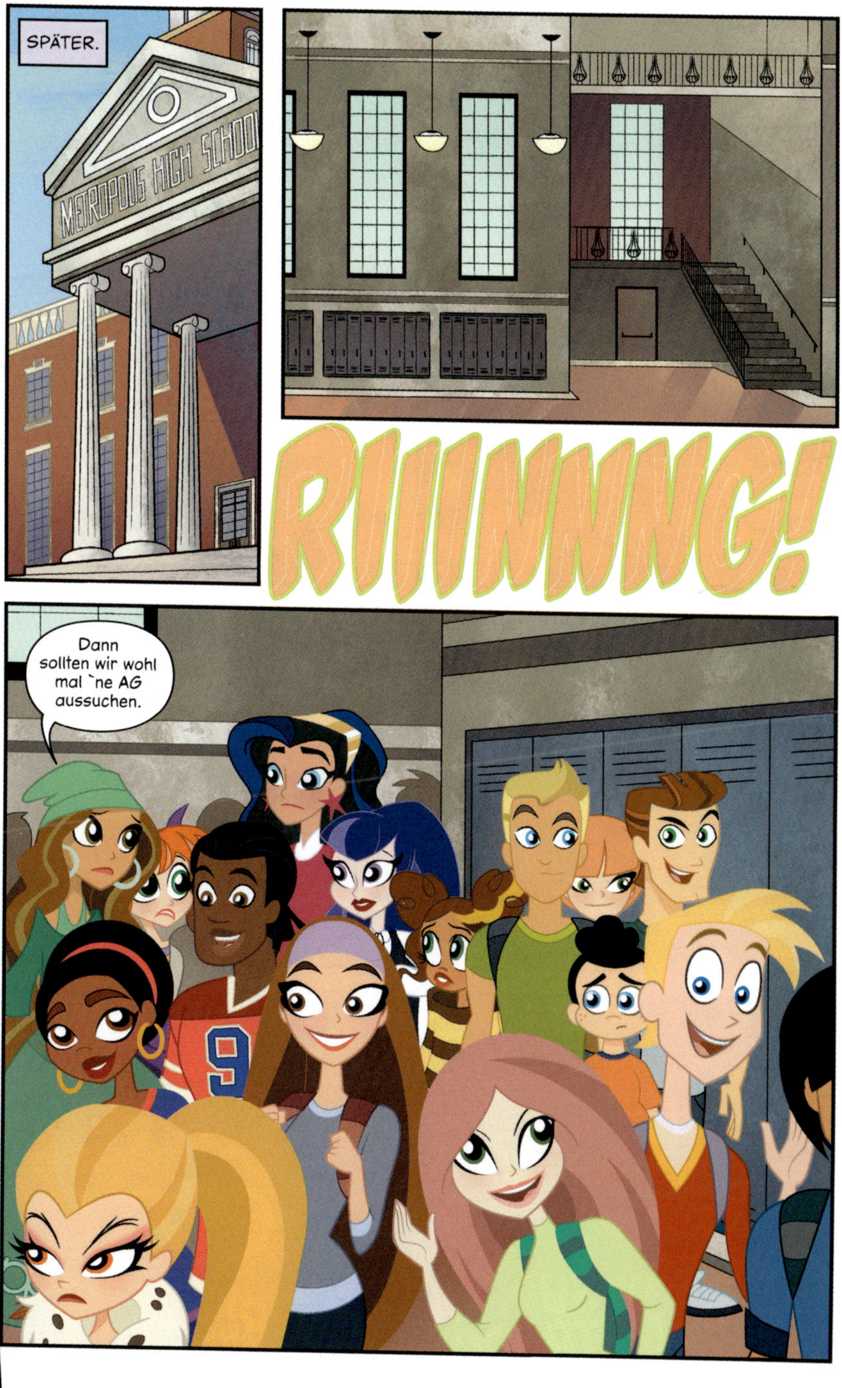

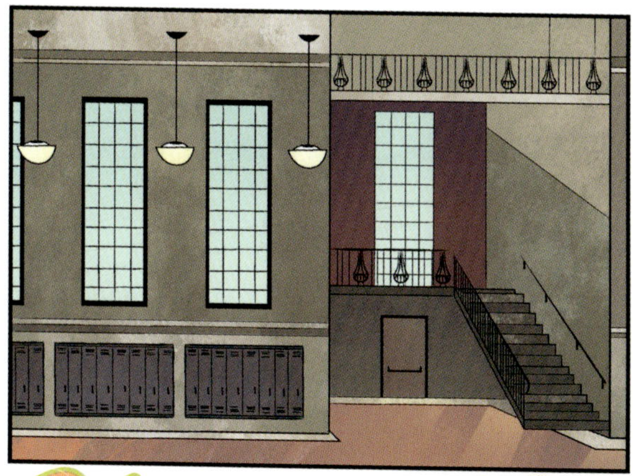

RIIINNNG!

Dann sollten wir wohl mal `ne AG aussuchen.

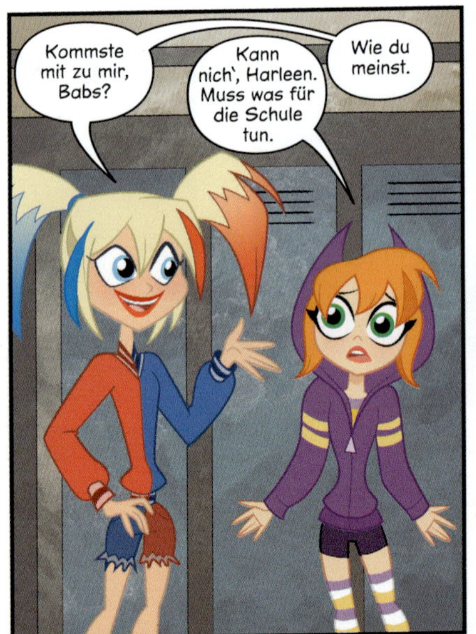
Kommste mit zu mir, Babs?
Kann nich`, Harleen. Muss was für die Schule tun.
Wie du meinst.

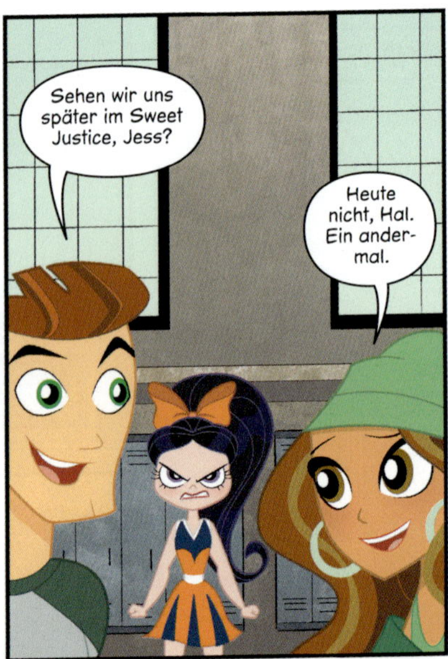
Sehen wir uns später im Sweet Justice, Jess?
Heute nicht, Hal. Ein ander-mal.

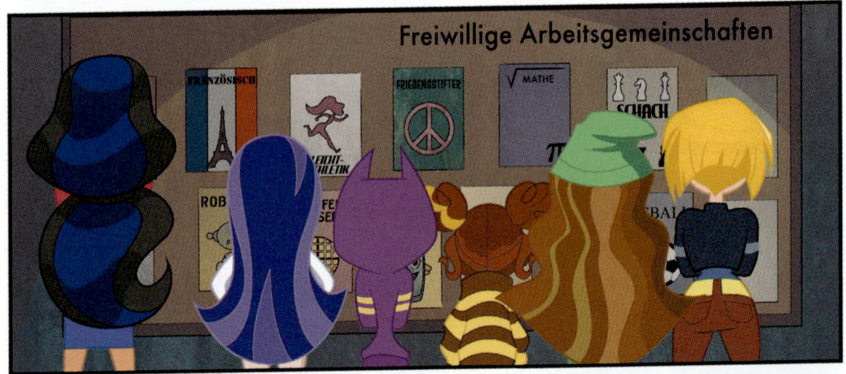
Freiwillige Arbeitsgemeinschaften
FRANZÖSISCH
FRIEDENSSTIFTER
MATHE
SCHACH

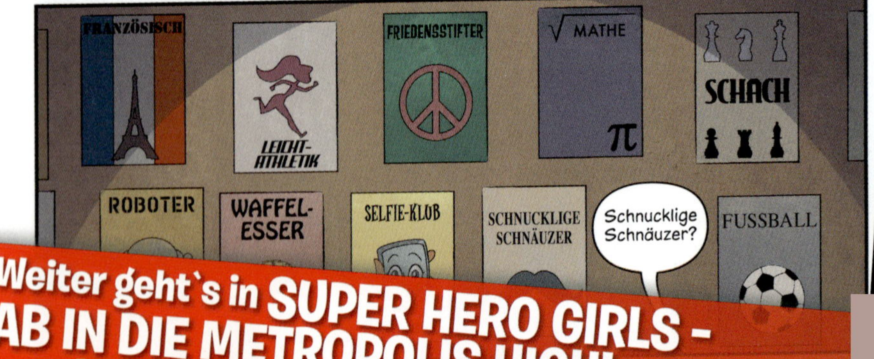
FRANZÖSISCH
LEICHT-ATHLETIK
FRIEDENSSTIFTER
MATHE
SCHACH
ROBOTER
WAFFEL-ESSER
SELFIE-KLUB
SCHNUCKLIGE SCHNÄUZER
Schnucklige Schnäuzer?
FUSSBALL